国家出版基金项目
NATIONAL PUBLICATION FOUNDATION

1919—2019 百年五四：
共同的文化精神家园

五四那些思想

刘大胜 著

北方联合出版传媒（集团）股份有限公司
万卷出版公司

ⓒ 刘大胜　2019

图书在版编目（CIP）数据

五四那些思想 / 刘大胜著 . — 沈阳：万卷出版公司，2019.8

（百年五四：共同的文化精神家园）

ISBN 978-7-5470-5174-0

Ⅰ.①五… Ⅱ.①刘… Ⅲ.①五四运动—研究 Ⅳ.①K261.107

中国版本图书馆CIP数据核字（2019）第147452号

出 品 人：刘一秀
出版发行：北方联合出版传媒（集团）股份有限公司
　　　　　万卷出版公司
　　　　　（地址：沈阳市和平区十一纬路25号　邮编：110003）
印 刷 者：辽宁新华印务有限公司
经 销 者：全国新华书店
幅面尺寸：146mm×210mm
字　　数：320千字
印　　张：12.5
出版时间：2019年8月第1版
印刷时间：2019年8月第1次印刷
责任编辑：朱婷婷
责任校对：高　辉
封面设计：范　娇
版式设计：马婧莎
ISBN 978-7-5470-5174-0
定　　价：53.00元
联系电话：024-23284090
邮购热线：024-23284627
传　　真：024-23284521

常年法律顾问：李　福　版权所有　侵权必究　举报电话：024-23284090
如有印装质量问题，请与印刷厂联系。联系电话：024-31255233

引言 ·-·百年的轮回与纠结

黑格尔有句名言，人们经常挂在嘴边的名词，往往是最无知的。新文化运动和五四精神这些名词已经成为历史的印记，刻在中国人的记忆里，只要稍有知识的人都会知道。但是知道并不等于了解，更不等于深知，即使是社会精英也未必真知其内涵要义，了解其来龙去脉。

五四新文化运动的进步意义自不待言，带给中国极大的变化。但回顾过往，又审视当下，一百年的历史好像一个轮回，部分事情还停留在起点，并没有因为时空的改变而出现本质性的转变。更关键的是，五四所解决的问题并没有得到完全解决，很多问题的探讨依然停留在初始阶段。中国如何走向现代化、如何实现民主与科学、如何与世界接轨，依然是有家国情怀的读书人必须考虑的内容。以铜为镜，可以正衣冠；以史为镜，可以知兴替；以人为镜，可以知得失。不妨从五四新文化运动再出发，寻找历史的借鉴，提供历史的思考，探究历史的价值。

一、当年的风潮与思潮

中国近现代史是一部屈辱史，也是一部抗争史，以抗争洗刷屈辱，需要科学理性的指导。理论可以成为一种风潮，也可以成为一种思潮，改变着中国社会。风潮和思潮的兴起都是有理由的，受各种主客观因素的影响。

新文化运动前夕，中国大地已是风云变幻、新旧更替之象，爆发了一场旨在推翻清朝专制帝制、建立共和政体的全国性革命。持续两千多年的封建帝制宣告终结，政治上的独裁专制连同所依托的意识形态一并散落。民主主义者怀着美好的愿望迎来了中华民国，却不幸只得到一个空壳，得不到真正的民主、科学、自由、博爱、平等。孙中山的南京临时政府很快结束，袁世凯接过全国的军政大权，成为民国初期的一位军事强人。

长于权术的袁世凯纵横捭阖，很快瓦解了革命党的反抗。随后开始一系列倒行逆施，帝制自为，发表尊孔令，鼓吹孔学博大，试图借孔子的余威为一个摇摆不定而又野心勃勃的政权充门面。孔子再次成为一种符号、一个招牌，着眼点却不在传承其精华。他们只希望为自己插上一面冠冕堂皇的旗帜。全国各地纷纷成立孔教会、尊孔会、孔道会，康有为还要求定孔教为国教，宣扬有孔教乃有中国、无孔教无中国的谬论。

袁世凯复辟，张勋复辟，数不清的军阀混战，脆弱的民主宪政被损耗殆尽。一部分人开始反思，认为正是西方思想引进得不彻底、不干脆、不全面，才有了一系列的专制回流。只有全面引入新思潮、进行彻底的启蒙，才可以改造国民性，让民主、科学扎根中国，于是有了新文化运动，于是有了陈独秀、李大钊、胡适、鲁迅走上历史前台。

陈独秀是激进的民主主义者，向往真正的民主，致力于批判传统的社会伦理和思想观念，消灭传统的宗法制度和道德规范。陈独秀在《青年杂志》创刊词《敬告青年》中说，青年之于社会，犹如新鲜活泼细胞之在人身，陈腐朽者无时不在天然淘汰之途，给新鲜活泼者空出空间的位置及时间的生命。人体遵循新陈代谢之道就会健康，陈腐朽败的细胞充塞人体，人就会死；社会遵循新陈代谢之道则隆盛，陈腐朽败的人充塞社会，社会就会亡掉。这是一份饱含激情与深思的发刊词，奠定了整个新文化运动的基调——昂扬向上而富有战斗力。

陈独秀希望青年是自主的而非奴隶的、进步的而非保守的、进取的而非退隐的、世界的而非锁国的、实利的而非虚文的、科学的而非想象的。六个方面可概括为向往自由、追求进步、积极入世、放眼世界、现实理性、相信科学。《敬告青年》是新文化运动的宣言书，贯穿于六项标准中的一条红线是科学与民主，二者是检验政治、法律及社会风俗、人们日常生活的准绳。中华大地再次吹响德先生和赛先生的号角，引领人们走向现代化。

《新青年》也由此影响了几个时代的青年。以往知识分子的行动力比起思考力总是有所欠缺，新文化运动是个例外，轰轰烈烈而掷地有声。1916年9月出版第二卷时,《青年杂志》正式更名为"新青年"。一大批进步的知识分子团结在《新青年》周围,高举民主和科学两面大旗,从政治观点、学术思想、伦理道德、文学艺术等方面向封建复古势力发起猛烈的冲击。

同时,一批接受现代学术训练、具备现代民主思想的新型知识分子登上历史舞台。关于新旧文化之别、中西文化优劣和中国文化发展,成为讨论重点,改变原有知识分子的组成结构和价值观念。胡适关于自由主义、白话文运动的讨论在海外就已萌芽,在与反对者的论辩中逐渐成熟。海外留学生注重筹建专门探究学理的学会,注重学术共同体的建立,这些都为中国的学术改造和文化建设提供了新动力。

蔡元培出任北京大学校长后,倡导兼容并包和思想自由,邀请了很多有思想的学者到校任教,打破大学内升官发财的官僚痼疾。蔡元培认为,大学是学术科研的机构,所谓的研究不仅包括介绍、输入西方文明,更要创造一种新文明,以科学方法研究国粹,不能抱残守缺,仅仅保存国粹。

哲学里的唯心论与唯物论,文学美术里的理想派与写实派,经济里的干涉论与放任论,伦理学的动机论与功利论,宇宙论的乐天论与厌世观,都能在大学存在。这是思想自由的通则,因为有此才可以称为大学。大学主导者不应该是行政官员,而应该是教授。学生不应该把学校当作进阶之梯,而可以个人身份参加政治活动。

蔡元培聘请陈独秀为北大文科学长,聘请胡适、刘半农等人来校任教,在一定程度上打破了章太炎门生和某籍某系掌控的局面。陈独秀进入北大,把《新青年》也带来,李大钊、胡适、鲁迅等人成为该杂志的主要撰稿人。一时间，崇尚新思想、新文学、新文化的新人聚集在北大，《新青年》和北京大学成为新文化运动的主要阵地，在全国范围内有指导意义。

1917年开始，新文化运动的发起者举起文学革命的大旗，提倡白话文，反对文言文；提倡新文学，反对旧文学。传统的文言体系不单是一种文体，而是一种正统文学观念的呈现，承载着文以载道的理念。陈独秀和胡适提倡白话，不仅改变了文体，而且改变了人们的价值观念。这一改革伴随着长久的论争，林纾尖锐地反击，甚至对蔡元培的办学方针也提出质疑。但是，文言文的衰落和白话文的兴起已经无法逆转，国内兴起很多白话文报刊，《新青年》也由文言变为白话，一大批新式作家和评论家出现。

文化的革新和思想的进步必然带来人们观念的转变，其始也微，其力渐大，在很多历史的关节点上发挥重要的作用。当中国外交在巴黎和会失败的消息传回国内，中国的知识分子充满了悲愤、不满和焦躁。以北京大学为首的高校师生走上街头，极端失望之下火烧赵家楼，痛打所谓的卖国贼。随后，全国各地的学生风起响应，形成了规模巨大、影响深远的五四爱国运动。

五四爱国运动提升了新文化运动的政治影响力，促进了多种政治思潮的广泛传播。之前还停留在知识分子小圈子，之后成为全国范围内关注的思想启蒙运动，影响的深度、广度均有大幅拓展。诸如社会主义、自由主义、妇女解放、国故整理、文学改良等思潮蓬勃发展，思想的革新成为时代风尚。只要是对文化稍有关注的人，几乎都会注意新文化运动的动向。五四精神铸就了五四青年，成为未来社会变革的新生力量。

五四爱国运动是新文化运动的高潮，所以很长一段时间五四运动与新文化运动并称，甚至以五四精神代指新文化运动的基本要义。月满则亏，水满则溢，分久必合，合久必分，原本就存在思想分歧的新文化运动主要人物在五四运动后出现大分裂，影响了中国思想界甚至是整个政局的走向。一派人以陈、李为首，倡导建党，引进苏维埃俄国的马克思主义，以阶级斗争和阶级解放作为武器。一派以胡适为代表，依然坚持原来的自由主义，倡导依靠个人的自由、独立、解放，进而实现国家民族的独立自主和繁荣富强。

这是改变中国的两种思路，由此带来的问题与主义之争，更是让两派人的纷争全面爆发。一派实现了从个人主义到阶级解放的跨越，一派还在坚持原来的人格独立和个性解放。原来一个战壕的战友渐行渐远，几乎对所有的公共话题都出现对立。一种思想好比一面旗帜，只要大旗树立起来，自然会有千千万万的追随者跟随旗帜前行。全国崇新的知识青年同样出现分裂，从此缺乏一个心平气和的探讨态度和实际存在的探讨平台。

新文化运动倡导者的笔锋从来不是善茬，言辞半是理性半是感性，很多时候还故意挑起纷争，这是弱者的惯性逻辑。只要唤起众人注意，只要达到目的，手段并不重要。新文化阵营的刘半农和钱玄同自导自演双簧，讥讽前辈学人，一方面是为了表达个人理念，一方面更是为了唤起社会关注。林纾不甘示弱，公开发表《荆生》和《妖梦》，一场笔墨官司掩盖了学理讨论，流于谩骂和讥讽。正所谓道不同不相为谋，只有不假辞色的反感、讨厌、批判与讽刺。

新文化运动与文化保守主义者、民族主义者存在着新与旧之争，与学衡派等人存在新与新之争。各种争论推进了对中国传统文化和西方文化的认识，也带来了思想的分流。其后的国民革命和国共纷争并没有消除这种争论，而是加剧了这种争论。新文化运动成为各方讨论的重点，也成为中国学术史、中国思想史、中国政治史绕不开的学术问题，每一个名家对此都有一定的评判和反思。是耶非耶，都成为学术界再次讨论的内容。

二、三种评价与三种思路

新文化运动的兴起源自学人的主动性，文人靠一个大脑、一支笔、几本刊物，引入西方现代民主思想，摧毁桎梏国人心灵的枷锁，进而改造国民性，实现中国的现代化。陈独秀、李大钊、胡适、吴虞等人反对的对象基本一致，初步采取的方式也基本一致。但目标的相同并不能弥合观念本来的不同，新文化诸人的思想认知、价值体系、学术观念和理想抱负本来就不一样。出发点一致，并不能确保共同走向终点；敌人相同，并不代表真的志同道合。观点因人而异、因学术而异、因时空而异、因理念而异。

彼此之间的分歧不但表现在政治层面，也表现在学术层面，几乎在各个论题上都对立。问题与主义之争是突出表现，究竟是一劳永逸地运用一种理论解决所有问题，还是一个个、一点点、一步步地逐渐解决问题，根本无法调和。这是本体论上的差异，也是方法论上的不同。思想分歧无法弥平，诸位先贤分道扬镳，追步他们的学生一辈，即所谓的五四青年也随之分流。不但内部分裂如此，外部对新文化运动的评价也是千差万别，部分五四青年或者倾心新文化运动的人走向了对立面，影响甚巨。

关于这场运动的性质、成就、价值、意义以及真正的领导者成为讨论的重点，直到现在也没有终止。一百多年的中国历史，始终笼罩在新文化运动探讨的问题里。似乎所有党派和流派都在争夺这场运动的诠释权，似乎谁掌握了这个诠释权，谁就掌握了话语的主动权和合法性。各种混乱庞杂的阐释中，留美华人学者周策纵在《五四运动史》中采取的三种分类方法，基本被学界继承，只是此与彼略有差异。我认为，中国共产党、自由主义者和文化保守主义者是主要的三类，分别有支持者和延续者，彼此之间的观点在某些地方有重叠。

第一种是中国共产党的正统话语体系。1949年以来，中国大陆关于新文化运动的正统阐释始终以毛泽东的论述为准，将五四运动划分为中国近现代史的分界线和中国共产党政治生命的起点。重视五四运动的政治意义，由阶级分析的方法入手，进而探究其文化意义，这是马克思主义政党的重要特点，也是高校思政课的核心理念。

相比胡适等人，陈独秀、李大钊在中国共产党还未成立时，就注重五四运动的政治意义，将其看作是新文化运动在政治层面的自然影响，但开始时并没有宣示这是由十月革命激发，仅将其笼统地看作是人类解放的一部分。等到真正接受从苏维埃俄国传进来的马克思主义后,陈、李等人试图用历史唯物主义和阶级分析的方法阐释新文化运动,尤其针对文学改良运动。

陈独秀认为,白话文运动由自己和胡适等人闹出来的观点,是对历史人物的不虞之誉。近代经济发展,产业人口集中,白话文完全是顺应这个需求而发生而存在。胡适一生以白话文运动自傲,强调个人在新文化运动中的作用,对自己和其他人在五四新文化运动的重大贡献,甚至夸张地称吴虞为"只手打倒孔家店的老英雄"。他反对视经济为第一位原因的看法,认为如果不是自己和陈独秀的主观努力,白话文创作至少要推迟二三十年。这与陈独秀有根本不同。

1927年后,陈独秀、李大钊等中共早期领导人或退或死。党在一段时间内对五四运动的阐释并不一致。直到毛泽东到了延安,陆续写了多篇文章,才延续陈、李重新建构了一整套话语体系。这套话语体系中,五四运动是中国旧民主主义和新民主主义的分水岭,之前是旧民主主义,领导者是中国的小资产阶级、民族资产阶级及革命党,文化上是资产阶级的新文化和封建阶级的旧文化之间的斗争;之后是新民主主义,领导者是中国的无产阶级和中国共产党,指导思想是共产主义的宇宙观和社会革命论。

毛泽东认为,五四运动是在当时世界革命号召,尤其是在俄国革命影响之下发生的。正所谓十月革命的一声炮响,给中国送来了马克思主义,中国人民找到了民族独立和国家富强的新武器。中国处于半殖民地半封建社会,社会性质决定社会矛盾,五四运动是一场反帝反封建的爱国运动,开启了中国革命的新篇章,具有不可磨灭的意义。

中华人民共和国成立后,五四运动也被作为人民英雄纪念碑下面的浮雕之一,成为革命话语体系不可或缺的一环。思政教科书上,五四运动从属于"三大高潮""八大事件"的论说模式,《新青年》被当成新文化运动的开端。胡绳《从鸦片战争到五四运动》和其他学者的相关著述,更是让这套革命话语体系充满了一定的学理性。直到现在,毛泽东确立的革命话语体系依然没有太大变化,成为中国正统的历史观,被讲授给任何接受教育的中学生、大学生和研究生。

第二种观点是自由主义的话语体系。自由主义者认为,新文化运动是一场文艺复兴运动、一场思想启蒙运动、一场思想解放运动,类似于西方的文艺复兴。《新潮》编辑选用的英文刊名即"The Renaissance"(文艺复兴),宣示中国所进行的这场运动与欧洲的文艺复兴有某种相似之处,同样是以理性反对传统,以自由反对权威,以人的基本价值反对压抑人性。

这一派主要人物包括胡适等自由主义分子。胡适明确讲,新文化运动是一场中国版的文艺复兴运动,是中国走向新生的必要途径。这种观点更强调运动的启蒙性,重视人的精神解放,注重自由主义的引入、传播、培养和完善,排斥暴风骤雨式的革命,希望通过个人价值的实现来实现整个国家的独立富强。

自由主义者经常引用西方经典来诠释个人见解,重在挖掘个性独立、人格平等和思想自由,这一点既表现在政治和经济领域,也表现在思想和文化领域。传统文言体系体现着中国古代正统的政教伦理观念，是一种价值观和意识形态的体现。新文化运动提倡白话文，表面上看是一种文体的单纯改变，实质则是思想观念的变革，这种变革带动了思想革新和个性独立。

这是自由主义的观点，也是新文化运动留给后人的长久价值。但是以西方某种事件来比附中国发生的具体事件，总是让事件本身涂上了西方话语体系的影子。新文化运动所宣传的思想固然大部分来自西方，但中国自身的独特性不容忽视。西方思想如何植根中国，不是几篇文章、几本刊物、几种思潮传播所能改变。来自西方的自由主义观念，如何成为中国人的价值信仰，本身就是一个大问题。

胡适作为自由主义的一面旗帜，被后来的很多高级知识分子尊崇。港台和海外华人华侨的自由主义传统没有断绝，一直以胡适为精神领袖，把新文化运动看作是一场思想解放运动，重视其自由主义的一面。这一点在殷海光、周策纵、余英时等人的著作中有明显的呈现。

第三种是文化保守主义者和民族主义者的话语体系。以孙中山、蒋介石为代表的国民党和梁漱溟、熊十力、马一浮等文化保守主义者是其代表。文化保守主义者和民族主义者认为五四运动是一场过激的文化运动，负面远远大于正面，是一场文化灾难，甚至掀起了后来激进主义的滔滔巨浪。自由主义者追求自由民主，反对民族主义和民粹主义，这当然激起了部分中国政治人物和文化人物的反感。因为中国的民族主义根深蒂固，其中又伴有民粹主义的幽灵，只有民族主义加民粹主义的动员，才可以产生无穷的力量，唤起更多人的革命热情。

孙中山生前基于政治原因,对学生运动和新文化运动保持一定同情,但是出于民族主义和民主宪政原则,并未完全赞成新文化运动所提倡的思想。孙中山的这种矛盾态度,给国民党内部人士解读新文化运动提供了模糊空间。曾经参加五四运动和认同自由主义的部分国民党人,或多或少对胡适保持尊敬,认为胡适是国民政府善意的批评者、无可救药的乐观主义者,与三权分立和五权宪法的最终目标一致。胡适也有类似的思维,认为国民党即国民政府的自由是多与少的问题,不是有没有的问题。

当然,国民党对五四的部分好感在1927年出现重大转变。蒋介石作为北伐军总司令和南京国民政府的实际领导人,早年也曾对《新青年》和新文化运动有过好感。但是随着地位的上升和思想的定型,对新文化运动的反感越来越深,仅仅承认五四运动是以民族主义反对军阀和列强,对传统文化的破坏远远大于建设。他认为自由主义者和共产主义者对传统文化没有给予足够的尊重,盲目地推崇外国思想,中国人因此丧失了民族自信心和内在气质。

蒋介石以军人自诩,以民族领袖自期,强调组织性和纪律性,虽然其领导的国民党和国民政府在大陆从来没有真正地贯彻领袖意志。他认为新思潮腐蚀了青年的思想,让他们在激进的革命道路上一去不复返。他把民主精神阐释为纪律,将科学的意义阐释为组织,认为只有纪律和组织才可以挽救青年、挽救社会、挽救时局,这完全违背了新文化运动的基本精神。终其一生,他对胡适等人保持名义上的尊重,并无实际好感。直到败退台湾，还直言新文化运动的负面和破坏作用，这代表着国民党的正统思维。

梁漱溟、熊十力、马一浮等文化保守主义基于极强的民族主义，对传统文化保持足够的尊敬，认为只有返本才能开新，仅仅嫁接西方的一些概念和名词远远不够。梁漱溟接受北大的聘请，直言要为孔子和释迦牟尼打抱不平，强调中国传统文化与西方文化同等地位、同等价值、同等重要，不能借由此否定彼。

熊十力则以唯识宗改造儒学，倡导体用不二，斩断内圣与外王之间的旧有联系，在自己的书斋中培养了一株绚丽而空幻的智慧之花。其学生牟宗三、唐君毅、徐复观后来成为港台新儒家的代表人物，更是对新文化运动充满厌恶感。马一浮留学欧美数载，认为只要漠视和否定西方文明就能实现中国文明的自然再生，竟然回归到传统的语言体系和价值观念，称其为醇然大儒亦可，称其为程朱理学的最后一抹余晖更为恰当，总归是生错了年代。

至于学衡派诸人和王国维、陈寅恪等学术人物，对新文化运动并无多少好感，他们更多地是对五四诸位先贤所引进的具体思想有疑义，未曾否认引进本身。他们更强调中西互通，否定厚此薄彼的价值评判，甚至强调中西文化在中国的命运是一损俱损、一荣俱荣，中学兴则西学有望，西学兴则中学再生。几十年过后，这些略显保守的言论不可不说同样有着不可忽视的思想价值，带着点点的哀伤与悲怨。

三、重新回到新文化运动

新文化运动持续多年,学界上限和下限均有不同看法。五四运动则有广义和狭义之分,狭义的内涵指发生在1919年5月4日那一天的学生爱国运动,广义的内涵与新文化运动重合,大体是指民国初年持续十年左右的思想启蒙运动。

广义的五四新文化运动包括爱国救亡和思想启蒙两部分,两者既有区别,也有联系。前期新文化运动的蓬勃发展为五四爱国运动提供了思想来源和精神动力,五四爱国运动又使阵营内部出现分裂,方向出现分歧。思想启蒙和爱国救亡本是不可分割的两部分,因此本书采取广义而非狭义,一般用五四新文化运动,或者五四运动、新文化运动。

研究五四新文化运动,离不开研究那个时期的人与事,更离不开那个时期的经典与思潮。尤其是思潮,伴随着近代国门打开后的西学东渐,中国由传统向现代转变,中西古今的文化冲突和交融不可避免。中国如何实现现代化,思想界出现了激进主义、自由主义、保守主义三足鼎立的局面。新与旧的斗争,新与新的互批,话语权的争夺与现实政治斗争的成败交织在一起,共同构成了五四新文化波澜壮阔的画面。

像春秋战国时期的诸子百家,各式各样的新思潮在新文化运动时期蓬勃发展,开启了中国再一次的思想启蒙。这场运动已经超越了历史时空,几乎中国任何思想、思潮和学术的追溯,都离不开五四新文化运动。北京大学现在坚持的依然是爱国、民主、科学和进步，依然是对五四新文化运动内涵的重申。当回溯历史时，每个学人都会从这些思想者身上寻求思想的力量。

恩格斯曾说，文艺复兴是需要巨人并产生巨人的一个时代，给予文艺复兴极高的称誉。五四运动同样是一个呼唤巨人并产生巨人的时代。不幸的是，思想者急切地想改变现实中国，过分强调思想的时效性，很大程度上忽视了学术的深刻性。呼唤巨人的时代产生了太多文章和著作，却都像一时之作，而不像历代传承的西方经典那样，成为每个学人绕不开的智慧高峰。

五四运动之所以成为现代中国引人注目的重大事件，除了其本身具有的震撼力外，更与现代中国的民族激进主义和极强的意识形态有关系。五四新文化运动承载着中国人太多的理想，也掺杂着太多的心酸与苦泪。想改变乱世风云、启迪国人心智，一批有追求的学人以笔做剑，斩断愚昧与无知，在中国大地升起民主与科学的旗帜。

无奈稍有成效，新文化阵营内部就出现巨大分裂，学人们分道扬镳，再增几处纷争。新文化运动改变了一些东西，同时也没有改变一些东西，对后世的影响有正面，也有负面。世界上没有十全十美的思想运动，也没有只唱颂歌的学术研究，更没有一劳永逸的解决方式。

任何有价值的思想都是偏颇的，也是深刻的，彼此之间甚至是相互冲突的。中国的现代化不但是新与新交流的问题，也是新与旧融合的问题。孔子、庄子必然与马克思、杜威对话，如何看待这种对话，如何审视这些思潮，是后世学人绕不开的问题。

当年发生的那些思想论战，无论是问题与主义之争、科学与人生观之争，还是自由主义与社会主义之争、保守与激进之争，其涉及的主题包括正义与幸福、革命与改良、科学与信仰、西化与保守等诸多问题。中西学术如何对接，中西文化如何对接，是当时的时代命题，直到现在也没有解决。西风为何在东方总是唱着悲伤的歌曲，这是对历史的无奈，更是对现实的感慨。

中国社会思潮呈现多元化的发展态势。这种多元不但表现在具体思潮的数量上，也表现在具体思潮内部。陈独秀和胡适对于自由的理解完全不同，社会主义有不同的派别，无政府主义内部的主张也是各有差别，文化保守主义内部的分歧不可以道里计。处于一个转折期的中国，思想的多元化呈现是必需的。任何依靠某种主义实现中国所有问题的解决，现在看来都是肤浅的，也是盲目乐观的。中国如何走向现代化是个复杂的历史问题，也是一个绕不开的现实问题，问题的复杂性决定了必须重新建构那一段复杂多变的历史，重新审视那一段兴盛繁杂的思潮。

多元主义是五四新文化运动弥足珍贵的思想遗产，它象征着一个时代的开放、心灵的自由与思想的独立。复杂、多面甚至矛盾是这一时期的特点，孕育了多元共存的价值观。任何刻板与教条的研究都无法深入五四新文化运动的内部，只有摆脱一元论的思维模式，摆脱真理在手、君临天下、非此即彼的独断心态，才可以恢复当时的历史面貌。

再次梳理五四新文化运动思潮，既是对历史的追溯，更是对现实的解答。包括科学主义、自由主义、社会主义、无政府主义、整理国故、文化保守主义、文学改良、联省自治、妇女解放等，是五四新文化运动时期兴起的主要思潮，必须逐一解读，阐释清楚来龙去脉和思想价值，只有这样才可以从历史中寻找未来可能的答案。

现在关于五四新文化运动的论著已经太多太多，无论是畅销书，还是专业书，用汗牛充栋形容亦不过分。如果不能再添新说，我个人的写作是否还有必要呢？这是一个必须考虑的问题。本书是一套丛书中的一本，有着必须遵从的体例，即按照思潮一个一个撰写，不可按照一个逻辑严密的章节进行阐释。

对于大众尤其是中学生、大学生和一般知识人而言，五四新文化运动仅是个名词，是一段被割裂的历史，并没有多少实质的了解。这么重要的事件，以及里面复杂多元的思潮直到现在还在发生影响。繁荣的书市上，并没有多少适合大众的有学术积淀的畅销书。

杨振宁最近遗憾地表示："我没有看到过一本，用中文写的，中学生、大学生和一般知识分子能看懂的，通俗地介绍原子弹在世界各个国家发展过程的书，我觉得这是一个历史上非常重要的事情，可是没有这样的书。"

其实，书市上缺少的又何止这类书，很多专业、领域、方向和课程都很缺乏。有学术积淀的畅销书从来不嫌多，而是远远不够。我希望这本不加注释的书能够深入浅出，为一般知识人和读书人提供对新文化运动的解读。

这便是本书写作的缘起。

目录

引言：一百年的轮回与纠结

一、当年的风潮与思潮 / 2

二、三种评价与三种思路 / 7

三、重新回到新文化运动 / 14

第一章　科学主义思潮

一、科学主义的诞生及引入 / 2

二、科学主义的兴盛 / 17

三、科玄论战 / 28

四、当科学上升为一种主义 / 35

第二章　自由主义思潮

一、自由主义的早期传播 / 44

二、五四时期的自由主义 / 51

三、自由主义者的主义批判 / 59

四、自由主义的衰微 / 68

第三章　社会主义思潮

一、社会主义的兴起与传入 / 80

二、社会主义逐渐壮大 / 90

三、社会主义者的主义辩护 / 96

四、马列主义成为主导 / 111

1

第四章 无政府主义思潮

一、无政府主义兴盛的背景／123
二、无政府主义的高潮／130
三、与马克思主义的关系／135
四、衰微和破产／145

第五章 整理国故思潮

一、新文化运动的催生／156
二、理念与方法之争／162
三、疑古辨伪／170
四、学术范式的利弊得失／179

第六章 文化保守思潮

一、东西调和论／189
二、儒学复兴论／197
三、学衡派的融化新知／205
四、缓进求新的文化改良主张／214

第七章 文学改良思潮

一、白话文的兴起／223
二、文白之争／231
三、思想和语言的纠葛／241
四、白话文运动的影响／247

第八章　联省自治思潮

一、地方分权的兴起与变异 / 256
二、湖南省宪运动的发起 / 267
三、其他省区的响应 / 276
四、省宪运动的失败及原因 / 286

第九章　妇女解放思潮

一、女性主义的先声 / 297
二、妇女解放的各个层面 / 307
三、娜拉走后怎么办 / 326
四、从个体到阶级的跨越 / 335

结　语——现代化的未尽之路

一、救亡与启蒙之争 / 347
二、未完成的启蒙 / 350
三、现代化进行时 / 354

参考文献

一、全书参考文献 / 358
二、各章参考文献 / 365

后　记 / 372

第一章 科学主义思潮

　　科学探索和技术创造是人类生产生活的重要方面，与人类精神、文化和世界观密切相关。科学萌生于古希腊文明，文艺复兴后取得突破性的发展，不但深刻影响学术的各个领域和方向，而且在社会发展与经济建设的应用层面取得令人震撼的成绩。科学主义是科学的形上思维，是科学作为一种主义的呈现，是西方理性主义和近代欧洲科技文化发展的必然结果。

　　中国的科学主义思潮形成于二十世纪初，但其实早在十九世纪下半叶，科学以及科学主义思想就已经被当时先进的中国人吸收，开启了睁眼看世界、以科学启蒙中国的时代主题，经历了从笨拙的模仿到高举赛先生大旗的转变。作为批判旧文化、旧道德、旧思想，建立新文化、新道德、新思想的两大武器之一，科学主义成为一种时尚、一种风潮、一种价值，极大地推动了反对封建愚昧和专制主义的斗争，促使人们真实地了解世界，建立正确的人生观，改变落后的思想和思维方式。

一、科学主义的诞生及引入

科学主义者相信科学真理的绝对性、科学方法的普适性和科学价值的扩张性，绝对化地相信科学万能，从而形成一种价值体系，影响多个学科和领域的发展。科学主义和唯科学主义来源于英语的同一个词语，含义基本相同，伴随着全球化渗透到世界的各个角落，以实效与理性的方式逐步改变着世界，冲击着当地原有的传统与文化。

这一近似宗教的信仰对中国人的世界观、人生观和方法论产生巨大的影响，一度充当了中国人的价值权威，具有其他思潮所不具有的魔力。陈独秀、胡适、丁文江、王星拱等科学主义代表功不可没，在救亡图存、实现民主与统一主题下发挥着重要的作用。当然，任何思潮上升为一种意识形态，以之作为评判任何学术、文化、思想，甚至不给人类的信仰体系和文化心理留存最后的空间，是一种真理在手、君临天下的态度，都会有弊端呈现。

了解西方科学的发展是理解科学主义的基础和前提，无论是本体论的科学主义、方法论的科学主义还是价值论的科学主义，都离不开科学理论与实践的互动与检验。从本质上讲，科学作为一种理性活动，是人类理性的集中表现形式。哲学也是一种理性的活动，与科学的发展和科学主义的形成存在着深刻渊源。

现代意义上的科学理性精神可以追溯到遥远的爱琴海，

诞生在那里的古希腊文明蕴含着归纳演绎的科学方法、寻求确定性的思维方式和追求真善美的统一，为近代科学的发展奠定了思想基础，也为近代科学主义的发展提供了智慧源头。无论是爱奥尼亚学派、毕达哥拉斯学派、爱利亚学派，还是后来的苏格拉底、柏拉图、亚里士多德，他们都强调理性在哲学中的运用，孜孜不倦地创造智慧、追求知识、探索真理。

　　文艺复兴时期，人文主义者提倡理性，反对愚昧，号召人们不断地学习知识，寻求科学真理，努力使科学从神学的束缚中解放出来。启蒙运动本身就是自然科学和社会科学发展到一定阶段的产物，理性是其核心，以理性作为衡量一切的标准。知识和信仰只有得到命题式论证才是合理的，否则不能称之为理性。逻辑实证和数学分析是科学的基础，不能实证与分析的命题不具备科学意义。科学家总是相信，自然和人类都是进化和有序的，是一种规律性和目的性的统一，通过理性和逻辑可以把握这种统一。

　　自然科学及科学知识的应用与实践为社会思潮的转变提供了广阔的历史背景与真实的素材，科学主义就是在科学实践和生产生活中逐渐发展起来的一种社会思潮，我们既可以把它看成是哲学思潮，也可看成是一种价值观或方法论。科学主义的萌生最早可以追溯到近代科学革命发生之际。在十七世纪的欧洲，一些令人耳目一新的想法出现在思想领域，自然哲学作为一种知识本体试图取代经院哲学而成为整个哲学的基础。其中培根、笛卡儿及当时的英国皇家学会是促使科学主义诞生的重要人物和团体组织。

在近代哲学史上，英国式经验主义和欧洲大陆式理性主义与文艺复兴和启蒙运动紧密相关，共同构成了两种理性主义传统。英国式经验主义的鼻祖是培根，是人类智慧史上第一个明确肯定科学价值的学者。培根的伟大之处在于他公开地寻求一种新的哲学，主张摆脱因袭的偏见，在稳固可靠的基础上重建科学，这种思想在其著作《学术的进展》中得到充分体现。

他主张认识始于经验，创立了以归纳法为特征的科学方法论，主张不带偏见的观察和合理的逻辑推理相结合，并努力推广到社会的各个领域。在培根的知识体系中，哲学被分成三种：神圣哲学、自然哲学、人的哲学。在方法论方面，培根认为科学的统一在于方法论的统一。

在《新工具》一书中，培根揭示了这种新方法即归纳法。归纳法以详尽地收集例证为基础，收集到必要的例证之后，再运用归纳法分析。十七世纪中期以后科学在解释和预测方面日益获得成功，科学实践的价值被高估，科学被寄予很高的期望，科学概念、方法和思维模式开始扩展到其他知识领域，这些都是科学主义赖以生存的文化源泉。

十七世纪上半叶，英国知识界出现了对科学持续浓厚兴趣的趋势，并在1650年时达到顶峰，科学对社会的价值与日俱增，科学方法也被认为是可靠的和值得信赖的。英国是科学运动的中心，当时英国的科学家是独立受尊重的知识分子群体，科学取得了独立于其他探索领域的自主性，科学的规范也独立于其他规范。英国皇家学会的会员认为科学是凭自身价值获得资格且高尚的职业。

科学变得时髦和高尚起来。科学对政治、宗教也产生了巨大的影响，宗教团体对科学活动和科学态度产生了积极的兴趣。许多政治群体也将政治思想同科学宇宙论联系起来。将数学与经济计划以及公共政策的选择联系起来，这种科学思想的被认可为科学思潮的形成创造了必要的社会条件。

另外一位对科学思想的形成产生重大影响的是笛卡儿，罗素曾高度评价笛卡儿，称他是第一个秉持高超哲学能力的人，受新物理学和新天文学深刻影响。有别于培根的科学理念，他主张把一切事物都放在理性尺度上矫正，把理性看作是改造一切、判定一切的标准。人人都具有理性，只有摆脱一切成见和虚幻的观念，才能使理性之光自然地发现真理，只有通过严密的逻辑推导和理性直觉，才可以获得确定性的知识。

其后，欧洲大陆后起的哲学家延续这个传统，尤其是德国哲学，更是让这个传统发扬光大。经验主义和理性主义有区别又有联系，是现代科学主义的两个重要根基，在世界史上发挥重要作用。笛卡儿想要缔造一个完整的哲学体系，使人类的知识成为一个有机系统，可以取代经院哲学的知识体系，并且使每门学科都有精确的标准和研究方法。笛卡儿认为在这一系统中，数学知识的有效性具有重要地位，数学成为真理的标准，数学和物理学的研究结果处在核心地位。

几何精神在笛卡儿持有的有机统一的知识观里也占有重要的地位，随着笛卡儿哲学信奉者的传播，思想界对几何方法的推崇产生了一定的社会影响，在欧洲大陆，从十七世纪下半叶到十八世纪初，笛卡儿的哲学思想使数学建立在自明原则的基础上，尽管这还不是一种绝对的科学主义，但体现了人们的一种愿望，用一种确定可靠的方法统一全部知识，以获得真理。这是科学主义的土壤。

莱布尼兹和霍布斯同样是十七世纪科学主义形成时期的重要推动者。莱布尼兹倡导知识的统一，致力于百科全书计划，试图建立一种"论证的百科全书"。在莱布尼兹看来，百科全书是知识的目录，其中的逻辑是建立这种目录的基础，首先建立普遍科学，这门普遍科学为所有个别科学提供理性的基础，并建立论证的连接，连接的最重要基础是数学的和形式逻辑的方法。

霍布斯使用明确的定义和科学的方法，证明传统的行而上学是荒谬的，力图使一切论题回到物质和运动中。他认为物质的运动是基本事实，用物质运动来解释自然、心灵和社会。从外部运动到人的内部运动，并过渡到主权和正义。霍布斯的一切都是运动的观点，将所有实在，包括物质、人、精神都还原为机械力学的事实存在，形成了科学主义的本体论前提。

科学主义在十七世纪处于萌芽阶段，培根和笛卡儿在为科学划定合适的界限上做了开山的工作，并阐述了方法论基础，可以说，培根是实验和归纳方法的思想家，笛卡儿是科学理性主义的哲学代表。他们各自强调了科学的不同要素。而笛卡儿和莱布尼兹使科学形成一种理性主义的转变。

在他们的眼中，科学变成了一个具有精确范畴和理念的普遍结构，崇尚数学的演绎，这两种科学思想孕育了两种类型的认识论的科学主义，以培根为代表的是以经验论为基础的认识论的科学主义的源头，而笛卡儿的演绎统一，是以科学概念和定律为特征的科学主义的源斗。这两种基本形式是科学主义发生的思想资源。

十七世纪后期到十八世纪，由于牛顿力学探索并揭开了大自然的奥秘，在当时的英国和法国出现了牛顿崇拜的社会思潮，牛顿科学的范式成为解释科学的最高权威和普遍标准，这种范式也被应用到关于人类和社会的研究领域。此后，分析的方法成为许多学科领域的研究标准，表现为方法论方面的科学主义。

科学逐渐成了西方文化的核心部分，实验已成为不容置疑的真理之源，科学具备了前所未有的强大信念和社会意义，这是科学主义成长的动力。牛顿的《自然哲学的数学原理》得到广泛传播，在哲学、政治、道德等方面得到广泛的应用，并构成了启蒙运动的价值系统的基础，使爆发于十七至十八世纪的启蒙运动产生了科学化的倾向。伏尔泰和洛克都深受牛顿的影响。

启蒙运动理性观是以牛顿新方法为纲领，强调理性是后天获得，指引人们发现真理、建立真理、确定真理的独创性的理智力量，分析精神在启蒙运动中得到了充分的发展。十八世纪的大多数思想家都将分析方法运用到形而上学、人的心灵、道德领域等，表现出了方法论的科学主义倾向。伏尔泰和休谟都相信科学方法能够澄清对人的本性的理解。

亚当·斯密的《国富论》以及《道德情操论》由统一的原则整合。在道德世界，同情心是完成这种整合的核心，在经济世界，私立是完成这种整合的核心，两个原则都在各自的领域中创造出和谐。边沁的定量也是道德科学化的一个典型，边沁运用牛顿的分析方法，将每个具体的情境都分析成要素，边沁把这种分析方法运用到伦理学、法理学和政治学领域。

科学主义推动了启蒙运动中理性的光芒，激励了对宗教学和封建专制的彻底批判。科学主义也提供了从科学角度研究人和社会的新思路，激发思想家在社会领域寻找自然科学的规律，推进了科学思想和方法向非科学领域渗透，促进了各门社会科学的形成和发展。

十九世纪是科学主义走向系统化、观念化的时期。在这一时期，科学主义展现了多样的形式，包括方法论的科学主义、价值论的科学主义、认识论的科学主义、存在主义的科学主义。这一时期的各个领域——物理、化学、生物学、医学都取得了根本性的进展，达尔文的进化论在这一时期的影响及指导地位超越了牛顿力学的社会影响，被译成德文、法文等，它的影响扩大到前所未有的范围。在十九世纪，自然科学方法在人文社会科学领域，如经济学、文学的历史学等领域都出现了科学化的浪潮。

对经济学来说，这一时期的物理学为经济学提供了科学范式，运用模型已经成为普遍的做法。在文学方面，文学中的自然主义也是人文科学化的一个典型，十九世纪六十年代，西欧文坛出现了将自然的发现和方法用于文学的倾向，称为自然主义。文学上的自然主义发端于法国，随后在挪威、意大利、英国等国家出现，在福楼拜、莫泊桑的作品中早已出现，当时的文艺评论家泰纳是自然主义理论的倡导者，主张以科学家的客观态度来写作小说，表达作为一种生物受遗传、环境和时代压力所支配的观点。

在史学方面,随着自然科学的迅速发展,西方史学开始了科学化进程,这一趋势在二十世纪初达到高潮。实证主义史学在十九世纪下半叶迅速兴起并占领了欧洲史坛,实证主义历史学家本着从科学的角度思考有关历史的本质,研究历史的目的和方法问题。

圣西门构想了百科全书式的实证科学知识体系,他的社会物理学和社会生理学等术语,直接影响了孔德科学主义观念体系的形成。孔德的实证哲学体系深信通向真理的唯一道路是科学。他的实证哲学的理论基础是万物受制于永恒的自然法则,实证主义哲学的目的是发现这些法则,使其系统化,并把科学方法引入社会科学领域。

斯宾塞是一位进化论的哲学家,他的哲学思想被称为达尔文主义,他的《综合哲学》以进化论和守恒原理为基础建立一种理性的综合,在他的哲学综合中,无论是无机的、有机的,或精神的都是按照一个过程来形成的,斯宾塞将这一过程描述为进化规律、进化公式或进化原理,斯宾塞的科学统一就表现为这种规律的还原。

这种科学主义思潮在各个民族和各个阶层中都有很大的吸引力,在十九世纪六十年代早期,斯宾塞的科学主义观念对欧美社会产生了强大的冲击,中国、日本和其他亚洲国家也深受影响。在这些国家,斯宾塞代表着进步、理性、科学、启蒙,能够战胜一切落后、愚昧、守旧与颓废。

从西方的科学技术、自然科学、社会科学再到科学主义上升到哲学高度四个方面的发展过程来看,西方科学主义从诞生到发展成熟的这个过程走得扎实而有力，每一种科学思想都经历了实践的检验，这是令其他的文化体系感到钦佩和尊敬的地方，同时也是值得其他国家努力效仿及学习的地方。

大体说来，科学主义从萌生到成熟经历了漫长的时间，形成了一套独特的价值体系。从认识论上讲，科学主义者认为可达到对外在世界真理性和客观性的认识，科学有益于人类，不但表现在物质生活上，而且表现在经济生活上，没有科学不能回答的问题，也没有科学不可解释的领域。

从方法论上讲，只有经过经验证实和逻辑推理的知识才是科学知识，一切真正的研究都要运用科学方法，科学方法是万能的，也是不断进步的。

从价值论上讲，科学的价值体现在人类社会的一切领域，科学一定能造福全人类，使人类走向美好的未来，其自身所带来的负面效应，也会随着科学的进步自然消除。

科学主义与中国发生过两次联系，一次是明末清初的教士来华，影响仅在上层，规模也不大；一次是在近代，全面改造了中国，一直持续到现在。鸦片战争后，西方列强的坚船利炮打开古老中国的大门，一次次的战争失败增强了中国的危机意识。随着西方文化和科学主义思想与中国传统文化的强烈摩擦和碰撞，以及中国知识分子的海外求学，科学主义犹如照亮黑暗的火焰，在中国备受瞩目与推崇。

鲁迅先生曾多次引用普罗米修斯的故事，将他比作窃火者。事实上，在任何一个时代，任何一个灾难深重的国家或民族里，当这个民族或国家处于动乱、矛盾、贫穷积弱、危机四伏之时，都会产生一批勇于突破传统的牢笼与旧传统，从先进的文化和文明中引进技艺、思想观念、道德观念或思维方式，用来弥补和克服本民族文化中固有的落后、愚昧等各种问题的有识之士。

自十九世纪中叶后，中国知识分子中涌现了一大批窃火者，他们或著书立说，或开启科技实践之先河，或抨击根深蒂固之思维与传统，或组织运动检验科学理想信念在中国的适应性，在危机四伏的晚清帝国直至中华人民共和国成立前，点燃了时代奋进的脉搏。

源自于西方的科学主义在中国生根、发芽、开花、结果，形成一股潮流，经历的时间远远要比西方短。这一方面源自救亡图存、保国保种的客观需要。如果不是鸦片战争，晚清帝国也许仍然会不紧不慢地沿着传统封建统治与小农经济的模式继续走下去，但鸦片战争中大清帝国的迅速惨败，让清醒的士大夫们意识到大清国再也不能沉迷于天朝上国的迷梦，对外国势力采取消极抵制的态度，应该多了解外国并向外国学习其长处。

林则徐和魏源率先将目光投向了西书和西方的先进技术。林则徐在广州查禁鸦片时，购买外国报纸、采访西事、翻译西书、主持编译《四洲志》等，魏源在《四洲志》基础上撰写《海国图志》，提出"师夷长技以制夷"的主张，提出为发掘本国的自然资源，振兴民族经济，必须学习他国的先进科学技术的思想，魏源的这种思想可以说是中国现代科学主义的先驱。

林则徐、魏源的务实启蒙思想直到十九世纪六十年代有了具体的实践结果，这一结果主要体现在洋务运动上。洋务运动在引进西方先进的科学技术方面做了广泛且影响深远的工作。西方先进的技术方面，包括制造枪炮船舰、兴办现代交通工矿企业、编练新式海陆军、派遣留学生、设立学堂。自然科学方面，大批知识分子汲汲求法于西方科学理论，广译西书，促进了我国数学、物理学、化学、天文学、地学、生物学、医学等学科的兴起。社会科学方面，哲学、经济学、政治学、社会学、伦理学、逻辑学等大量书籍被译成中文，不仅进一步促进了科学主义的传播，也推动了中国传统学科体系的近代转型。

  师夷长技以制夷，更确切地讲学习西方的军事技艺，这个时候中国人的认识还停留在器物层面。洋务运动以自强和求富为口号，引进了一部分西方科学技术，仿造西式机器，开展洋务教育，初步有了科技救国的思想。通过科技实现图强的愿望无疑彰显了科学的价值，为西方近代自然科学知识的传播和科学主义的引入奠定了思想基础。继洋务运动而起的维新变法运动，寄希望于科学以图富强的观念愈加明显，在传播西方科学技术的同时，还大量引进包括政治学说制度在内的社会科学知识，国人对科学的认知从器物层面向制度层面迈进。

  广译书籍与创办刊物顺应了时代对科学的渴求与探索，学堂的成立与学科的普及教育更是把科学主义的种子播进了年轻人的救国与奋发图强的意识中。在清末新式学堂中，大都开设了数学课、物理课、化学课。其中教材有从日本或欧美翻译过来的，也有国人自己编译的，在此基础上，中国近代基础教育得以逐步开展起来。学科的兴起带动了我国近代科学的发展，近代科学的发展又推动了应用技术的进步，在西学东渐的过程中，应用科技逐渐在印刷、造纸、交通、能源、采矿、冶金、纺织、化工、通信等领域得到推广使用。

人文社会科学知识的引进对我国近代科学主义思潮的形成与发展起到了至关重要的作用，尤其是在哲学科学的层面上。国内当代有学者将科学主义划分为强科学主义与弱科学主义，指出强科学主义主要是关于自然科学的信念，认为科学是人类知识中最有价值的部分；弱科学主义强调自然科学的方法应该被应用于包括哲学、人文和社会科学在内的一切研究领域。

事实上，我国科学主义思潮的酝酿阶段是在十九世纪末，西方一些重要的哲学思想流派及其代表被介绍过来，诸如柏拉图、培根、牛顿、黑格尔、苏格拉底、孟德斯鸠等著名的哲学家或科学家被中国学界熟知。彼时，严复译述《天演论》系统介绍了达尔文、赫胥黎、斯宾塞的进化论学说，此学说一经传播，对近代中国哲学的形成与发展产生了巨大的影响。中国的哲学从此开始脱离传统经学的羁绊，初步具备科学哲学的近代形态。

晚清至民国时期，中国传统学科体系整体向近代转型，中国传统学术与近代西方学科体系被整合到一个文、理、商、法、工、农的框架中。西方近代人文社会科学的理论与方法逐渐输入中国，在介绍与传播新的学科理论与方法的基础上开始进行近代学科体系的理论构建，近代中国哲学、政治学、经济学等人文科学得以初步创立。

总之，自十九世纪中叶以后至辛亥革命之前，伴随西学东渐的不断扩展，西方的科学以更为深广的层面影响中国，可以说经历了一个从技术引进，到学科创立再到实际应用的过程，这一过程构成了中国近代思想转型演化的重要侧面，同时也为科学主义思潮的兴起提供了较为直接的历史前提与依据。

如果说1895年之前，中国人对西学的引进还主要是被动的，那么1895年中国人对西学的引进则是主动的，态度发生了极大的变化。先进的中国人开始摒弃学习西学中的技艺为主的倾向，真正主动把西学当作一种文化或一种权威来认识，企图通过制度层面的改变达到观念和信仰上对西学的全面接纳。客观地讲，中国知识分子虽然没有了解科学的内在逻辑和发展脉络，但已经提前接受它作为一个全能的权威，认为只要在中国制度层面实现了科学化，就能一劳永逸地解决中国的所有问题。

以前中国学人对西方的科学概念认识还比较肤浅，仅用"格致"代指西方的科学。从格致到科学的转变，不仅是一个词的差异，而是代表着国人科学观念的转变。学界对于到底是严复还是康有为第一个使用"科学"一词，目前还有争议，但无论是谁，都是顺应了这个历史潮流，同时代表一群人对"科学"一词有意识的使用。"格致"一词来自儒家经典，是修齐治平的前提，带有浓厚的家国观念，后来多指技艺之学，缺乏明确的现代学术意识。"科学"一词中的"学"有原理、理论、方法、观念的含义，是一个现代学术概念。在西学的翻译和学习过程中，人们发现了技艺后面存在成体系的学理，"格致"一词已经完全不能涵盖,这个时候"科学"的出现便顺理成章。

当指向现代知识体系和学科概念的"科学"一词被广泛使用,"科学"的观念也逐渐在国人心中扎下了根,中国社会的文化发展也发生了指向现代的转换。严复曾留学国外,作为清末民初时期重要的启蒙者,从一开始就把科学作为价值体系来接受。他不像前人那样把科学仅仅理解为器物或技艺,而是直接看到了器物和技艺后面的社会价值和原理法则。

严复的思想是一个庞杂的体系,涉及国家昌盛、民族再兴的各个方面,涵盖政治、经济、文化、哲学、文学各个方面,核心要义是倡导救亡图存、自由平等、天演进化。在翻译《天演论》的过程中,严复并没有完全地遵从原文,而是做了必要的选择和取舍,加上部分个人化的评论,完成了适合国人需求的改造。"物竞天择、适者生存",这是严复的呐喊,激发了国人的自立自强、发愤图强。

在这里,翻译的重点已经不在于进化论本身,而是超出具体层面的价值归向。坚船利炮只是西方国富民强的表现,植根于西学的各种近代基本理论科学才是根本。严复清楚地认识到,英国的富强在于他们以新的认识论,即逻辑学作为指导,而这种逻辑学恰恰是以培根开其端的经验论和归纳法,一切科学真理必须通过归纳和演绎来设立,归纳法尤其重要。

与严复不同,康有为没有留学西方,也没有学习过轮船驾驶等技术。他仅是在欧风美雨进入中国后,自己搜罗书籍来阅读。他的学术植根于中国传统学术,对西方自然科学和社会科学保持浓厚的兴趣,对显微镜和望远镜等声光电气赞叹不已。西方技术成就带来的不仅是模糊的先进印象,而且有对西方技术背后深层的思考。

在康有为看来,西方强盛的原因不是军兵炮械这样的技术器物,而在于隐藏在其后的学理,正是这样的学理才使得西方世界保持先进的地位。中国如果想变法图强,必须重视科学、学习科学、实践科学。戊戌变法失败后,康有为流亡海外,对西方有了更直观的感受,更坚定了科学技术富强国家的信心。

为此,他专门写了一篇《物质救国论》,开宗明义地强调科学是近代物质文明的基础,高度评价西方工业革命,极力倡导科学救国,兴办学校、博物馆、图书馆、工厂等先进设施。在《实理公法全书》中,康有为还对社会科学进行科学实证的统计和分析,对归纳法和演绎法推崇备至。相对于同时代其他人,康有为和严复对待科学都没有停留在表面,而是从形而上的价值追求上认识、接纳、提倡科学。

人们有这种改变,根本原因在于救亡图存的功利性需求。甲午战争的惨败,惊醒了还在沉睡的国人,民族日衰,列强环伺,国将不国,国人在寻找救国之路,科学即其中一条。只有施行维新变法、广设学校、大开民智、鼓励创新、发展经济,才能摆脱被列强欺辱的境地。科学主义作为一种包罗社会、自然、人生、学术的道德真理和价值体系,在知识分子中获得了广泛的支持。

另外,中国传统具有实用理性的特征,重视真理的实用性、现实性,轻视与生活实用无关的形而上学,也轻视一些复杂的抽象思辨。道在伦常日用中,承认有一种道支配着现实社会和日常生活，这种实用理性的经世致用与西方倡导的科学主义有一定共通性，促使了科学主义在中国的引入、扩张和普及。在实用理性的支配下，科学主义在中国的合法性远远超出其他思想，并在其后的五四运动中成为首要宣传的思潮。无论这种影响是积极的，还是消极的，都无可争辩地打上了中国的印记，显示了中国独有的特性。

二、科学主义的兴盛

近代西方科学主义伴随着科学技术的飞速进步所形成的思潮，在很大程度上形成了反抗或替代旧的宗教信仰和意识形态的精神力量。在中国，这种现象随着西学东渐也同样发生，十九世纪末及二十世纪初在中国形成的科学主义精神与中国传统文化及思维方式形成了巨大的差异，现代科学主义给出了当时中国的知识分子一种新的世界观、方法论与理性精神。

中国人追求科学虽然不是始于五四新文化运动，但中国人追求和崇尚科学，并将其作为新文化的核心价值观念是五四新文化运动最伟大的历史功绩之一。五四以后，科学开始贯穿于社会的各个方面。新文化运动时期中国知识界对科学的追求主要从两个维度展开，一是将科学作为新文化的核心观念或基本价值，二是把科学看成是世界观和方法论。科学主义思潮在五四时期大获发展与深化，离不开西方科学主义中的实证主义和实用主义以及中国社会自身对科学主义的需求。

陈独秀与李大钊等人高举民主与科学的旗帜，大量介绍西方先进的文化和科学技术，宣传科学主义思想和民主人权观念，抨击中国封建的旧文化，要求政治变革。《新青年》成为新文化运动的堡垒和阵地，领导中国的知识分子、社会仁人志士从事文化和思想的革命，传播科学主义并使科学主义成为一种强大的社会思潮。

新文化运动的发生，可以被称为是具有中国特色的启蒙运动，从对科学主义的宣传和阐释的角度来讲，《新青年》强调科学的重要性，并指出士如果不知科学，就会沿袭阴阳家五行之说；农业如果不知科学，就不懂选择优良的种子与除虫之术；发展工业时不懂科学，就会弃货于地；经商不用科学，就会只识近利；医学不运用科学，就不会了解人身的构造。

《新青年》呼吁青年要自觉地与传统腐朽因素划清界限，注重科学与技术。还通过批评当时中国的教育来倡导科学的人生观，认为教育应使受教育者了解人生之真相的现实主义态度，认为只有科学才能了解物质世界的本质和变化的原因，只有借助科学才能建立科学的人生观。

此时的陈独秀采取了唯物主义和科学一元论来解释万事万物的因果法则，并十分注重提高科学家的地位。这反映了二十世纪初中国科学主义思想的特点，即相信科学和科学家能够解决自然、社会和人生的所有问题。陈独秀把自然科学和社会科学统一，主张用科学的原则、规律和方法研究人类的社会行为。

有学者评价陈独秀对科学的信仰超过了同为科学主义者的著名人物胡适，因为陈独秀在面对社会历史问题上，坚持物质一元论，认为在社会发展中，经济是最重要力量，思想道德、文化宗教等都是经济基础之上的建筑物，他坚持由经济导致了政治、教育、道德文化的一元论。在陈独秀看来，唯物史观是应用于人类社会研究的最重要的原则。

新文化运动时，达尔文进化论思想风靡全国，成为当时先进知识分子的世界观和思想武器。陈独秀介绍了天文学家、地质学家、解剖学家等科学家的研究成果，并自觉地结合自然科学的成果分析。在人类发展方面，陈独秀指出，一切动物，从最低级单细胞动物到最高级有脑神经的人类，其进化的路径是符合达尔文的观点——物竞天择、适者生存。

在人生观方面，陈独秀认为只有科学的人生观才是可靠的人生观，并指出了科学人生观的意义。陈独秀认为社会的文明幸福，是个人造成的，也是个人应该享受的，社会应当尊重个人的意志和快乐。总的看来，陈独秀作为新文化运动的领军人物，为中国科学主义思潮的形成发展与传播做出了巨大的贡献。

胡适也是新文化运动中的著名代表，他主要通过阐述实验主义传播经验论科学主义。胡适在新文化运动中有自己鲜明的特色，他以自己对二十世纪初西方科学主义的亲身感受和理解，对科学主义的阐述更加执着、热忱和坚毅。与陈独秀不同的是，胡适比较注意对科学采取较为开放的理解，鲜少带有独断性质的一元论和决定论色彩。他不注重口号与主义，而是更注意研究具体的科学和社会问题。

胡适的科学观表现为实验主义科学观，他结合了进化论和实证主义。在胡适的观念中，实验主义有三种意义：方法论、真理论与实在论。其中方法论是胡适最为看重的,胡适重视方法论的思想深受杜威影响。极其重视实验主义方法论的一面,淡化本体论和认识论,这是胡适对科学主义在中国发展做出的贡献,同时与西方科学主义注重科学方法论是一致的。

存疑主义和依靠证据是胡适科学主义重要的思想原则,胡适把存疑主义比喻为问号,认为凡是不能经过问号检验的东西,都是无价值、不足惜的。存疑主义是新文化运动中宣扬科学主义的重要的思想武器,在中国知识分子向传统观念和信仰发起挑战时,存疑主义起到的作用非常大。

在存疑主义的影响下,中国知识分子对传统文化开始采取批判的态度,并主张一个人应该有独立思想、独立观察、独立判断的能力。胡适将实验主义的科学方法论划分为三步,首先是从具体的事实出发,然后主张一切学说理想和一切知识都是特征的假设,并非天经地义,最后一切学说和理想都必须用实验的方法,实验是真理的唯一试金石。简要地说就是大胆假设,小心求证。

如何解决问题,胡适指出提出假设后须严格求证,求证的过程须小心、细心。对于证据要提出几个重要的问题,一是这种证据是在什么地方寻出的?二是什么时候寻出的?三是什么人找出的证据?四是从当时的实际出发,这个人做证的资格怎样?五是假设某人有做证人的资格,但这个人出具证据时是否是在作伪?以上的五点都是胡适在求证方面科学态度的表现。

胡适的存疑、假设、求证的科学方法论正是假设、证明、演绎、归纳等综合方法的运用，并注重科学方法的多元论。总之，胡适的科学观把追求真理和理性直接统一起来，只有借助理性的分析与求证才能获得科学的结论。在新文化运动中，胡适传播科学主义突出了实验主义方法论，这些方法强调存疑主义、经验证实和创造性假设的作用，开启人们从经验和证据入手进行科学研究，为中国的科学主义思潮加入了实验主义因素。

从他对传统文化的批判及对中西文化两种文化的解析中，可以挖掘出合理的科学主义观念。在对待传统文化上，胡适认为儒家以父母的观念为指导的准则，胡适还指出古代的立功、立德、立言的"三不朽"事实上只是为极少数人服务，而真正的文化应该是包括所有人的。

对待西方文化，胡适从辩证的角度去分析。推崇西方科学主义的同时，也批评了西方利用厚生的观念。厚生的观念忽略了人类心灵与精神的要求，但在精神文明建立在物质文明之上，以及对西方取得的物质成就的肯定方面，是做了深入的考察及实验上的推理。西方文化具有理智化、人化和社会化的特点，是科技和工商业推动的结果。

与对待西方文化相比，在东方文化的评价方面，胡适认为东方文化缺少理智化精神。胡适曾深刻地指出，在一个女人缠足千年而无人提出抗议，寡妇自焚、等级森严，把人当作牛马使用的文化中，没有什么精神文明可言。而相对比于东方，西方的科技文明不断探索真理、严格地寻求论证的证据和方法，使研究者的科学主义观念得到发展。总的看来，胡适希望新文化运动以文化改造为重心，通过思想启蒙，系统地整理国故，逐渐引入科学和人权，淘汰落后愚昧、不科学的因素。

建立科学的人生观是五四新文化运动中科学主义思潮发展中十分重要的问题。胡适寻求新的价值观来代替旧的价值观，所推崇的人生观同样对科学主义的兴起及发展起到了重要的启蒙作用。胡适从科学进化论的角度出发，逐渐推导出他的社会观和人生观。

在胡适看来，世界上没有包治百病的办法，更没有四海皆准、百世不悖的真理，依据进化论，文学、道德和人类社会都是变迁的、进化的，社会与国家的发展也是时刻变迁的。对于个人而言，人生也是随着环境的变化而变化的，应该以科学的态度研究人生，以科学的精神、态度和方法，以科学知识和事实资料为基础来确定自己的人生观。

吴稚晖在《新青年》上发表文章，阐述科学是进步和工业社会实现的观点，在《青年与工具》和《再论工具》两篇文章中分析了物质文明的概念，尤其注重西方的工业文明，他力劝中国青年不仅要致力于完成产品，而且要明白制造产品的机器和针、剪刀、螺丝刀等工具，他建议任何人都应该对生产工业产品的进程做出贡献。吴稚晖对物质文明的推崇以物理学为基础。

吴稚晖对传统文化持批评的态度。在人生观方面，吴稚晖持非宗教的唯科学主义，坚信精神离不了物质，坚信宇宙不停地运动，坚信物质文明愈进步，产品愈丰富，人类愈倾向统一，坚信道德是文化的结晶，坚信宇宙中的一切都可以被科学解说。科学主义思想在中国的传播与推崇不仅得到了胡适、陈独秀、吴稚晖等人多方面的实践，同时也获得了一系列科学家的大力支持，如地质学家丁文江、数学家任鸿隽、心理学家唐钺等。这些科学家都受过良好的西式教育，他们渴望把珍贵的科学精神灌输到中国。

丁文江是我国地质学开创者之一，出生在江苏省富裕的绅士家庭，天资聪颖，十五岁之前打下了非常扎实的古典文化和语言基础。1902年去日本，1904年到英国，学习了地质、生物、医学等知识。丁文江于1911年回国，成为中国地质学方面的开创者，于1916—1921年间担任工商部地质调查所所长。

丁文江在担任所长期间，对中国地质学研究提出了较高的期许。在他看来，地质学所包含的内容极为广泛，不仅包括构成地球的材料，如矿物及岩石等，也包括形成及改变各种材料的动力，演变进程等。除了致力于对地质学的研究外，他也积极参与政治活动撰写哲学著述、科普读物等，1911年，他曾出版一本生物学教科书，以科学为基础来解释世界观和人生观。1922年时，在胡适的帮助下，他创办了《努力周刊》，起初作为政治评论的喉舌，后来宣传科学与民主。

王星拱是另一位批评玄学派的著名科学家，他早年留学英国，在伦敦大学理工学院学习，从英国回到中国后，在北京大学任化学系教授，同时为《新青年》《新潮》等杂志撰稿，反对封建迷信，宣传科学知识。他在《科学与人生观》一文中阐述了对科学人生观的看法，认为无论是生命之观念或生活之态度，都可以凭科学为原则解决。从社会的角度，他指出，科学的价值绝不可低估，急切地盼望中国能借助科学技术尽快摆脱贫困落后的境地。

王星拱所理解的社会范围比较广,包括宗教、道德、法律、经济等。他从道德和经济方面提出了改变环境的意义,在道德层面,他相信绝大多数人的最大幸福才是一切社会伦理的最高标准,传统与恶的环境无处不在,只有少数知识分子才能看清它,并有勇气去改造它,因此他把改造环境的希望寄托在对先进知识分子的教育和思想启蒙上。

王星拱强调发展工业的重要性和紧迫性。作为一名坚定的科学主义者和科学家,王星拱相信发展工业和科技是关系到国家命运和民众生存的最紧迫的问题。对采取什么样的工业制度方面,王星拱认为中国不应照走西方工业化的老路,即依靠个人主义的自由竞争和私人资本,而是应该依靠社会资本,应该采取社会主义,改造不平等的环境,减少贫富阶级差距。总的看来,王星拱作为一名科学家,通过通俗科学论著大力传播了科学世界观和新的哲学。

作为数学家的任鸿隽和心理学家的唐钺,两人都在美国受过良好的教育。他们虽不像陈独秀、胡适、吴稚晖那样,对中国现代思想起到系统启蒙作用。但作为科学家,他们对中国文化有多方面的评述和著述,他们给人的印象不仅仅是实验室里的科学家,远远超出了科学贡献的范围为科学辩护。

任鸿隽1914年同好友在康奈尔创办《科学社》,后来此刊物转到国内出版,不久成为中国理论和应用科学的领导刊物。任鸿隽撰写了很多普及性的科学文章,赞扬科学是现代价值观,这份刊物的影响力一直持续到二十世纪四十年代。

唐钺自学生时代起,就坚信中国文化应该按照现代文化进行重建。他曾经担任过清华大学心理系主任和"中央研究院"心理学研究所的所长,他曾经和胡适帮助许崇清翻译杜威的《心理建设》一书,他还翻译了一些詹姆斯著作,如《各种宗教体验》及《心理学原理》等。

上述几位新文化运动中的著名人物,代表了中国现代科学主义思潮的重要内容和方向。与严复翻译西书时期相比,这股初步形成的社会思潮已经大不相同,形成了新的特点。首先这一时期的科学主义思想已经不局限在少数的先进知识分子中,而是影响或普及所有接受现代教育的读书人。尽管他们对科学和民主的理解有很多种,但是对西方科学及技术已经并不陌生,了解了现代科学的大致特征,明白了科学对社会、工业、经济都有着十分重要的作用,在提高我国经济、军事及道德水平方面都至关重要。

第二个特征是在科学主义思潮中,科学与民主紧密联合在一起,人们从西方科学技术的发展过程中,认识到科学技术的进步离不开政治的支持、秩序及民主。如果没有民主、法律、公平等因素,如果不去摧毁旧有的封建主义、专制主义,就不可能在积贫积弱的中国建设现代工业化国家。人们在这样的一种思潮下相信科学是靠实验证实的方法,加上归纳演绎等具体的研究方法,发现自然界乃至社会本身的自然法则,可以达到务实地、理性地改造自然、创造发明,推动技术、工业和经济的进步。

科学主义思潮的第三个特征是激烈地反对传统文化中大量落后的因素,二十世纪西方科学思想体系被中国科学主义者吸收后,中国第一次真正用系统的科学思想形成一套新的世界观、人生观、基本信念和价值体系来反对中国封建文化的集中代表孔孟之道，直截了当地指出孔孟经典到宋明理学中的各种反科学、非理性、等级家长制、僵化守旧思想的伦理道德。

作为官方意识代表的孔孟之道，第一次受到西方科学主义强有力的挑战。这与中国过去的开明思想家在儒家经典和封建思想框架内，展开对孔孟之道的批评完全不同。它撼动了统治中国人思想两千年之久的儒家根基，从这个角度讲，中国科学主义者对当时中国人思想的改造带有根本的性质。

中国科学主义思潮的第四个特征是力图与宗教迷信划清界限。在处理与宗教的关系上，秉持科学主义的中国知识分子与西方知识分子有很大的不同，西方科学主义在形成过程中也试图与传统的宗教划清界限，但由于西方宗教的强大影响和清教徒的历史作用，以及知识分子与宗教界的复杂联系，西方的科学主义者虽然立足于通过实验、严格的推理来探索世界真理，但对于宗教并未采取果断排斥或一概否定的态度。

例如孔德，作为一位重要的科学主义哲学家，在坚持实证主义世界观的同时，主张创立新的人道教，发挥其在促进整合、发展博爱的社会感情。与之相比，中国新文化运动中的科学主义者起初就表现出反宗教的鲜明立场，主张对一切不合理的信仰和信念进行批判。他们从五四运动前的1917年至1921年间，针对科学与宗教进行了广泛的讨论，认为两者不相调和。到了1922年，中国的科学主义者对宗教的批判更为激进，认为其总体上是荒谬和虚伪的，从而起到了用一种彻底的科学一元论和物质一元论阻止其他非科学思想传播的作用。

中国科学主义的第五个特征是科学万能论，中国的科学主义者坚信科学可以解决一切问题，包括国计民生、认识自然、社会人伦、人生观等，这显示出了我国科学主义者对现代科学的执着，同时也埋下了神圣、简单科学主义的种子。第一次世界大战给人类带来的灾难即是对科学主义的一次挑战，就连当时英国著名的哲学家罗素也对西方的机械论世界观有所质疑与针砭。当时国内一些知识分子再次唱起了东方精神文明优于西方物质文明的论调，两者思想交锋直接导致了二十世纪二十年代著名的科学与玄学的大论战。

将民主与科学作为近代新文化的核心观念或基本价值加以追求和崇尚，是五四新文化运动最伟大的历史功绩，对科学的追求和崇尚与对封建专制主义、愚昧迷信思想以及旧道德、旧伦理等传统文化的批判与反思联系在一起。科学主义思潮极大地促进了人们的思想解放，促进了思想文化的变革。

科学主义开始成为一种社会意识、价值观念。这场科学主义思潮对中国近代科学文化的形成和传播起到了重要作用。正是这股科学主义思潮的影响，近代中国人的科学观从洋务时期的器物科学观，向戊戌时期的方法论科学观，及五四时期的人生价值观方向深入发展。科学思想的启蒙和迅速传播，在五四后快速促进了中国科学事业的进步。科学研究本身和科学体制化也得到了发展，具有现代意义的科学研究机构"国立中央研究院"也在中国历史上第一次出现。

三、科玄论战

经过新文化运动对科学主义的普及与深化后，科学主义思潮在当时的知识分子群体中引起了极大的反响，并取代了传统世界观、人生观。在科学与玄学的公开交锋中，科学派应者云集，声势浩大，形成了几乎一边倒的论战格局，这也表明科学主义在中国近代已经成为引人注目的时代思潮。

科学主义思潮的影响不仅在国际上跌宕起伏，在国内亦是如此，科学与玄学的大论战又被称为"人生观论战"。此次论战所涉及问题，至今仍是哲学领域及思想文化领域的重要前沿。1923年，张君劢在清华大学作了题目为"人生观"的演讲，对科学主义中的"科学万能"的思想提出批评，同年该演讲稿发表在《清华周刊》。

张君劢认为科学与人生观是完全不同的，科学是客观的，为理论的方法所支配，科学以分析方法入手，为因果规律所支配，科学起于研究对象之共同规律；而人生观的特点在于主观性、直觉性、综合性、自由意志性、单一性。在张君劢看来，这只是一次很普通的演讲、一篇很普通的文章，没有想到引起了中国近代思想史上一场影响深远的论争。

张君劢"人生观"演讲发表以后，素以拥护科学为职责的丁文江读后，撰写长文《玄学与科学——评张君劢的"人生观"》，科玄论战由此爆发。丁文江把张君劢的人生观斥为玄学，称张君劢为玄学鬼附身，并从人生观能否同科学分家、科学的智识论、张君劢的人生观与科学、科学与玄学战争的历史、中外合璧式的玄学及其流毒、对科学的误解、欧洲文化破产的责任、中国的精神文明八个方面驳斥了张君劢的人生观哲学。

在丁文江看来，人生观不是主观的，是客观的，拿主观客观区别人生观和科学是完全错误的，二者无法区分，也无法用主观客观来划分；人生观既然是客观的事实，就有客观的是非标准，也有公例可求，科学公例体现在经验主义的归纳方法。

丁文江的文章发表以后，张君劢撰长文《再论人生观与科学并答丁在君》予以反击，从十二个方面分上、中、下三篇驳斥丁文江，这十二个方面主要围绕物质科学与精神科学展开。张、丁两人的往复辩难只是拉开了序幕，随后几乎中国一多半有影响的知名学者都参加了这场论战，纷纷发表文章，支持认同观点，反对不认同观点。

继丁文江之后，属于科学派的胡适发表《孙行者与张君劢》，他把张君劢比作孙悟空，把赛先生和逻辑先生比作如来佛，强调了二者之间的关系。丁文江又发表文章，从八个方面反驳张君劢的批评。除了胡适和丁文江，科学派中任叔永、唐钺、章演存、朱经农、陆志韦、吴稚晖等也都撰文表达了自己的观点。

任叔永指出科学可以间接地改变人生观，科学也可以直接造出人生观；章演存发文针对张君劢的人生观提出五个异点；朱经农从八个方面对张君劢提出了质疑；唐钺认为科学可以解决人生观的全部；心理学家陆志韦指出丁文江和张君劢虽然在大谈心理学，但事实上都不懂心理学；王星拱阐述了什么是人生之科学观和对人生的科学认识。

吴稚晖全面阐述了自己关于人生观的看法，概括起来是几个坚信：坚信精神离不开物质；坚信宇宙都是暂局；坚信古人不及今人，今人不及后人；坚信物质文明愈进步，品物愈备，复杂的疑难愈易解决；坚信道德是文化的结晶，未有文化高而道德反低下；坚信宇宙一切皆可以科学解说。表达了坚定的科学主义的立场。

面对科学派的强大力量，张君劢、梁启超发起反击，其他玄学派的重要代表人物如林宰平、甘蛰仙、屠孝实、菊农、王平陵等人也撰文反击。开始时，梁启超以局外人的身份指出，科玄论战中争论的人生观问题是宇宙间最大的问题，科玄论战是我国未曾有过的论战，为学界开了一个新纪元。

后来，梁启超阐述了对人生观的界说，对理智与情感进行分辨，肯定了科学的作用，对玄学双方都提出了批评，最终落实到对情感与自由意志的歌颂，认为生活的原动力就是情感。林宰平发文从科学主义的排他性、区分科学和科学方法、批评丁文江的逻辑观念等八个方面对科学派进行反驳。

甘蛰仙谈了六个问题，包括人生的目的、途径、修养，道德的自由之所从出，由知识论略释先哲学说，由人生观略释先哲之人格态度。屠孝实发表了《玄学果为痴人说梦耶》，主要是为了回击唐钺的《一个痴人的说梦》，确立玄学绝不可无的观点。菊农认为西方文明包括个人主义和机械主义两大基本精神，认为人生的目的在于完成自己的人格以贡献于大的全体。王平陵将科玄之战称为科哲之战，并指出了科学与哲学是对立互补的关系，科学企图排斥哲学是不可能的，此文篇幅较小，在科玄论战中却非常有分量。

1923年12月，《科学与人生观》《人生观之论战》两本文集出版，收录的论文数量相当。但两书的思想倾向性截然对立，《科学与人生观》代表了科学派的立场，陈、胡二人的序是为代表，更重要的一点是这本书标志着马克思主义"唯物史观派"正式加入到论战中。《人生观之论战》代表了玄学派的立场，张君劢的序言是为代表，认为心理学、社会学和唯物史观作为科学是不可能的，尤其是对马克思主义的历史唯物论不以为然，认为科学主要是在物质的范围起作用。

这两本文集的出版不是论战的结束，而是论战的深化。之所以说是深化，主要是因为有两点：第一点是科学精神更加深入人心，因为得到了马克思主义的支持；第二是科学主义与唯物史观相结合，科学主义更加势不可当。

事实上，马克思主义者对科学主义派和玄学派都提出了批评。邓中夏发表《中国现在的思想界》，对三种思想的格局做了非常清晰的勾勒，并运用唯物史观的原理对这种格局进行了分析，指出了此次论战所包含的阶级斗争性质，阐述了唯物史观和科学方法派的异同，指出唯物史观和科学主义都是根据科学，应用科学方法，不相同的地方是唯物史观不仅强调物质的变动，人类思想也要跟着变动。其后，邓中夏又撰写《思想界的联合战线问题》，提出唯物史观派与科学主义派应该结成联合战线，向玄学派代表梁启超、张君劢、张东荪、梁漱溟等分头迎击。

瞿秋白撰写文章批评科玄两派，一方面针对玄学派自由意志论，探讨自由与必然的关系；一方面阐释实验主义是一种唯心论的改良派哲学,并不是真正的科学,马克思主义才是真正彻底的科学。陈独秀撰文《答张君劢及梁任公》,对张君劢的九项人生观问题进行驳难。萧楚女撰写《国民党与最近国内思想界》,提出东方文化派或精神文化派的反对科学、反对工业、反对物质文明是出于对资本主义、帝国主义的厌恶,是一种幼稚、落后的观念。

此后还有一系列科玄论战的文章发表,但已经是科玄论战的尾声。辩证唯物主义、科学主义派、玄学派是科玄论战的三个代表。以丁文江为代表的科学派中的众多健将虽然借用的思想武器并不相同,但都坚持科学主义的基本精神。玄学派中的梁启超、张东荪等人的观点都与张君劢相差无几。

二十世纪二十年代科学主义思潮成熟的重要标志是"科玄论战",双方都围绕科学是否能解决人生观问题为核心展开阐述,反映的主旨都是如何对待现代科学。这一问题涉及的方面非常广泛,包括了社会科学、心理学、伦理学、自然科学和人生观等许多方面,同时也涉及了社会发展规律、西方文明与东方文明比较问题。东方文明是精神的,西方文明是物质的,东方文明在精神方面高于西方文明,科学的作用是狭隘的,不能解决社会、心理、人生、直觉、自由意志等方面的问题,这些都是玄学派的观点。

科学派的代表们大都是有留学国外的经历,是对中国传统文化与社会现状有切身感受的科学家或哲学家。他们坚持从精神和物质两方面理解人生观问题,在分析解决人生、社会、心理等问题时坚持用科学的态度和方法。

在中西文明比较方面,科学派认为不应该机械地将东西方文明划分为精神和物质的区别。从事实和整体上来看，东方文明在精神和物质上都落后于西方，如果想使中国强大起来，改变中国传统文化的迷信、愚昧、落后等因素是必须要实行的。实行的手段是大力引进西方科学技术和工业，引进西方的社会科学、用现代科学的世界观和方法论改变中国固有的伦理道德、思维方式、生活方式。

这场论战对中国整个思潮的发展与社会发展两方面意义重大。辛亥革命带来的重大政治权威变动也促进了思想权威的重大变动，在两方面的变动中，中国知识分子从传统价值观向现代价值观转变。正所谓大浪淘沙，有的人奋进开拓，有的人消沉退缩。传统派坚持保留并继续发扬国粹的精神成果，科学派则毅然向西方看齐，于是两种对立社会发展观与人生观立于世人之前。

积贫积弱的社会现实也是两派论战的又一背景，事实上，无论是科学主义派还是玄学派都希望能改变中国落后的状态，只是选择的方法与路径不同罢了。科学派带有明显的功利主义倾向，非常急切地希望运用科学来解决中国社会的症结和问题；而玄学派还寄希望于传统，企图从传统理论中寻求办法。

科学论战以科学派的大获全胜告终，经过这场论战，科学世界观和方法论开始在原则上占据主导地位，科学主义成为一股强大的社会思潮；玄学派退居次要，很少再有像张君劢的《人生观》那样的文章向科学派挑战。科学派取得胜利是有多方面原因的。

首先科学主义思潮所主张的内容合乎中国现实的需要。科学主义思潮主张将科学的世界观和方法论推广到社会生活的方方面面，秉着尊重事实、尊重真理的原则，凡未经科学验证的伦理、宗教的原则、美学的原则和价值观都在科学的排斥之列，主张通过现代科学技术以及配套的体制和民主政治来改变中国的贫穷和落后。

在实践层面，先进科学技术的引进与带来的实效不仅开阔了人们的眼界，而且在实际生产生活中提高了各行业的生产率，带来了新的生产力，在交通、机器化、化工、轻工业中，科学发明的成果被直接或间接运用到生产领域并走进人们的日常生活中，科学的效力征服了人们的预期，科学家也受到了世人的尊敬和景仰。

从经济生活方面来看，中国传统的自给自足经济中虽然也有商品经济的发展，但其发展模式远远不是现代经济发展模式。绝大多数中国农民和手工业者过的是日出而作、日落而息的田园牧歌式的生活，科学技术被引进来之后给工商业及生产领域带来极大的冲击，科学展示了它的力量和魅力，这是科学主义思潮最终占得上风的根本原因。

除了科学的实践效果以外，像陈独秀、胡适、丁文江、王星拱这些思想家、科学家的参与呐喊对科学主义思潮的胜利起着至关重要的作用，其号召力巨大，吸引了青年一代。反观玄学派，热衷于用陈腐的论调来争取群众，但却吸引不了渴求新思想的人们，传统文化对知识分子的感召力和凝聚力都大大降低，这些原因都是科学派的胜利和科学主义思潮兴盛的原因。科学主义思潮在发展过程中也出现了一些小的派别，以陈独秀和瞿秋白为代表的辩证唯物主义派和以胡适为代表的自由派，两派都坚信科学可以解决包括个人的和社会的许多问题，基于此点共识与玄学派划清了界限。

在对社会与政治的解释上，科学主义者存在着分歧，一元论和多元论两派从不同的角度对社会发展给出了不同的解释，一元论认为经济原因是一切社会现象的根本，多元论认为像伦理、宗教、心理等不能完全归结于经济原因。范寿康认为人生观的大多数问题可以由科学解决，为自由意志留下余地，结果被大多数科学主义者当作骑墙派和折中派加以排斥。

总之，二十世纪前半叶由于中国严峻的社会环境，不可能给经济发展提供一个稳定、良好的环境。新的科学技术的应用在艰难的条件下改善了生产，这是十九世纪以前数百年所无法实现的，而这些都与科学主义思潮有直接的关系，科学主义的胜利在中国二十世纪初期乃至今天都具有重要的历史进步意义。

四、当科学上升为一种主义

科玄论战后，科学主义思潮获得胜利并继续发展，科学主义思想成了主流，到了二十世纪三四十年代发展为科学崇拜。1929年爆发的关于中国社会性质的论战可以说是科学主义思潮影响下的又一重大争论，其历时长，对当时中国思想界产生了深远的影响。关于中国社会性质和社会史的论战发生在1929年至1935年，在新唯物主义哲学、多元论的科学主义等论著中，科学主义思想都有所发展与深化。

关于中国社会性质的论战主要围绕中国到底是什么社会

这个问题展开，陶希圣、周佛海等人以《新生命》杂志为阵地，广泛宣传自己的观点，否认中国是半殖民地半封建社会，被称为新生命派。郭沫若、王学文、吕振羽、潘东周等人坚持马克思主义观点，运用历史唯物主义基本理论分析中国社会经济结构和历史发展，力图对中国社会性质和发展规律做出科学的解释。

双方的理论依据不同，但在方法论上有共同的特点，就是将科学主义方法论运用到社会研究上，陶希圣在论战中主张注重材料，用社会的观点、唯物的观点、历史的观点来观察研究社会，同时也注意到中国社会的特殊性，反对教条式地抄袭西方学者的演绎。

陶希圣从三个角度论述了中国不是半封建社会的特征，指出封建制是分权的，但战国以后中国走上了中央集权，封建制遭到破坏，从社会的经济形态来讲，他认为中国封建社会已经出现了资本主义，在土地所有权方面，封建制的封地并不是世袭的，已经出现了土地资本化，土地所有者和劳动者之间也不是人身依附的关系，而是契约关系。陶希圣认为当时的中国社会是为封建思想所支配的初期资本主义。

商业资本主义社会是陶希圣提出的第二个理论，陶认为中国封建制度的崩坏始于公元前五世纪，在此后的两千多年里，自然经济与货币经济同时并存。从封建制度角度来看，中国封建社会之后的社会是前资本主义社会，这种社会类型既不是封建社会，不是资本主义社会，也不是半封建半殖民地社会，而是商业金融资本主义社会或商品和货币经济占统治地位的社会。

陶希圣对中国社会性质和经济形态的分析都是从社会科学主义的基本原则出发，即运用社会的经济因素或条件进行分析。在此基础上分析社会性质，虽然提出关于中国社会性质的反马克思主义的结论，但其分析方法是符合科学的。从陶希圣的分析路径可以看出，科学主义思潮深入到社会科学界的情形。任曙、李季等对中国社会形态的分析也都反映了科学主义思潮的影响。

马克思主义者以《新思潮》等刊物为阵地对陶希圣等进行批驳，以历史唯物主义为基本指导原则分析中国社会性质，郭沫若完成专著《中国古代社会研究》，吕振羽写了《史前期中国社会研究》一书，从经济基础决定上层建筑理论出发，阐述中国半殖民地半封建社会性质，认为中国半殖民地的社会性质不可能使中国的商品经济发展成为资本主义社会，从而否认陶希圣的关于中国社会性质的论断。

马克思主义派依据马克思主义五种生产方式构建中国社会发展系统，把中国社会发展分成原始社会、奴隶社会、初期封建社会、专制主义的封建社会、半殖民地半封建社会五个阶段。尽管马克思主义派内部也有分歧，如吕振羽就对亚细亚生产方式提出了批评，但每种观点都具有社会科学主义的分析方法。

曾以新唯物论者自居的叶青以独特的方式运用科学主义。叶青早年赴法勤工俭学，曾在莫斯科中山大学学习。在科玄论战中曾批评张东荪的哲学文章，并提出了科学终将独霸知识界的理论，认为哲学将更受科学的打击，自然科学将夺去自然哲学的领域，社会科学将夺去人生哲学领域，从前隶属于它的心理学、伦理学等都将形成专门的学科。叶青论述了科学实证知识取代玄想知识的必然趋势和重要意义，哲学会全部消解于实证的自然科学和社会科学之中。叶青的哲学取消论最终把一切知识归结为科学。

叶青等人对科学的信念几乎到了信仰的程度，这种情况也反映了科学主义的一种片面的发展，主要表现为用科学取代一切知识和信念体系，这种思想被称为泛科学主义。叶青等人并不能算是中国科学主义的典型代表，但其科学思想史，是科学主义思潮的一种表现形式，由此可以看出新文化运动和科玄论战以后中国科学主义发展的状况。

科学主义在发展过程中分成了若干个不同的派别，包括吴稚晖和陈独秀的一元论的唯物主义和以胡适为代表的多元论的自由派，在科学论战之后，这两派也经历了自身的演变。尤其是陈独秀与吴稚晖在国民大革命之后，都褪去了锋芒，吴稚晖已经老去，陈独秀主办《新青年》时的锐气已不见，转而写作《老子考略》《孔子与中国》这样的文章，他的基本思路和立场并未改变，改变的是他用人文方法研究文化、观念和学术问题。自由派代表胡适在三四十年代从事科学普及工作，用科学方法整理研究国故，始终坚持多元论的立场，主张对不同的思想观念持宽容的态度。

科学主义的进一步深入还表现在社会科学的发展方面。二十世纪三十年代开始，大量的社会科学概论出版，像李达的《现代社会学》和《社会学大纲》影响力非常大，都是运用马克思主义原理阐述社会发展的理论。在科学主义思潮的影响下，社会科学的各个学科都有较大的发展和进步，用西方科学主义思想和方法研究社会学、经济学、心理学、文化人类学的著作相继出现。中国的社会科学体系在留学归国及国内的社会科学研究者的共同努力下初步建立,在抗战前形成了科学文化思想上的初步繁荣的局面。一大批著名的文学艺术家、思想家在科学主义思潮的推动下促进了我国社会科学的进步与深入。

科学主义思潮的发展还表现在一些原先信奉唯心主义的哲学家转向了科学主义和唯物主义。例如,科玄论战中玄学派的大将张东荪在论战后信奉辩证唯物主义,李石岑在新文化运动中曾是尼采和柏格森唯心主义哲学家的追随者,在二十世纪二十年代以后改变立场信奉科学的唯物主义。这些都说明了科学主义思潮具有巨大的影响力和说服力。

综观世界科学主义思潮的形成发展,中国的科学主义发端于国外的自然科学与社会科学体系的建立及实践应用,西方科学主义发展的优势是科学始终伴随着科学的实践,两者相生相长。科学地位及科学意识经受了漫长时间的考验和论证,并形成了科学哲学体系,这对整个西方社会乃至经济发展路径形成了强大的塑造效应。

中国与之相比,科学主义思潮形成仓促,无论是思想界还是实践领域对科学的消化和吸收都不充分,将科学上升到哲学层面的努力尝试与结果未经过社会实践反复的有力论证。中国科学主义思潮的形成发展及对社会实践的指导作用都未能如西方那样充分与有力,故而在抗日战争后我国的科学主义在面临大的社会转型与国家变动时,显得力不从心。

西方科学主义是一个严密的逻辑体系,有着一套自然发展的历史规律。中国的科学主义始终没有形成一个严密意义的理论体系，在救亡图存和观念转化的迫切希望中，科学主义的理论基础和逻辑体系始终没有建立起来，似乎这些已经不重要，始终没有成为中国人接受科学主义的障碍。

科学主义作为一种价值认同，直接上升为一种感情认同。理论被架空，甚至被漠视，中国缺乏严格意义上的科学理论认同，即使是在轰动一时的科玄论战中，所谓的科学派也不是一个严格意义上的学派，他们所坚持的也不是一套成体系的理论体系。科学主义一直以权威的身份指导着各个方面的建设，似乎成为一种意识形态，不允许再有疑义。它像一只看不见的手，左右着人们的实践，缺乏理论层面的反思与批判。胡适曾说过，在科学思潮兴盛时，很少有人直言科学的弊端，也很少有人指出科学的不足。

中国人对科学主义的理解，始终存在一种教条化的倾向，从而遮蔽了其他思潮的历史作用。金观涛和刘青峰曾经对新文化运动时期科学和民主的使用频度做过考察，得出科学的使用远远超出民主，而且评价一直正面，不像民主到了后期有了负面含义。语言是思想的呈现，词汇的使用状况和意涵转变是思想的呈现。

由此可见，科学观念得到了广泛认同，认同程度远远超过民主观念。科玄论战中，科学派以一种近乎霸道的方式赢得了胜利，科学万能存在于很多人的心里。人生观终究不同于一般意义上的科学，也不是一般科学所能解决的，科学不可能解决一切。

科学主义一路凯歌地奔向辉煌，其呈现的弊端也促使人们认识到其本有的局限性。科学是主客体相互作用的过程和结果,科学主义不能只看到客观,而忽略主观,过分强调科学的客观性而忽视人文关怀,对人的发展有明显的消极影响。科学存在有限性和可能性,不是包治百病的灵丹妙药,把科学普遍化、教条化、偶像化,试图把科学方法、观念、模式应用到任何一个领域和时代,都是带着知性的傲慢。

尽管科学自身的真理性不容忽视,但绝不能以为科学可以无限地推广,用来规范人文科学和社会科学。科学至上和科学万能是人们的错误观念,代表着人们君临一切的傲慢态度,超过了人类正常的理性认知程度。当丧失了必要的人文关怀,把人生观也附着在科学万能的招牌上,人类发展就失去了方向,也失去了价值关怀,只会创造出毁灭人类的异己力量。

我们一方面要重视丁文江、胡适等人对科学的合理认识,一方面也要尊重张君劢、梁启超等人对科学的合理批判。一般认为,二十世纪以来爆发的世界大战、经济危机、民族残杀、生态危机和信仰缺失,在很大程度上源自人们对科学万能的尊崇,缺失了人文精神的培养。我们应该充分认识到科学的改变范围是有限的,也不是包揽一切的。

当科玄论战发展到后期,科学主义取消了对人自身的关注,甚至成为一种无视科学精神的玄学态度,体现一种为所欲为的霸道。科学精神反对绝对化,科学也不可能上升为一种包罗宇宙人生的因果大法,里面蕴含着绝对真理,这恰恰是一种超验的玄学态度,违背了科学精神的基本原则。

中国近代科学主义对中国来说之所以会出现这样的效果,

是有多种原因的。最主要的是科学主义思想是嫁接过来的思想，并不是中国传统文化中固有的，且科学主义在我国的形成及发展历时都不长，且社会动乱不堪，不可能得到社会反复实践的机会。实践的机会不充分，就不可能系统深入地发展一种理论，更无从谈起对后世的社会与经济的塑造。但是即使是这样，科学主义思潮仍然给我们留下了宝贵的精神遗产与精神财富。

中国科学主义的精神遗产是复杂的，当然积极方面还是主要的。二十世纪二十至三十年代，中国科学主义者出于社会功利主义的目的，急于救治贫弱可怜的中国，坚决诉求西方先进的科学技术和科学精神，把西方系统的科学知识理论等迅速地普及中国的政治界、知识界，使之影响到社会生活的方方面面，每个领域都有大批的知识分子或技术人员通过实践想要改变国人的思维方式或思考习惯。

这一点如果我们关注到当时的报纸和档案，普通的技术人员或知识分子想把西方一切好的科学知识传播给民众的努力与期望随处可见。科学主义者举起科学主义的大旗大胆冲击着中国传统的旧文化、旧传统、旧哲学，这种精神在今天仍然十分珍贵。

科学主义留给我们的另外一个宝贵的精神遗产是遵守客观规律，这一条时刻提醒人们在改造世界的时候，不能靠盲目的热情和主观意志，不能只靠思想、想法、政策、建议等停留在表面文字上的努力，而是一定要将思想上的正确认识执行下去，反复地检验，才能在实践中获得经得起考验的真理。

第二章　自由主义思潮

相比于其他思潮、理念或主义，自由主义与人的认识关系最为紧密，不仅关涉社会发展的道路和方向，更关涉人自身的解放和发展。自由主义是对人的发现的产物，也是对人的深化和发展的助力。文艺复兴使人从神的束缚中解脱出来，即发现了人。启蒙运动使人获得了理性，为建构西方先进文化奠定了思想基础和理论准备。自由主义在西方社会占据主导地位，直到现在依然如此。

鸦片战争以来，中国先后在器物、制度、思想上学习西方，却无法让自由主义在中国生根。新文化运动追赶世界潮流，顺应世界潮流，清理阻碍中国历史前进的思想体系。自由主义是人类文明的重要组成部分，对新文化运动产生了重要影响。胡适是自由主义的一面旗帜，始终不渝地宣传自由主义，带动了一批后来者。陈独秀、李大钊等人原来也是自由主义者，只是在后期出现了思想转变，以阶级解放代替个人解放，抛弃了以前信奉的自由主义，转而对自由主义展开批判。在救亡压倒启蒙的历史时期，自由主义于艰难中残存发展，并不具备主导地位。

一、自由主义的早期传播

自由主义是西方近代文明的产物和象征。经过文艺复兴和启蒙运动的西方，先后实现了人的解放和理性。人不仅从中世纪黑暗愚昧的宗教神权中解放出来，也从专制制度中一步步获得解放。启蒙运动不仅为西方近代国家设计了制度框架，也为制度下的群体设置了符合规范的思想、文化和理念。以自由贸易为主的经济自由、以民主为特征的政治自由和以天赋人权为核心的个体自由，都是自由主义的价值理念。

英国革命、法国革命和美国独立革命成为主导世界潮流的运动，西方文明不仅体现在制度建设，也体现在思想建设。民主、自由成为显著特色，思想观念对世界历史的发展进程有着决定性的影响。作为人类文明的智慧结晶，伴随着西方侵略者的剑与火，自由主义传播到世界各个角落。

1840年，英国人用坚船利炮轰开了古老中国的国门，深深地触动了一批官僚和士大夫。以林则徐、魏源为代表的士大夫从天朝上国的迷梦中惊醒，开始睁眼看世界，"师夷长技以制夷"成为他们抵御外侮的选择，但取得的成效很有限，中国依然在传统之路上前行。随后，英法联军发动第二次鸦片战争，攻破清朝的统治中心北京，堂堂大清国毫无招架之力，圆明园被焚毁。自此国门再也无法关闭，唯有迎接世界潮流，顺应世界潮流，才可以在世界文明发展中找寻一席之地。

清政府开展了一场轰轰烈烈的洋务运动，学习西方器物，西方思想和文化随之传播开来。三十年的洋务运动在甲午战争中宣告破产，却是接近西方、学习西方、追赶西方所做的主观努力。中国不仅仅是器物的落后，更是整体的落后。没有进入世界的主流文明，一切的发展都无法长久，更无法与西方文明抗衡。

洋务运动仅是器物层面的探索，但对西方文化思想的引入有很大贡献。尤其是派遣幼童和其他学生去西方直接学习，更是让中国人对西方文明有了最直接的感受。自由民主的思想自然对这些留学人员产生影响，深入部分留学生的内心，甚至成为他们一生的价值追求和理念信念。严复留学西欧，曾游历世界，是自由主义和民主宪政的遵从者和信奉者，成为第一代自由主义者的代表人物。五四运动之前，严复是对自由主义理解较为正确、较为深刻、较成体系的一位学人。后世学者追溯晚清民初自由主义的源流和影响时，总是绕不开严复。

1854年，严复出生于福建侯官，十四岁入福州船政学堂。在校期间因成绩突出被福建船政大臣沈葆桢器重，毕业后到船舰实习。严复随船五年，先后到过新加坡、槟榔屿、日本等国家和地区，极大地开阔了视野。1877年，严复赴英国留学，1879年6月，严复回国后担任福州船政学堂教习，后调入北洋水师学堂担任总教习。事实上，热心洋务并极力寻求国家出路的严复对时政多有不满，自己多次参加科举考试，无奈没有高中。政治上不受上司器重，思想上也与时流迥异，人生总是处在失落中。

在英国朴次茅斯大学学习船政期间，严复更为关注英国的政治制度、经济制度和思想文化，对英国的议会和司法留下深刻印象。启蒙运动时期的许多思想家来自法国，法国也是盛产思想的故乡。为了进一步了解和学习西方，与英国一海之隔的法国是严复重点学习、游历的国度。留学期间，严复对英法两国做了一些对比，区分两国民主宪政和风土人情的不同。

中法海战中，福州船政局受到重创，损失殆尽。洋务运动充满着腐朽、落后的习气，对比邻国日本，经过明治维新国力迅速发展。严复看在眼里，急在心里，不时发出忧国之论，认为中国必须改变自己的思维模式和革新方式，在制度和思想上接受西方、学习西方。

甲午战争中，中国竟败于蕞尔小国日本，被割占大片国土。中国面临的已不仅仅是愚昧落后的束缚，更是亡国灭种的危险。洋务运动成为过去时，以康有为、梁启超为首的维新派成为推动中国历史前进的主力。由于个人性情和理念的不同，严复没有积极参与具体的维新运动，而是以思想者的角色从事思想宣传，发表了大量自由主义和变法维新的政论性文章。

1895年春，严复在天津《直报》上发表宣传变法的文章，呼吁今日中国不变法，必然没有出路，直至走向灭亡，唯有采用西方先进的制度和技术，才能挽救民族危亡，达到国强民富。1896年，严复积极协助梁启超等人在上海创办《时务报》。1897年，严复与夏曾佑等人在天津创办《国闻报》，申明阅读本报，观察和留意一个国家的大事，能够做到上通下达，更能理解中外情势。天津的《国闻报》与上海的《时务报》

遥相呼应，成为宣传变法维新的重要阵地。

严复认为，如果每个人不自私其利，慷慨献出自己的能力和智力，积少成多，我们这个族群必然走向强大和繁盛；如果当政者不把国家当作私产而专断独行，采行世界先进国家的政治架构和教育制度，学习西方近代文明，我们这个国家自然走向繁荣和富强。中国大多数民众通过报纸这一媒介做到上下通达和中外通达，自不必担心国家治理不好。上下之情和内外之情的通达可以择优选取各国有利的政策，拿来为我所用，促进国家的发展和强大。

为救亡图存，严复开出鼓民力、开民智、新民德三个药方。他指出，民力、民智和民德是个人和群体的三大要素，小到单个人的强弱，大到一个民族的存亡，都由这三个因素决定。国民血气体力之强、聪明智虑之强和仁义德行之强，是决定一个国家强弱存亡的关键因素。中国贫弱不堪，愚昧落后，需要开启民智、鼓舞民力、提升民德。

中国传统文化以伦理纲常为序，很难找到人的存在。严复猛烈抨击中国自古以来把人当奴隶的历史传统。他说，秦朝以降，政治上有宽苛之别，基本上都是统治者把老百姓当作奴隶，以主子的心态来对待老百姓。所以遭遇西方列强侵略时，不能上下一心，抵御外敌。西方国家按照契约精神设立议院，天下不为私，百民各尽其力，分清群己权界，公民与国家休戚相关。

严复还认为，历朝历代的君主并不如韩愈所说的那样，为民做主，为民众谋福利。事实上他们是窃国者，正所谓窃钩者诛，窃国者为诸侯，君主是最大的窃国者。君主和在上位的人把民众当作奴隶，老百姓也以奴隶身份自居，奴隶在主人面前拘谨被动，忍气吞声，不能有丝毫反抗，甘受奴隶之苦。然而，奴隶并不是真正的心悦诚服和心甘情愿。

中国在政治、经济、文化、思想等几乎各个方面都落后西方，专制独裁的体制必须改变。自由为体、民主为用是中国赶上西方的根本之途。没有民主和自由，便没有国家的自由和强大，更没有民族的未来和希望；没有民主和自由，向西方学习只能是南辕北辙。尊重政府有限权力的前提下，必须充分保障个人的权利和自由。

严复深受穆勒、达尔文、斯宾塞、赫胥黎等人的思想影响，翻译穆勒《论自由》一书，并根据自己对自由主义理念的理解，定名为"群己权界论"。群己权界，即在公私之间分清权力和权利的界限，分清民主和自由的边界。

他十分认同穆勒关于自由主义的论述，甚至把自由主义提高到了决定中西文化差异和强弱的地位。自由是人类幸福的前提，尊重人的个性和自由，对个人和社会都有巨大的价值。西方由弱而强的重要原因是个体自由，由个体自由而发展至国家的自主和强大。中国数千年的专制制度限制人的自由，把人当作奴隶，无法积众志，也无法积众智，实现国家的发展和强大。

一个人的身心贵在自由和自主，一个国家贵在独立和平等。在民族危亡面前，很少也很难有价值理性高于工具理性的思考和选择。不论是思想者还是先行者，无不把救亡图存作为当务之急。严复却不是如此，他把自由主义当作救亡的正途，认为价值理性绝不是工具理性。国家治理必须崇尚自由，自由实现了，人们各得其所，物品各尽其用，国家治理才能游刃有余。物竞天择，适者生存，自然会达到优化状态。

严复十分强调群己的权界，国家公权无权干涉个体自由，个体自由也不应该妨碍他人自由。自由与民主一体两面，人需要自己做主，中国的民要对君争自由，掌握自己的命运。中国资本主义经济发展先天不足，专制制度异常强大，设议院、开国会、定宪法、行宪政，才可以实现自由民主。民主自由国家的建成并非一日之功，更不会毕其功于一役，需要政治、经济、思想、文化等各方面的配套协调发展。

民主者，治制之极盛也；民主者，天下至精之制也。严复认为，民主制度是民智最深、民德最优的事，唯有民力、民智和民德达到很高程度，才会有健康的民主制度可言。民力未增、民智未开、民德未养的条件下，民主自由制度不可能建成。严复反对用激进的革命手段推翻一个旧政权，建立一个新政权，他反复强调民力、民智和民德的发展。只有德、智、力全面发展者，才能成为民主自由政体下的主体。

严复与康、梁等人有很大不同。他认为改革维新需要在民智、民德、民力同步发展的基础上实现，这是他无法与康、梁等人紧密结合的重要原因。他也不认同孙中山的革命思想，认为一个社会的进步需要从根本上改变，仅仅从政治着手不可能实现社会的进步。经济、社会、文化等方面未能同步跟上，极有可能导致政治恶化和社会混乱。

严复说，中国普通民众品格的低劣，智慧的浅卑，不可能在短时间内从根本上改变。即使做一些改革，还会从一个人身上转移到其他人身上。他进而指出，要想改变中国国民的劣根性，只有从教育上入手。教育能改变低劣和肤浅的民智，是解救中国于危亡的根本之计。

辛亥革命推翻帝制后，民主共和观念深入一部分人的内心，一个形式上的民主让很多人看到了希望和愿景，严复却没有那么乐观。他认为，中国还没达到实行民主共和制的条件，民主共和的观念没有成为大多数人的生活习惯，中国民众真的没有自我管理的能力，没有自治的能力，力量还不够强大，整体素质没有得到提升和完善。只有民众素质得到了整体提升，自由主义和民主宪政才可以在中国生根。

自由主义需要相配套的国内外形势和条件，严复作为宣传自由主义的重要人物，他深刻地认识到当时的中国不具备实行自由主义的主客观条件。提倡渐进式改良，实现社会全方位的改革，坚决反对用革命的手段企图从政治上进行根本解决。在严复看来，唯有从教育上着手，首先实现人的自立、自由，才能有效地实现自治。自由主义思想充分尊重个人的自由，同时以不妨碍他人自由为限度，协调好个人自由与国家公权之间的关系与界限。自由主义不仅是工具理性的选择，更是价值理性的选择。

袁世凯筹办帝制时，严复成为筹安六君子之一，参与到洪宪帝制的逆流中。严复自然有自己的一套逻辑，比如渐进式改革、中国不能再次动乱，但这些都被怀揣着皇帝梦的野心家利用。思想者的理论思考非常深刻，现实政治的操练却是极端幼稚，下笔千言头头是道，在政治纷争的浸染中显得像个小丑。这是历史的怪现象，也是思想家在乱世中可能出现的悖论，古往今来这样的事例很多，严复在洪宪帝制中的行为即是其中之一。

严复理解的自由基本准确，从西方学术直接引进过来，这是近代中国最缺乏的要素之一。拥有自由主义的真谛，与中国当时所处的环境相结合有一定矛盾，然而这丝毫不影响思想者和思想本身的价值。严复的思想从来没有在中国得到实践，至死也没有看到自由主义在中国扎根，这是历史的悲哀。后世再看严复的人生历程，总是感觉他带着深深的哀怨，好像处处与当时的思想界立异，这是表面的呈现。无法在现实中得到实现，也无法对现实妥协，这是思想者的悲哀。

二、五四时期的自由主义

经过六十年的中西碰撞，以1901年的辛丑年为界限，二十世纪的中国已经融为世界的一部分，只有在世界潮流的脉动中才能寻找自己的位置。诚如孙中山所言，世界潮流，浩浩荡荡，顺之则昌，逆之则亡。自由主义是世界潮流和世界大势的一部分，中国也必须大力引进和极力宣传，改造中国的国民性。

辛亥革命结束了清政府的统治，也结束了中国两千多年的家天下和帝国体制。但清末以来的乱局没有从根本上改变，反而形成了军阀割据的乱象。各派军阀在帝国主义势力的支持下纷争混战，中央孱弱无力，地方势力坐大，政权更迭频繁。太多人以私天下为根本目的，不能以公心从事活动。他们总是否定别人的自由，阻碍别人的自由，蔑视别人的自由，以枪炮作武器，实现自己的利益诉求。

民主共和的观念虽然得到一定程度的宣传，但历史的逆流异常强大。袁世凯当选总统后，极力扩张总统的权力，尊孔复古的逆流愈演愈烈。中国有形的皇帝退位了，人们心中无形的皇帝却挥之不去。不仅有遗老遗少鼓噪喧哗，还有外国人为袁世凯摇旗呐喊。孔教和帝制沉渣泛起，企图继续愚昧民众，器物和制度上的实践没能改变中国的贫弱。中国问题终究还是要追溯到思想层面，国民性得不到根本的改造，任何共和国体制都是有其形无其实，像一块橡皮图章，也像一块遮羞布，无法实现真正的民主宪政。

当年的维新领袖康有为已经蜕变为顽固的保皇派，继续倡导托古改制，继续依托孔子的名号寻找思想的合法性理论支撑。他不仅呼吁定孔教为中国的国教，还要求中国人坚持传统的祭拜礼仪。"中国人不拜天，又不拜孔，留此膝何为？"按康有为的逻辑，膝盖专为跪拜而生，不是为了站立，做一个堂堂正正的人。

国内外的困局和中西的碰撞，为中国思想界的争鸣与活跃提供了空间。一批精英经过深刻反思，认为文明和文化导致了东西方的差距。东方文化中有太多的奴隶哲学和愚昧思想，思想没有经过启蒙和解放，不可能建立新制度和新社会。1915年，陈独秀在上海创办《青年杂志》，公开树起民主和科学两面大旗，开出两味使国民摆脱愚昧无知的良药。

1916年12月，热心于传播新思潮的蔡元培被任命为北京大学校长。蔡元培循思想自由原则，取兼容并包方针，本身就是一种自由主义的呈现。不但旧派人物在北大留有一席之地，新派人物也逐渐走到舞台中央，新旧各派人物都有了各自的施展空间，根据自由主义原则自说自话，吸引青年学子。

蔡元培延聘黄侃、辜鸿铭、刘师培等部分旧派人物的同时，也大量引进新派人物，陈独秀、李大钊、胡适、周树人等纷纷来北大任教。新旧派人物之间观点各异，不免有种种争斗，但各得其所，各行其是。学人之间不能强迫、也无法强迫其他人遵从自己的主张和思想，自由主义得到了充分的体现。

学术的问题由学术本身决定，思想的问题由思想本身决定，政治等外力介入其中并不是最好的方式，但可以作为一个引导，给予所有的学术思想同等的地位和同样的尊重。现时存在的学术思想都是人类智慧的结晶，兴盛浮沉均有自然淘汰和自然更新的规律，有一些外力的影响和作用，更多的还是来自内部，只需要给予一定的自由空间，即可以按照自身的规律完成新陈代谢。

后世部分学者认为，蔡元培在北大提倡的办学原则，是为了新派人物的上台和进步思想的传播，摧毁旧派人物和旧派思想。这种认识是不正确的，因为蔡元培提倡的兼收并蓄、自由开放并不是一种手段，而是真正作为一种目的。自由和尊重不但针对新派人物，也针对旧派人物，这是蔡元培作为自由主义者的内心坚守。他对旧派思想不认同，是人所共知的事情，但对各种新派思想也不完全认同，也无法全部认同。新派思想之间的差异很大，蔡元培有个人的价值趋向，不可能认同所有新派人物的主张。

北大具备自由开放的舆论氛围，激励师生去探索、争取、选择和扬弃。为了更好地宣传自己的主张，结社办刊办报成为共同的做事方式。蔡元培贯彻自己的办学原则，无论出于何种宗旨，都一视同仁，准予活动，并尽量提供便利条件。一时间，社团如夜空中的繁星，刊物如雨后新出的春笋。李大钊等人发起成立少年中国学会，张国焘、邓中夏、罗章龙组织平民教育会，许德珩、易克嶷组织国民杂志社，傅斯年、罗家伦组织新潮社，梁漱溟等人组织行知社，宣传自己的主张和理想。即使是蔡元培也发起了进德会，以自愿自主自由的原则，提倡私德的进步，与乱世沉沦中的世风日下做斗争。这些社团是北大自由主义办学宗旨的产物，也是新思潮启蒙和新文学催生的结果。

胡适是自由主义的一面旗帜，在新文化运动中成为青年导师，作为第二代自由主义的代表人物，其稳固的地位一致延续到去世。他早年考取官费生赴美国留学，后跟随哥伦比亚大学哲学家杜威攻读博士学位，并深受其师的影响，实验主义是胡适自由主义思想的哲学基础。其实，早在胡适留学美国之前，即受到梁启超和严复的思想影响，对个人主义和自由思想有着很深的认同。

早在1914年，在美国留学的胡适用英文写了《易卜生主义》，提倡人格独立，健全人格，树立新的人生观。他最有名的一个论点是，把你这块料铸造成器。一个社会的整体进步，靠一个个生命个体的改变和进步来实现，首先要努力把自己铸造成器。胡适在这篇文章中提出为我主义的观点，但是这种为我主义不是单纯的自私自利，更不是不负责任，而是把自己铸造成器，从而有利于他人、有助于社会。只有先救出自己，才能改变社会。

他用了一个形象的比喻说明为我主义的意义，当全世界都像海上撞沉了船，最要紧的还是救出自己。连自己都不能救，何谈救他人和国家？这不是提倡自私自利，更不是不承担对国家尽义务和责任。恰恰相反，把自己铸造成器，恰恰是为了更好地担负起对社会、对国家的责任。自己不成器，何谈帮助他者？何谈奉献国家？他认为，孤立的人并不代表不合群，相反地恰恰说明了孤立的人具有独立的人格和能力。世界上最强有力的人就是那个孤立的人。没有独立的人格，怎能把自己铸造成器？

胡适根据中国儒家传统"穷则独善其身、达则兼济天下"的理念，提出独善的个人主义，作为兼济的前提和基础。胡适鼓励青年敢于突破束缚，敢于坚持真理，培养独立的人格，不要人云亦云。他说，社会的改造不是一蹴而就的，也不是一天早上大家醒来时世界就忽然改良了。社会的改良必须从大多数的不苟同、不认同做起，先有一人或少数人的不苟同，由先知先觉带动后知后觉，再启蒙和感化不知不觉，然后可望大多数人的渐渐不苟同。

胡适做了一个形象的比喻，如同酒里少了酒曲，面包里少了酵，人身上少了脑筋，那种没有独立人格的人所组成的社会国家，绝没有改良进步的希望。在此意义上而言，胡适所提倡的为我主义是救亡图存的要途。没有个体的自由和解放，没有个体对自己的行为担负起应有的责任，何谈国家的自主和社会的进步？

在美国七年的经历，胡适最深刻的感触是美国的自由主义与现代文明相表里。他认为美国的现代化建立在个人主义和自由主义基础上。遍是奴隶的国家建不成现代化，也没有改良和进步的希望。在一个公民个性和自由充分发展的社会，国家的自主和充分发展才有可能。个体在社会中争得了自由，争得了人格，国家才能保护个人，个体才能为国家进步担负起责任和义务。他希望自由主义在中国生根发芽，中国最终走向现代化。

1917年，二十七岁的留美博士胡适从哥伦比亚大学归国，应邀到北京大学任教授。此时，蔡元培任校长的北京大学已是新文化运动的阵地，这里兼容并包，不仅汇聚了一大批学术名家，还培养了一大批优秀的知识青年。作为新派知识分子，胡适加入《新青年》阵营，旅美期间他撰写并寄给陈独秀在《新青年》上发表《文学改良刍议》，提倡用白话文代替文言文，呼吁文学革命。随后大力宣扬个性解放和思想自由，猛烈批评儒家的伦理纲常和专制制度，自由主义的宣传呼之欲出。以谦谦君子的风度和渊博的学识，胡适赢得了部分知识青年的尊敬和爱戴。

在胡适看来，自由和民主是解放民族精神、解决民族困境、培养文明社会的唯一之途。自由理念可以解放每个人的精神，进而解放全民族的精神。民主政治可以凝聚和团结全民族的力量，解决全民族当前所面临的困难，才能建立起一个有人情味的文明社会。如果没有自由的思想和主义，民主政治无法实现。正因此，胡适在新文化运动及其以后，始终以自由主义为精神号召，对中国的思想界进行启蒙和引导。他深信，由奴隶和主子所组成的国家绝不可能是一个新社会、新国家，新社会新国家总是由一些爱自由、爱真理的人建立的。

胡适是新文化运动中自由主义的代表人物,反复强调个体在自由主义理念中的地位和作用。个体自由是自由主义的首要条件,个性解放和自由发展必须以个体能够对自己的行为负责为前提和基础。在自治的社会和共和的国家,绝不是任意而为,也绝不是无法无天。自治和共和不只是让个人有自由选择之权,还需要个人对自己的所作所为能负得起责任,也必须负起应有的责任。若不如此,决不能造出自己独立的人格。

在个人与国家的关系上,自由主义者并非只肯定个人的权利和自由。在胡适等人看来,自由主义首先实现个人自我的解放,同时不损害他人的权利和自由。个人在向国家争权利和自由的时候,不妨碍个人承担国家责任和义务。在一个良好的社会秩序中,个人与国家之间形成良性互动与和谐统一。

个人是社会发展进步的先决条件,没有健全的个人,就不能建立起健全的社会,所以胡适坚决反对牺牲个人的自由以换取集体和国家的自由。他不以个人自由否定国家自由,强调个人自由比国家自由更重要,没有个人的自由,不可能实现真正意义上的国家自由。没有健全的个人人格,更不可能为国家争取国格。所以他呼吁:"争你们个人的自由,便是为国家争自由!争你们自己的人格,便是为国家争人格!"

胡适在政治上主张渐进的改革和一点一滴的进步,反对激进革命,不相信有彻底的根本的解决方案。从严复到胡适,两位不同时期自由主义的代表人物,无不主张渐进改良。戊戊维新运动中,大力宣传自由主义和变法维新的严复没有直接参与康、梁的变法运动,更无法同意康、梁仓促改革、离间两宫的行为,只是作为一个旁观的思想者著述发文。新文化运动中,作为自由主义旗手的胡适,为新文化运动的展开持续发力。胡适明确不认同学生运动,反对学生的过激行为。

事实上,陈独秀和李大钊成为坚定的马克思主义者之前,也是坚定的自由主义者。"不自由,毋宁死"是自由主义者共同信奉的宗旨。尤其是李大钊,在俄国十月革命之前对自由主义的宣传不亚于胡适。李大钊同样认为,作为一个人,其基本价值就是自由。更进一步而言,自由主义是人类从蒙昧时代迈进文明时代的标志,也是现代人、现代社会、现代文明的根本。

陈独秀在《敬告青年》创刊号中,提出"自主的而非奴隶的"的口号,呼吁每个青年都有自主的权利,绝无奴隶他人的权力,也绝无以奴自处的义务。他希望从思想入手,改造中国的国民性,提高中国人的素质,借由自由主义打破旧思想的束缚。他反对传统的伦理纲常和宗法制度,认为这些传统因素造成了中国的落后,损坏个人独立的自尊,也窒碍个人发展的自由。以个人本位主义,易家族本位主义;只有宣传自由主义,才可以构建个人主义;造就有强烈个性自觉意识的国民,实现真正的民主共和。

陈独秀号召人们敢于思想,敢于破除迷信,敢于追求真理,敢于同专制势力和陈腐思想做斗争。人作为自己的主人,应当享有天赋的自由权利;同时作为国家的主人,也要承担对国家的责任与义务。一切伦理、道德、政治、法律,一切社会之向往和国家诉求，都是为了维护个人自由权利和幸福。法律面前人人平等，思想言论的自由和个性独立的发展，是法律赋予人的权利，不容否定和排斥。无论是国家利益还是团体利益，都应该以个人利益为本因，不能颠倒过来。

五四新文化运动时期新思潮的兴起，其中一个重要成果即是自由主义的提倡，为个性解放、人格独立、打破传统宗法制度起了先导作用。自由主义以其特有的冲击力，唤醒了传统思想束缚下的国民意识，打破了延续数千年的愚昧无知。人做自己的主人，不以国家、团体、家族和党派为存在的基础。崇尚自由、向往自由、为自由奋斗成为一代人甚至是几代人的价值追求，开启了启蒙和解放的思想洪流。

三、自由主义者的主义批判

1919年的新文化思潮，是多元而且复杂的，此与彼之间的差距不可以道里计。随着马克思主义在中国的广泛传播，胡适与陈独秀、李大钊之间寻求解决中国问题的方式存在根本性的不同，在思想上的分歧日深，最终发展为问题与主义之争。前者主张通过改良的方法达到民主自由的目的，后者接受马克思主义，以阶级解放代替个人自由。

论争的开端从胡适批判马克思主义开始。胡适在《每周评论》上发表了《多研究些问题，少谈些主义》，李大钊随后也发表同一主题的文章《再论问题与主义》，之后更有胡适的两篇回应文章，引发了问题与主义之争。胡适鲜明地提出了自己的观点，即多研究问题，少谈些主义。

在他看来，空谈主义是大家很容易做到的事情，但空谈误国，不仅没有用处，反而可能会因为对主义的一知半解而加重中国的社会问题。不论何种主义，都要先考察其产生时当时当地的情况与其所适用的范围，然后考察是否与此时此地的中国实际相符合。一种主义绝不能作为放之四海而皆准的真理，更不能作为排斥其他主义的依据。

受实验主义影响的胡适认为，政治改革的前提必须是思想与文化的更新。没有思想文化的进步和改善，任何政治上的举动都无法跳出专制的怪圈。这也正是他下决心二十年不谈政治的原因。胡适反对言必称主义，尤其反对舆论界不论是学习西方，还是尊孔复古，总是用某种主义作为肯定自己、否定他者的工具。这些主义都是偏向纸上的学说，真的就与中国当时当地的实际情况相符合吗？真的就是当时社会的实际需要吗？这在胡适看来，不过是西方版的"诗云子曰"罢了。

胡适写道，如今的人往往拿西洋的学说，来做自己议论的护身符。然而不同时代的西哲所提出的不同主义，是根据他们所处的不同境遇，针对不同的问题，得出的不同思想和方法。他们的学说有各自的特性，也存在各自的不足，只能对问题的某一方面或部分问题进行探讨和解决，并不能施诸四海而皆准，更不能推诸万世而不悖。

李大钊并不否认胡适这种说法，但他认为，仅仅坐而论道，在象牙塔里研究问题，无助于实际问题的解决。要提出解决问题的具体办法，首先需要从问题本身的意义和理论上找到科学合理的根据。只有这样才能说服他人，引起他们的重视与思考，由主义而问题，再由问题而解决办法。李大钊把主义置于问题之前之上，并认为主义是认识问题、解决问题的前提和基础。理想的主义会被社会上大多数人作为认知现实和追求理想的尺度，凝聚成大多数人的共识，这样才能形成最大的力量去解决实际的问题。

李大钊是相信可以做到毕其功于一役的。他在《再论问题与主义》指出，必须有一个根本解决，才有把一个一个的具体问题都解决了的希望。正是在这个时候，李大钊对从俄国十月革命而传入中国的马克思主义有了较多的认识和思考。他逐渐接受马克思主义的阶级斗争学说，相继发表了《我的马克思主义观》《变革的原动力》等文章。此后，陈独秀、李大钊等人与胡适渐行渐远，越来越倾向于用革命的手段取得政权，再运用政权的力量实现民主和自由。

李大钊把主义作为一种既有工具理性又有价值理性的概念，工具理性与价值理性的合二为一解决了主义与现实、理论与实践不统一甚至矛盾的现象。这种主义本身即意味着排他性和独断性，而这恰恰是以自由主义为宗的胡适所不能接受的。胡适并不反对学术和学理上的争鸣，甚至鼓励各种主义、思潮、学说的引进和交流，但他反对空谈主义，以某种主义为唯一正确性和真理性。他说，任何一种主义都有其适用范围，现在大多数人对各种主义的认知和理解还处于一知半解的阶段，怎可生吞活剥地套用？

这场问题与主义之争是自由主义民主阵线内部发生的一场争论。争论的双方并不是声讨式的，而是率直温和的。作为争论的主要人物，胡适与李大钊虽在观点上争论不断，私人友谊没有受到影响，二人依旧是同事及好友。争论平息后，双方没有因为对马克思主义的态度迥异而反目为仇。

总体上讲，主义的宣传被提高到空前的地位，在五四新文化运动时期达到高潮。当时还在读书的傅斯年的观点很有代表性，他说没主义的人不能做事，也不配发议论。甚至发表文章声言没主义的不是人，不管是信奉什么主义，总比没有主义好。只要有主义，就比墙头草随风倒好一些。当然傅斯年很快抛弃了自己的主张，放弃了主义至上的思维模式。

问题与主义之争，是中国思想界马克思主义与非马克思主义的第一次论战。不论是从论战的主要人物，还是论战的时间节点来说，都有其特殊性。就人物而言，胡适与李大钊为论战的双方；以时间节点而言，是在五四爱国运动这一高潮时段。也正如当时人的观察和感悟，五四学生运动究竟是一场政治运动还是思想解放运动，还未有定论。

1919年5月4日的学生反抗运动很快便演变为全国性的抗议运动，就政治层面而言，这场运动显示出其强大的力量，就其思想性而言，显示出其英勇抗争、不屈不挠的重要意义。这场运动，直接从自由主义者队伍中分流出温和的自由主义者和马克思主义者，成为二十世纪中国思想启蒙的高潮，也是由思想而政治的转折点。

当时正受邀在中国讲学的杜威认为，这场表面上最政治化的学生反抗并不是一场政治运动，而是理性的觉醒和精神的自觉。胡适强烈反对学生组织的反抗运动，并在全国范围内呈现高潮之际，坚持对问题与主义的判断，在语言和行动上对政治化的五四学生运动持否定态度。

由此可见，不论就当时还是后世而言，不论是对问题与主义的探讨还是对马克思主义与非马克思主义的争论而言，都离不开对新文化运动和五四运动这两个概念的全面理解和把握。否则不仅无法解释五四的基本性质问题，更无法认识自由主义者的分野，以及自由主义和马克思主义的区别与联系等基本问题。

事实上，二者之间的本质区别在于工具理性与价值理性的倾向，亦即目的与手段的倾向。救亡与启蒙之间度、量、质的不同则形塑着二者的历史决定性。五四学生运动则成为自由主义与马克思主义两种思潮、两种思维和两种道路的分水岭。一百年来，对五四及五四思潮的认知仍有待于深入和提高，因为这个极易产生分歧的问题不仅在当时未能深入认知，并延续百年直至今日。

罗家伦认为主义和问题不是对立的，可以相互调和。他主张，在介绍和宣传外来学说和主义时，要充分认识其历史背景和前因后果，只有知道其未发生的情形是怎样，已发生后的效果是怎样，才可以知道如何选择和适应。空谈主义而不能根据实际情况，更不能解决实际的社会问题，则这种主义终归是贩卖的、舶来的、空泛而无所依附的。这种观点是不正确的，因为无论是李大钊还是胡适，主义和问题都是对立的，无法调和。

社会政治问题能否根本解决？或者说，社会政治问题应该是一个一个的、一点一滴的改良，还是通过革命手段彻底的根本的解决？显然，胡适倾向于点滴的改良和渐进的改革。他在1917年回国，那时中国正在上演张勋复辟的闹剧。对他震撼最大的不是张勋复辟的闹剧,而是中国出版界和教育界在这场闹剧中的孤寂与沉寂,感触颇深。方才打定二十年不谈政治的决心,就要想在思想文艺上替中国政治建筑一个革新的基础。

胡适认为,从政治上彻底推翻和解决是不可能的,唯有通过教育和启蒙,对中国社会逐步的改良,一步一步的改善,才能获得最终的彻底的解决。也正是在这一点上,成为此后胡适与陈独秀、李大钊分道扬镳的根本原因。

胡适主张渐进改良,陈独秀主张激进革命。胡适以不谈政治为然,陈独秀恰恰相反,面对此种严重的问题,他就要谈而且只谈关系国家民族根本存亡的政治根本问题。陈独秀也讲过问题与主义不仅无根本分歧,甚至还相互补充和不可或缺。空谈主义,而不寻求一点一滴地改造社会弊病,实际上是懒惰心理的表现。但是,陈独秀的根本指向是社会改造,社会问题的改造带来某种主义的提倡,合理的主义才是解决问题的关键。

在对待俄国革命和苏维埃制度上,胡适的态度更为鲜明。在一片看好苏维埃制度和马克思主义的浪潮中,胡适尖锐地指出,俄国革命没有从根本上解决问题,苏维埃政权也并不是民主自由的制度,因为俄国本身没有民主自由的传统,通过革命建立起的无产阶级专政只是专制政权的延续,不是对专制政权的根本改变。胡适呼吁中国问题的根本解决只能是再造文明,建立现代国家和现代秩序,革命手段造不出现代文明。

李大钊针锋相对地提出,马克思主义和布尔什维克式的革命不仅是解决俄国一切问题的根本之途,也是解决中国一切问题的根本之途。为了改变近百年来中国的积贫积弱,必须有先进思想与主义的引导,才能凝聚起大多数国人的力量。为了实现力量的最大化,不得不牺牲甚至要勇于放弃自身的权益,个人自由让位于集体解放。

这场论战并没有持续太久,在北洋政府的打压下,以《每周评论》的被迫停刊而偃旗息鼓。双方也没有在论战中呈现出明显的胜负,各有各的支持者,各有各的反对者,却在后期的发展过程中呈现不一样的命运。李大钊说,社会问题的解决必须依靠社会大多数人的共同努力,马克思主义则是凝聚大多数人共同理想和行动的主义。此后,马克思主义显示出了自身极大的动力,在新文化运动后期成为重要的潮流和趋向。自由主义思潮仍具有很强的影响力,但由于其自身无法凝聚成强有力的力量,最终在中国大陆丧失生存的土壤。

自由主义队伍中的分化日益明朗,在陈独秀和李大钊的领导下,中国的早期马克思主义者不仅高谈主义,而且起而行之,在各地建立起共产主义小组,并在1921年建立起全国性的共产党组织。这场延续数年的新文化运动日益政治化,实现了由思想向政治的转化。历史颇为诡异的是,胡适提倡多研究问题、少谈些主义,其本身自由主义理念对实际问题的研究和解决并无显著的成就可陈,自由主义者本身成为偏于纸上空谈、无助于实际问题解决的抽象名词。

五四时期,不仅是中国政治和国际局势纷繁复杂的时代,也是学术思想的传播交融空前繁荣的时期。两位外国哲学家杜威、罗素均倡导自由主义,反对马克思主义等一切带有终极追求的思潮,陶行知、蒋梦麟、胡适是其思想的尊崇者和宣传者。

1919—1921年,美国哥伦比亚大学教授杜威应邀到华讲学,受到中国学界的隆重欢迎和接待,在上海、南京、浙江、天津等地演讲,之后来到北京。杜威依据其实验主义的哲学理念,指出没有包治百病的主义和理论。一种政治理论的产生必须以所面临的社会问题为前提,以解决社会发展过程中出现的问题为宗旨。社会是变化发展的,政治理论也要随着社会的发展变化而不断地修正和完善,问题因时因地因人而异,根本不存在能够解决所有问题的通则和定律。

杜威反对极端的理想派,认为极端的理想派没有以社会作为研究的基础,只是空谈乌托邦式的理想,本质上是极端的唯心主义。他明确指出,保守无法解决人类所面临的生活和困难,彻底推翻和彻底改变同样不可能,也无法实现,只能在具体问题中通过实验的方法做具体的解决。

杜威以个人主义为核心,从个人与国家的相互关系做两方面的分析。一方面是个人争取自由而免于国家对个人自由的控制,另一方面是国家为了有效管理而对个人自由做适当的限制和约束。个人主义和自由主义以西方资本主义的发展和西方文明的进步为前提,私有制决定了保护个人主义和自由主义的必要性和必然性。中国资本主义发展很薄弱,不能形成独立的发展力量,中国也缺乏个人主义的传统,这就需要充分发挥社会和政府方面的作用,实现对个人主义和自由主义的保障。

有学者认为杜威在哲学上的地位仅次于柏拉图和亚里士

多德，甚至称其在教育哲学史上是无人能及的最伟大人物。这当然是夸大之辞和不虞之誉，代表着当时部分人对杜威的真诚敬仰和盲目崇拜。杜威来华讲学对中国学界有很大的影响，这一点真实存在。尤其是杜威坚持自由主义，和胡适一样排斥空谈主义，提升了自由主义在中国的声量。

罗素是英国著名的哲学家、政治学家，也在这一时期来中国讲学。罗素是英国贵族，受到了良好的教育，自身是个天才型人物。他对东方文明尤其是中国古老的文化抱着特殊的兴趣。第一次世界大战给欧洲、给西方文明带来的冲击和破坏，让罗素对西方文明抱以怀疑和恐惧的态度，他把希望投向东方文明。

罗素是一个自由主义者，反对一切激进的态度和同志的感情，但对社会主义者反抗贫困、反抗压迫给予深深的同情。他坚持的理念不是古典自由主义，而是具有社会主义倾向的自由主义，或者说是基尔特社会主义。作为自由主义者，他强调人的基本自由不应受到侵犯，除了经过必要的法律程序，不应该受到政府控制和私人处罚。包括言论自由、出版自由、宗教自由、经济自由的一切自由都应该被尊重，反对集中到国家或大企业手里。这些自由以不损害其他人的自由为限，私有财产应该受到严格的限制。对于十月革命后传入中国的马克思列宁主义，罗素表示很大的不认同，演讲中多次提出个人的批判意见。

两位外国哲学家的来到，提升了自由主义的能见度，对马克思主义等倡导社会政治问题一起解决的思想有一定批评。自由主义和马克思主义在当时都有市场，各有倡导者和追随者。两者之间的纷争短期内还势均力敌，一段时间后将会出现变化，这便是自由主义走向衰微，马克思主义和其他倡导整体改变的主义促使中国更加革命化和激进化。

四、自由主义的衰微

人是个人主义和自由主义的主题，也是新文化运动首先要解放的对象。新文化运动既要实现对人的启蒙，又要通过对人的启蒙实现国家民族的复兴。新文化运动针对的是中国数千年的奴隶文化和思想道德。自由主义作为新文化运动的主流，在这一运动中呼吁人的解放和人的独立。自由主义者同时肯定和鼓励其他各种主义与思潮的宣传和争论，并不否认其他思想存在的意义和价值。

就自由主义而言，它的真谛在于其主体的自觉自主性。易言之，自由主义不受思想的束缚。正因此，自由主义在与任何主义的碰撞中，虽然在思想上更有包容性与宽容性，但在行动上往往败下阵来，这也正是作为价值追求的理想主义难以超越工具理性追求的根源。解决问题并不是自由主义的强项，自由主义只能通过思维和思想的熏陶而体现在具体的一点一滴的行动上。

自由主义的最大意义只能体现在对人的解放上，它并不能直接作用于任何具体物质。自由主义只能是内源性的自主自觉性的思维方式，一旦成为外生性的工具辅助性的行动方式，自由主义则必将失却其本质而扭曲变形。自由主义越是倾向于其工具理性，则越是容易走向其反面，并在其反方向上越走越远。

不论是从早期的洋务运动还是后来的维新变法，都是国人在"图存"这一根本目的下的实践活动，这种在工具理性支配下的运动却往往因为忽视或者轻视思想的价值性而不可能取得预期的目的。工具理性本身不能解决价值理性的诉求。形势的复杂性往往迫使工具理性压倒价值理性，在此意义上而言，自由主义的理念很难在内交外困的中国找到合适的生存环境。

自由主义在中国一直是"先天不足，后天失调"的状态。自由主义不是中国本土文化的因子，而是外力因素的产物。中国正是在遭受西方列强的侵略和掠夺下向西方学习的。"师夷长技以制夷"是国人不变的思想宗旨。鸦片战争后学器物，甲午战争后学制度，辛亥革命后学思想。自由主义思想在国人的思维意识里是救亡图存的工具，在本质上说仍旧是制夷的长技。功利性的目标远远超越了对个人主义本身的诉求。没有个人政治上的独立和自由，便没有民主和自由的政治。因为在没有自由民主的土壤，自由主义不仅没有给中国找到通往现代国家的出路，自身还在革命战争的洪流中奄奄一息。

自鸦片战争开始，"师夷长技以制夷"便是近代中国的历史主线。虽然不同历史阶段的有识之士对"长技"的理解和侧重不同，但其最终目的都跳不出"以制夷"的范畴。也就是说，百年来的中国近代史，其工具理性始终是主流和主旨，价值理性从没有也不可能成为近代中国的主流，价值理性只能是内源性的自主自觉。自由主义作为一种外生性的社会思潮在中国的传播，自无不可，但自由主义的本质和中国历史工具理性的主流决定了自由主义在中国失败是势所必然。

自由主义在二十世纪上半叶的中国经历了短暂的传播、高涨和逐渐的衰落的过程。自由主义在中国的孱弱和式微似乎是其宿命，但吊诡的是，自由主义在中国的每一次发展都伴随着民族危机的加深和国内政局的动荡与不安。这恰恰不是适合自由主义顺利发展的土壤。

伴随着民族危机的加重，国人救亡图存的意识更加强烈，寻求变革的意志也就更加坚定，对中国顽固落后势力的抨击和批评也就愈加严厉，而这正是思想家对个人主义和自由主义宣扬更为强烈的时刻。民族危机同时又是影响思想启蒙的关键因素，救亡压倒启蒙经常发生在此时。甲午战争后如此，清末民初如此，日本侵华步步加深时，亦是如此。

中国究竟落后在哪里？中国究竟什么地方不如西方？正是在一次次的被动挨打中反思和追赶，洋务运动失败后，自由主义思潮在中国有了发展。严复以一位思想家的身份通过翻译大量的西方书籍，宣传自由主义思想，并提倡鼓民力、开民智、新民德。他既不认同康有为、梁启超的维新路径，也不认可孙中山的革命路径。他认为，中西差异和中国落后的根源在文化，而不在其他。仅从西方引进器物和政治制度是无法从根本上改变中国落后的面貌的。没有民力、民智和民德的培育和完善，民主自由制度不可能建立。

1915年开始的新文化运动，首先树起了"民主"和"科学"的大旗，自由主义作为西方文明的主流在中国思想界和知识青年中迅速普及开来。二十世纪的中国历史有着很深的世界印记，中国国内的重大变动无不深深地受到国际形势或国际因素的影响。1919年的五四爱国运动即是中国在巴黎和会上外交失败的直接反应。

五四新文化运动是中国思想史上的一次高潮，近代中国的思想界在中西文化的碰撞之间实现了一次大争鸣和大发展。形形色色的主义纷纷登台，趋新的思想和主义之中亦存在着相当差异。同样为了救国，由于理论和方法上的差异，主义之间存在很深的矛盾。中国处于一个国内外环境都极为特殊的时期，决定了自由主义的理念在中国虽能起到一定程度上的思想启蒙，但在实践中很难实现。

有学者在总结二十世纪中国自由主义的发展历程和脉络时指出，严复、胡适、储安平、殷海光、余英时分别是二十世纪中国自由主义的代表人物。

社会的稳定、整体的进步和各方面的协调构成了民主自由发展的土壤，但是中国的传统文化没有个人主义和个人自由的因子。自由主义因子的培育不仅需要资本主义经济的发展，更需要进行思想的启蒙，实现对人的发现和解放。二十世纪的中国，不仅没有培育个人主义和自由主义的土壤，甚至随时亡国灭种。这种危急倒逼下的个人主义和自由主义思想本身即呈现出先天不足、后天畸形的特性，这也就注定了自由主义在压力下高涨、同样又会在压力下屈从的悖论。

民主制度是解救积贫积弱的良方，这是中国智识阶层的共识。但民主到底是什么？如何达到民主？是什么和怎么办是必须面对的直接问题。以胡适为代表的自由主义者认为，民主社会在本质上是一项思想和思维的范畴，不是政治范畴，更不能用具体政治制度的成就顶替并代表思想和思维的成就。

正是基于此，胡适在五四学生运动的高潮之时，不仅竭力阻劝学生的反抗运动，而且从学理的角度论证类似此种运动的弊端。然而，胡适所开出的药方能够满足中国的急需吗？自由主义在人类文明史上固然是大势所趋，但在当时的中国与世界的形势当中，救亡压倒启蒙实为必然之趋势。

人的解放的目的是什么？还是人的解放本身就是目的？对这个问题的不同认知，直接决定着二十世纪初新文化运动的归途。很明显，自近代中国遭受帝国主义侵略以来，救亡图存便成为中国历史的主脉络。易言之，西方自由主义发端于价值理性并呈现出理性追求，而中国对自由主义的向往和追求更侧重于其工具理性，或者说形势导致其工具理性的比重远高于价值理性的追求。愈是民族危机加重，国民的工具理性和追求就愈发强烈和执着。正因此，与个人自由主义相对应而存在的集体主义或者国族主义概念，则愈发显示出其优越性。

问题与主义之争，在其后的历史进程中被解读为自由主义与马克思主义的争论，个人主义和自由主义也被解读为反马克思主义的思想。二十世纪上半叶的中国历史在革命与危急的交织中并没有给自由主义留下太多的生存和发展空间，二十世纪后半叶，实现了国家统一和民族独立的新生的中国面临着建设的最大问题。集体主义成为快速实现国家建设不可或缺的意念，自由主义更无发展的空间。

自由主义尊重个人的自由和独立，自由主义者很难形成统一的认识，采取同样的行动，更难以实现其理想。就国际形势而言，贫弱割据的中国连生存都十分困难，普通个人没有获得独立和尊严，很难在国内政治中获得自由和民主。在战乱纷争的落后中国，自由主义不仅没有产生组织力量，连生存的空间都急剧萎缩。反对专制、提倡健全的个人主义是构成自由主义思潮的核心，成为五四时期的强大动力和源泉。在民族危亡的紧急关头，不得不要求小我让位于大我，个体自由让位于国家自主。

在二十世纪初革命的洪流中，任何思想的发展都赶不上潮流和形势的变化，激进革命所产生的直接效果远强于思想启蒙。民初政局混乱，民主政治并未成功建立，反倒上演起数起复辟的闹剧。新文化运动开始后，胡适自美留学归国，在运动中成为自由主义思潮的代表人物，中国自由主义思潮的传播在这一时期达到高潮。然而，在多种思潮的碰撞下，在民族危亡的压迫下，自由主义湮灭在救亡图存的呼求中。救亡压倒启蒙，激进革命一发不可收拾，如高山滚石般推动着中国革命的浪潮。

胡适在新文化运动前期力主推进白话文运动，树起了文学革命的旗帜，成为新文化运动的重要领导者。他鼓励各种主义和学说在中国的传播和争鸣，但是反对国人言必称主义，生搬硬套和囫囵吞枣。自由主义一直是胡适的理念和原则，然而自由主义者在缺乏自由民主传统的中国国土上，很难产生自由主义的积极效果。

在国内外局势日益严重的中国，自由主义不仅不能发挥积极的作用，而且还时常处于被当局压制而无力抗争的境地，缓不济急的思想很难适应当时当地的情形。1919年7月，胡适与李大钊等人的问题和主义之争，却不经意间成为此后自由主义与马克思主义的分水岭。工具理性在中国的政治理念中始终优越于价值理性。也正因此，改良和革命成为双方实现主义和理想的不同趋向和选择。

中国共产党在不久便应运而生。国共两党合作开展的国民革命运动，打倒了北方军阀，实现了全国形式上的统一。国共分裂后，国民党政权搞起一个党、一个主义、一个领袖的专制统治，在政治上不仅要消灭共产党，还竭力打压民主人士。在日本侵略危急日益严重的情况下，以胡适为代表的自由主义者渐渐屈服于政治和形势的需要，甚至如胡适、蒋廷黻、丁文江等人都加入国民党政府。

1937年全面抗战爆发后，国共双方实现第二次合作，这一时期民主力量也得到空前的发展，客观上为中国自由民主力量的发展壮大提供了空间。报人储安平成为新一代的自由主义者，在战后以《观察》杂志为平台宣扬自由主义。但自由主义始终是在夹缝中艰难生存。

处于民族存亡的危急关头，自由主义很难有生存和发展的空间和余地，正因此，自由主义在五四以后便渐趋衰弱，很快让位于一个党、一个国家、一个主义的国民党和三民主义，以及反对国民党一党专政的共产党和共产主义。没有武装力量作支撑的民主、自由团体和人士，很难在两党之外形成独立的力量。

1946年国共内战爆发后，民主力量猛烈抨击国民党的独裁专制，暂时成了一股影响政局的力量，在国统区为反抗和声讨国民党的专制独裁发挥了重要作用。在之后的国共决战中，民主自由的党派和人士不得不在国共两党间做选择，或者两个都不选择，彻底被边缘。

胡适跟随国民党败退到了台湾，这不能不说是一个悲剧性的结局。胡适与马克思主义格格不入，与中国共产党势同水火，从五四新文化运动时期就能找到根源。诚然如他所言，在国民党的统治区域是自由多与少的问题，在共产党的统治区域是自由有与无的问题。他倡导宽容比自由更重要，自由主义者批判政府要有尺度，不要一味否定；政府压制自由主义者也要有一定分寸，不要一味杀戮。

蒋介石和胡适的关系并不好，两者根本没有共同语言，仅仅保持着表面上的相互尊敬。败退到台湾的蒋介石，实际上已经冻结了宪法，开始了漫长的戡乱戒严。自由不再是多与少的问题，而是越来越少的问题。经历了几番折冲，自由主义的生存空间再次被挤压，西风在东方唱着悲伤的歌曲。胡适的心情可想而知，一生为国为民提倡自由主义，却无奈看到自由主义的花朵被寒冬摧残。

胡适作为自由主义的代表人物，反对革命和暴力手段，主张通过渐进的革命和改良以推动社会的进步。然而，二十世纪的中国历史潮流如高山滚石般猛烈前进，自由主义在五四时期达到高潮后，便很快淹没在革命的潮流中。在唯有起而行之才能实现理想的社会中，只坐而论道是无济于问题的解决的。谦谦君子的胡适无法把自己深信的思想转化为实质的力量。

胡适的生命轨迹和归宿即是中国自由主义发展的一个缩影。在保守主义和激进主义的对冲中，自由主义很难突破来自左右两方面的攻讦。更有学者用"无地自由"来概括胡适自由主义思想的尴尬处境。客观现实并不以人的主观意志为转移。社会现实难以容纳胡适的主张。胡适的自由主义思想无法摆脱或超越多重困难和困惑，终使理论归于沉寂，理想化为泡影。等到几十年后再被提起，已经是物是人非。

胡适的现象很容易理解，陈独秀、李大钊等人走向自由主义的反面就不太容易理解，这和价值理性和工具理性的区隔有关，更与一种认识论相关。他们开始也是坚定的自由主义者，倡导个人的全面解放，与胡适等人具有基本一致的想法。但为什么走向否定自由主义的道路？自由主义者本身成为自由主义的掘墓人，这是历史上的一个吊诡现象。其实这个现象不难理解，具有终极真理追求的自由主义者同时也是极权主义者，极致的自由主义与极致的极权主义之间存在自然的转换。

这一现象自从柏拉图开始就已经存在，没有人否定柏拉图是自由主义者，也没有人否定柏拉图虚构了一个哲人王为主导的理想国，开启了极权主义的理论根源。柏拉图时刻不忘培养哲人王，哲人王的出现必然是极权主义在世间实现的标志。叙拉古的探索始终存在于柏拉图的脑海里，那是他的人生追求之一。鲜花未及铺就通往地狱的道路，不是因为主观追求不足，而是因为客观条件不具备。

按照人类认识世界的方式，时间和空间、现象与本相之间的两对范畴构成了两个世界。追求终极真理的自由主义者都是希望从现象超越本相，达到一个极致的追求，揭示世界的真理，从而能够通过一种真理解决所有的问题。李大钊在问题与主义之争的态度即是如此，虽然他没有两个世界的明确论述，呈现的确是两个世界的思维模式，总是想得到一个永恒的真理。

永恒的真理都是否定时间的，而仅仅承认空间。希望获得永恒的真理必然否定时间的存在，这是一种认识论的必然结果。否定时间的存在，时间还在延续，依然是个不以人意志为转移的存在，这就造成了人认识世界中的时间断裂，过去与未来之间缺少了现在的连接，从而导致过去与现在之间根本的不同。李大钊等人过去是个自由主义者，在追求终极真理的过程中，总是忽视了现在。过去与未来之间缺少一个必然的连接，过去所坚持的种种不自觉地出现了质变。

过去可能是个自由主义者，未来却变成了一个极权主义者，二者因为现在的断裂出现了自然的转化。这便是追求终极真理的自由主义者同时是极权主义者的根本原因。中国近现代史上，类似的人物并不少见，陈独秀、李大钊如此，洪秀全、康有为同样也是如此。他们都是自由主义者，同时也是可能的极权主义者。只是因为陈、李二人没有来得及完全实践，康有为的论述仅是书斋中的绚丽之花，洪秀全则成为具体的实践者。

作为经验主义的信奉者，胡适只强调经验的价值，强调从经验中获得真知，否定绝对真理和终极真理的可能性。他自然是没有终极真理追求的自由主义者，他从来不承认也不相信存在一个终极真理，所以不会出现过去与未来的断裂。与陈、李二人相比，他始终重视现在，总是把现在置于过去与未来之上，作为过去和现在的必要连接，这同样是他与陈、李二人认识论的一个区别。

与胡适类似的人物还有孙中山。中山先生是自由主义者，却没有终极真理的追求，始终强调经验的价值，从来不否定现在的存在意义。中国近百年有过太多悲哀的事情，其中一个便是追求终极真理的自由主义者同时又是极权主义者，给中国带来巨大的灾难。自由主义存在于经验，经验始终是自由主义存在的根基，自由主义者应该对终极真理存在一丝警惕，甚至放弃终极真理的追求，像胡适一样，而不是像陈、李二人。因为当一个自由主义者有了终极真理的追求，自然而然就会向另外一个方向转化，自己都不自知，几乎没有察觉中间已经发生了质变。

第三章　社会主义思潮

社会主义思潮产生于四百多年前的西方，其开始是一种纯粹的空想，为苦难大众提供了批判现实的武器和寄托希望的未来。随着资本主义矛盾的加剧，社会主义吸收其他理论，成为一种流行的社会思潮。科学社会主义作为马克思主义的三个主要组成部分之一，开辟了阶级斗争的新道路。俄国十月革命爆发，社会主义由理论变成活生生的现实，被压迫的阶级和民族借助社会主义寻找解放之路。

社会主义思想之所以能够在中国多种思潮中胜出，其原因是复杂的，学界的研究也是汗牛充栋。概略言之，主要有以下几方面：一是社会现实的需要。中国人急切地想改变国家民族命运，总是希望毕其功于一役，部分知识分子和工人、农民最终选择了马克思主义，选择了一条更加激进的革命道路。二是马克思主义的战斗性。社会主义思想在全世界风起云涌，十月革命的一声炮响，给中国送来了马列主义，阶级斗争极富战斗力，可以唤起社会下层的革命热情。三是传统的因素。马克思主义对美好社会的向往和对现实世界的批判，与中国传统思想具有某种契合，符合中国人的文化心理。

一、社会主义的兴起与传入

鸦片战争后的中国近代史是一部屈辱史,也是一部抗争史,先进的中国人开始探索民族独立和国家复兴的道路,各式各样的思潮被用来改变社会。说起近代中国的社会主义,不能不讲西方社会主义的来源。因为社会主义思潮起源于西欧,是舶来品,其内涵十分丰富,包含多种流派,马克思主义只是其中一种。

十六世纪,伴随文艺复兴和宗教改革,西欧从天主教束缚中解放出来。人不再是神卑微的奴仆,人的价值、人的自由、人的贡献得到空前重视。封建制逐步解体,贵族阶层衰落,新兴资本家和商人崛起,殖民者殖民掠夺,资本主义在原始积累过程中,似乎每个毛孔都滴着血和肮脏的东西。各种批判思想应运而生,知识分子提出各式各样未来生活的美好蓝图,空想社会主义就是在这种背景下诞生的。

十六世纪末十七世纪初,英国大法官托马斯·莫尔出版《乌托邦》,标志着空想社会主义的出现,康帕内拉的《太阳城》再次向世人宣告未来平等社会的理想,两部书并称为早期空想社会主义的两座高峰。他们通过幻想海外世界,创造一个不同于当时西欧各国的新型社会,表达人们对现实社会的不满和理想社会的追求。那里没有剥削,没有压迫,没有私有财产,没有贫富分化,人人自觉劳动,纯粹是一个人间乐土。

十八世纪,资本主义发展到工场手工业阶段,空想社会主义又有了新特点。以摩莱里、马布利为代表的理论家，用理论论证取代文学想象，对共产主义进行理论探索，提出构建公正的法律体系，废除私有制，人人都是富人，人人都是穷人，完全平等，带有浓厚的平均主义和禁欲主义色彩。

十九世纪，资本主义发展到机器化大生产阶段，无产阶级和资产阶级的矛盾加剧，斗争愈演愈烈，空想社会主义进一步发展，产生了以圣西门、傅立叶、欧文为代表的新一代思想家。他们敏锐地认识到资本主义私有制的弊端，高扬理性和启蒙，深刻揭露社会丑恶，提出未来理想社会的实现方法，为科学社会主义的诞生提供了思想资源。

1848年，马克思、恩格斯为共产主义者同盟起草《共产党宣言》，标志着科学社会主义的诞生。与工人运动相结合，社会主义完成革命性蜕变，由理想变为科学理论。马克思把以往的社会主义流派分为反动的社会主义，保守的或资产阶级的社会主义，批判的或空想的社会主义三大类，一一指出其不足，论证科学社会主义的合理性。

马克思、恩格斯是共产主义运动的导师，指导着全世界的无产阶级砸碎身上的枷锁，获得了空前的成功。批判他人学说，自己学说也会成为批判对象，马克思主义在传播过程中，也在经受着其他社会主义流派的挑战。即使是马克思主义本身，也逐渐出现分流，所谓的修正主义在某些时候还占据着主流。列宁主义作为马克思主义的一个分支，借由俄国革命取得了成功，但在其他欧美国家和地区很少有成功复制的案例。

由此可以看出，社会主义本身具有多样性，是产生于西欧的一种复杂的社会思潮。它批判资本主义黑暗面，对资本主义进行道德谴责，宣扬自己的独到优势，占据道义制高点。它注重提出社会改革方案，强调社会平等，实行公有制和平均分配以消灭贫富差距，规划了一幅未来社会的美好愿景。它具有浓厚的集体与国家色彩，认为社会的保护力量来自集体或国家，通过公有化或国家管制以提高社会福利。

对美好社会的追求并不是西方的专利，中国人自古以来也有各种理想社会的模型。无论是先秦诸子，还是来自社会下层的思想者，都曾提出美好社会的理论建构，其中大同世界和小康社会是集中的体现。《礼记》中描述："大道之行也，天下为公，选贤与能，讲信修睦，故人不独亲其亲，不独子其子；使老有所终，壮有所用，幼有所长，矜寡孤独废疾者皆有所养；男有分，女有归。货恶其弃于地也，不必藏于己。力恶其不出于身也，不必为己。是故谋闭而不兴，盗窃乱贼而不作，故外户而不闭，是谓大同。"

"大同说"明确赞颂公有制，人人各尽所能，社会道德高尚，互助平等博爱，是古代儒家思想家对理想社会的追求。大同社会不能实现，转而倡导小康，在私有制下努力实现社会的和谐发展，比如孔子的不患寡而患不均。温和的平等追求最终消融于传统政治文化中，适应了封建社会专制主义与等级宗法制的需要。儒家士大夫能够保持对底层民众的同情，抑制土地兼并，保护小生产者，限制并反对暴政。进入近代，儒家思想与西方社会主义思想相结合，再次焕发出生机和活力。

平等作为一种社会价值观，在中国具有源远流长的历史。

中国古代农民也有对平等社会的追求，突出表现在历次农民起义。王小波、李顺起义提出吾疾贫富不均，今为汝等均之；钟相、杨么起义大声疾呼，法分贵贱非善法，当等贵贱，均贫富；李自成号召等贵贱，均田免粮。

这种均贫均富的口号带有某些民粹色彩，缺乏先进理论的指导，缺乏先进阶级的引领，没有建立程序正义，只是建立了暂时的表面上的平等。试图摆脱国家束缚，却无法改变农民的地位，同时又要承担自己的职责。社会财富只是得到一次性暴力分配，最终又回归贫富分化，朴素的平等理想最终沦为空想。

鸦片战争后，中国封建社会遭遇千年未有之大变局。经济上，外国资本主义入侵，自然经济逐步瓦解，新兴阶级产生；政治上，统治危机日益加重，社会矛盾日益尖锐，尤其是农民的负担越来越重。社会危机的爆发，促使各阶层寻找摆脱自身困境的办法。

中国人表达对现实社会的不满，常常在历史中寻找批判的资源，寻找美好社会的希望。历史是中国人的宗教，是中国人的智慧来源，也是中国人的未来幻景。当人们回望历史，企图从思想巨变和王朝更替中寻找救国救民的道路，大同思想再一次被人们拿出来。洪秀全率先利用大同理想动员对社会不满的农民，并以此构建太平天国的基本制度。

《天朝田亩制度》的指向是大同理想社会，要使天下共享天父上主皇上帝大福，有田同耕，有饭同食，有衣同穿，有钱同使，无处不均匀，无人不饱暖，天下一家，共享太平世界。实现这一目标的具体措施是平均主义，平均分配土地，平均分配劳动产品和生活资料，产品剩余收归圣库所有，没收私有财产。太平天国的理想社会是中国传统思想与基督教天国的混合物，没有受到西欧空想社会主义的影响，但与西欧空想社会主义有相似之处，都源自对现实社会的不满，主张建立公有制，平均分配社会财富。

洪秀全的天国崇尚绝对平等。他说，天下间的男人，尽是兄弟之辈，天下间的女子，尽是姐妹之群，有无相恤，患难相救，鳏寡孤独废疾者皆有所养。他引入西方的基督教和千年王国思想，要把天上的天国移到人间，建立人间天国。天上有天国，地下也有天国，天上地下同属皇上帝。这是近代中国思想演进的一大特征，太平天国仅是借用西方思想，披着一层基督教的外衣，认知肤浅而直白。

人生而不平等，但生而追求平等。不自由、不平等是社会的莫大罪恶，但追求纯粹的平等却是民粹主义思想的内核，会对社会造成莫大的伤害。平等有先前的平等和后来的平等，有权利的平等和财产的平等。现代社会的平等一般指后天机会的平等和法律权利的平等，不是指财产的平等。

盲目追求财产的绝对平等，给社会带来的不是平安稳定，而是互相斗争、互相伤害、永远没有安全感的利维坦。洪秀全、杨秀清、韦昌辉、石达开等诸王处于天国体制的金字塔顶端，享有无上的尊荣和特权，不是平等的表现，而是平等的反动，最终走向更深层次的不平等。

资产阶级维新派和革命派也有对理想社会的追求。早期维新思想家陈虬试图建立一个桃花源式的理想社会，他和一群同志在浙江瑞安成立求志社。求志社以二十五家为一社，推一人为长,负责管理。成员自给自足,粮食按需分配,追求社会平等,没有父母家人的顾虑,没有疾病死亡的累赘,可耕可樵可仕,可止可来可去,身世俯仰,悠然自得,人生的乐趣足够。求志社维持了七八年,就停止活动,社会影响力十分微弱。

戊戌变法前后,康有为提出具有浓厚个人特色的大同说,成为中国近代大同思想的集大成者。这种思想既包含中国传统今文经学公羊三世、《礼运》大同和佛教西天极乐世界的学说,也吸收西方进化论、天赋人权学说和空想社会主义的养料。康有为既批判中国社会的黑暗落后,农民终年劳动,食薯煮粥,犹不充饥;也批判西方社会的各种弊端,其风尚贵尚富,国家之间互相侵略,大国吞并小国,强国欺凌弱国,人民的灾难数不尽数,说不尽说。

未来社会的生产力高度发达,各行各业实现机械化,机器日新,足以代人之劳。耕田的多寡与新机器的发明相推迁,机械化推进耕地大幅扩大。人类得到极大解放,不再视劳动为负担,为工者求乐而已。不仅物质文明高度发达,精神文明也达到极致。人人道德高尚,没有色欲之争和奸淫之防,没有恃威、怙力、强霸、利夺、钻营、佞谄之人,没有欺凌、压制、干犯、反攻之事,世界只有美好仁智之事,人民进入仁寿极善之境。

这种理想社会实行公有制,计划生产,计划分配,满足人民的需要。全球设立公有政府,地球划分为一百度,每度设立一个度政府,相当于市或州政府;度政府下面划分为若干地方自治局,相当于乡政府。政府管理实行民主制,一切大政由人民公议,百司皆有,单单废除兵刑两种官员,国家不再压迫、镇压人民。

如何实现这种理想社会?康有为认为要去九界,即去国界、去级界、去种界、去形界、去家界、去产界、去乱界、去类界、去苦界。消灭国家、消灭阶级、同化人种、解放妇女、消灭家庭、消灭私有制、取消地方界限、众生平等、救苦之道,即在破除九界。这样的社会真是儒家的大同之世,佛教的极乐之境,西欧的乌托邦之国完美的统一,是彻头彻尾的空想、幻想甚至臆想。

从康有为的大同思想可以看到西欧空想社会主义的影响,表明空想社会主义已经传入中国。实际上,最早介绍空想社会主义的是传教士,江南制造局翻译馆的不定期出版物《西国近事汇编》,对欧美等国社会主义运动有所提及,传递出社会主义思想的某些片段。1875年报道俄国民粹主义运动时,指出他们创造贫富均财的学说,夺人资财,以予贫乏。1885年出版《佐治刍言》,概括法国社会主义思想为平分产业,一国产业必与一国人平分,方为公道。康有为有一段时间曾购买、阅读大量译书,有学者认为康有为的大同说正是受到这些译书的影响。

1891年至1892年年初,《万国公报》连载美国空想社会主义者贝拉米创作、传教士李提摩太翻译的《回头看纪略》。这篇小说畅想了2000年人类社会的状况,展示了一个平等、自由、文明、生产力高度发达的美好社会。1898年,胡贻谷与李提摩太翻译的《社会主义史》以《泰西民法志》之名出版,第一次介绍了马克思的科学社会主义学说。书中说马克思是社会主义运动中最著名最具势力的人物，和恩格斯被认为是科学的革命的社会主义首领，这一派在文明各国中都有代表，属于最新浪潮。

同年，李提摩太翻译的英国进化论者企德《社会进化》的部分章节，以"大同学"为名发表。这本书介绍了社会主义的流派，并多次提到马克思，介绍马克思学说比较系统。李提摩太称科学社会主义为安民学派，著名人物一个是马克思，一个是恩格斯。文章认为马克思学说是主于资本者，显然是指马克思的巨著《资本论》。还指出马克思是工人阶级的领袖，反对资本家阶级。

《大同学》关于马克思主义的基本观点未必精准，但是这些观点中已经包含马克思主义的要义，即站在广大工人阶级的立场，反对资本垄断，号召工人阶级联合起来，建立工人阶级统治的世界。因此有学者指出，若要探索《资本论》和马克思在中国的影响，还应该从这些译著谈起。

社会主义思想被翻译介绍之日，正是康、梁等倡导变法之时。西方传教士介入维新改革，寻找宣传西方文化中与大同学说相关的内容，介绍社会主义思想。维新派一方面发掘中国传统的大同思想资源，另一方面利用西方传教士传播的社会主义思想，西方社会主义与中国传统大同思想产生了共振。这种共振表现为互相援引，为我所用，尚未有剧烈的冲突。由于对西方社会主义思想的认识处于朦胧阶段，相关概念和认识不清楚，还没有深入探讨是否适合中国国情的问题。

社会主义思想最初传入中国时，传教士翻译时大多采用音译或附会汉语词汇，"社会主义"一词并没有使用。《泰西民法志》将社会主义史翻译为泰西民法志，民指社会，法指主义，民法即社会主义，切中了社会主义是为大众、为全体民众的学说。

"Socialism"翻译为社会主义，是借用日本翻译词汇而流行起来的。日本近代思想家西周于《百学连环》译为会社之说，日本学者加藤弘之创造了日式汉语"社会主义"一词，福地源一郎在《东京每日新闻》中首次将其用汉字翻译为社会主义。十九世纪末二十世纪初，中国学人通过日本的中介，广泛传播社会主义思想。"社会主义"一词逐渐固定下来，被知识分子广泛使用。

据统计，从1902年到1909年，中国留日学生翻译的日本有关社会主义书籍有三十种左右。有的先在刊物上连载，然后出版，有的直接印刷出版。如幸德秋水的《社会主义神髓》日文出版后两个月，中文翻译就出版。以后不到四年时间，又陆续出版两个中文译本，可见当时中国知识分子的热情。

清末留日学生和改良派不仅大量翻译出版日本社会主义著作，也写作相关的宣传文章。这方面，改良派领袖梁启超的影响十分重要。梁启超本人思想多变，思维开放，较少门户之见，成为近代向国人介绍外来思想的重要传播者。他到日本后，如饥似渴地学习流行日本的各种思想文化，正如他所说，若行山阴道上，应接不暇，思想为之改易，与前时判若两人。

1899年，梁启超在《清议报》发表《论强权》，用资本家与劳力者两个阶级对立的观点解释社会进化，指出人类社会将发展到万国大同时代。1902年，他更直接使用社会主义这一概念，指出马克思的唯物论在德国最有势力，因为多数弱者被少数强者剥削。

1903年，梁启超游历加拿大和美国的一些城市，亲自考察资本主义社会的现实，深入思考资本主义社会的贫富分化。回国后，他发表《二十世纪之巨灵托拉斯》《新大陆游记》《中国之社会主义》等，对社会主义更具同情之理解。梁启超对科学社会主义的思想认识也得到深化，将其主张概括为土地归公、资本归公。马克思主义者对马克思著作的崇拜和信奉，正如基督教徒崇信新旧约，社会主义者汲汲谋求传播主义，也和基督徒传教相似。欧美财产分配的不均和下层贫民的艰难，实在令人震惊，社会主义必然取代资本主义，消灭贫富分化。

梁启超同时认识到，社会主义学说有不同的流派。他主张实行国家社会主义，明确反对极端社会主义。国家社会主义以极专制的组织，行极平等的精神，与中国历史有契合之处，可以变私人资本家的托拉斯为国家托拉斯，避免资本主义社会的贫富矛盾。梁启超赞赏的国家社会主义，实际上是第二国际的拉萨尔修正主义学派。这一派别否认无产阶级武装斗争的必要性，认为无产阶级只要通过和平合法的斗争，争得普选权，就可以把专制的君主国家变为自由的人民国家。

二十世纪初，留日学生和改良派宣传介绍社会主义，使这一词汇得到广泛使用，为社会主义思潮的风起云涌奠定了基础。人们的认识逐步加深，认识到社会主义存在着各种流派，十分复杂。马克思的科学社会主义作为社会主义思想的一支，也夹杂其中，得到关注。有赞成者就有反对者，有人认为极端的社会主义不适用于中国，中国思想界对待社会主义的态度分歧很大。知识分子开始考虑社会主义是否适合中国国情，以避免出现西方社会的贫富分化。

二、社会主义逐渐壮大

辛亥革命爆发后，中华民国成立，中国历史发展进入新阶段。五四新文化运动时期，社会主义思潮更加壮大，人们认识到社会主义的不同流派，并从中选择认为适合中国国情的，将之发扬光大。影响较大的社会主义流派有孙中山的民生社会主义、基尔特社会主义、马克思的科学社会主义。无政府主义在一定程度上，也以社会主义的面貌呈现。

中华民国成立前夕，孙中山在上海与江亢虎谈话，表示赞成社会党提倡的社会主义，自己也是社会主义者，主张大力鼓吹社会主义，使其理论普及全国。就任临时大总统不久，他就托人将从欧美带回来的社会主义书籍送给社会党。1912年2月3日，孙中山再次与江亢虎交流，说社会主义是人类共同的思想，也是西洋最新的学说，亟须翻译过来，使一般人了解其宗旨。

辞去临时大总统后，孙中山在南京、武汉、上海、广州等地演说，多次谈到社会主义，甚至主动给国际社会党执行局写信，阐述渴求建立社会主义国家的愿望。他说，只有中国成为一个社会主义国家，人民才有幸福，苦痛才能减轻。第一次世界大战对中国思想界的触动非常大，孙中山闭户阅读社会主义书籍，宣称用外国的资本主义生产方式实现中国的社会主义。

　　孙中山提出民生社会主义,与早年经历和切身体会有关。他出生于数代务农的普通人家,在农村饱尝艰辛,长大以后随哥哥到檀香山,遭受冷眼与歧视,见识了海外华人的生活不易。孙中山对各国的劳苦大众始终有同情心,认为资本主义社会贫富悬殊,判若天渊,富者愈富,贫者愈贫,朱门酒肉臭,路有冻死骨。在安徽都督府的一次欢迎会上,他对官僚们说,革命成功不代表事业已经完成,也不代表大家就可享福,游手无业、饥寒交迫的同胞遍地皆是,怎能忍心不顾他们,只顾自己享福。

　　要解决一种社会现象,必然要寻找其原因,然后对症下药。欧美国家贫富差距的原因是什么呢?孙中山指出,是因为生产利润被资本家垄断,地主垄断地权,资本家垄断利权,多数工人勤苦努力,反不能在社会生存。劳动阶级没有获利来源,愈来愈贫困,只能依附于资本家,受资本家剥削,贫富之间互相仇视,矛盾尖锐。

　　孙中山认为,资本是产生贫富分化和阶层对立的根源,但是资本也有其合理的一面,能够促进国家富强和生产发展。中国现在远远落后于西方,如果不发展机器大工业,不利用资本发展生产,将永远落后。孙中山十分重视生产,他主张发展近代机器大生产,解决广大民众的吃饭穿衣问题,修筑十万里铁路,使国家实现工业化。中国要发展工业资本主义,但又要避免资本垄断产生的弊端。因此可以将政治革命和社会革命毕其功于一役,一面图国家富强,一面防资本家垄断的流弊,防弊政策无外乎社会主义。

孙中山认为资本是今天最大的问题,也是最难解决的问题。他主张节制资本,将自由资本主义与社会主义结合,实行国家社会主义,防止资本进入垄断,由国家垄断代替私人垄断。国家垄断大资本,并不反对个人自由资本。中国实业开发有两条路,一是个人经营企业,二是国家经营产业。有些产业由个人占有,国家提供奖励和法律保护;有些产业由国家经营,国家控制重要产业,土地、铁路、邮政、电气、矿产、森林皆为国有,集各种生产物资为公有,获得的利润由国家分配。孙中山反对垄断资本主义,不反对发展自由资本主义;反对资本家,不反对资本,企图避免资本主义社会的弊端,尤其是资本家对社会的危害。

孙中山民生社会的另一个重点是平均地权。土地问题是中国历代王朝兴衰成败的密码,中国近代改革家高度关注。孙中山说,平均地权为民生主义第一件事,宜先平均地权,核定天下地价。土地国有的办法有两种,一是照价纳税,一是照价收买。土地产生的价值仍归原主所有,只是改良社会经济组织,革命以后随着社会发展而增加的部分地价收归国有,为全体国民共同享有。

孙中山的民生社会主义究竟是一种什么样的思想?历来众说纷纭,现实政治影响学术的判断,使这个问题更加扑朔迷离。按列宁在《中国的民主主义和民粹主义》的定性,孙中山民生主义与民主主义不同,比民主主义的含义更广泛,含有主观社会主义、社会主义空想、小资产阶级空想等,是小资产阶级的社会主义,与俄国的民粹主义十分相似。

目前来看,学术界关于孙中山民生社会主义的性质有两种观点。一种观点认为这是资产阶级的社会主义，是一种空想社会主义，无法实现。还有一种观点最近才出现，认为孙中山的民生社会主义思想是中国近代探索救国道路的重要成果。他看到资本主义社会的弊端，试图避免中国走资本主义的老路，与马克思的超越论有相似之处。马克思的超越论是指俄国作为落后的资本主义国家，利用原有的村社，不经过资本主义阶段，直接进入社会主义的发展道路。孙中山的探索值得肯定，虽然没有机会实行。

基尔特社会主义是在英国出现的一种社会改良思潮，源自欧洲中世纪的一种同业自治行会。资本主义发展过程中，英国阶级矛盾十分尖锐，工人阶级普遍贫困，他们对英国的政治经济十分不满，但没有走到革命的程度。工人发掘中世纪的思想资源，认为工人阶级要组织同业行会，实现产业自治，经济互助，取得应有的经济和政治地位。

基尔特社会主义的代表人物有彭蒂和霍布逊，哲学家罗素也是积极倡导者。彭蒂出版《基尔特制度的复兴》，反对现代工业制度，歌颂中世纪的行业自治，主张恢复从前的独立劳动。霍布逊进一步使基尔特社会主义合理化，主张改造现有工会，吸收所有劳动者参加，壮大实力与资本家和平对抗，逼迫资本家接受工人提出的条件，消灭工资制，争取工人参加企业管理，实现企业共有。1915年，霍布逊成立全英基尔特联盟，提出废除工资制度，通过全国基尔特组织，建立工业自治政府，得到一定程度的试验。

总体来看，基尔特社会主义是一种改良主义，主张工人阶级成立中世纪的基尔特行会组织，达到企业自治，逐步实现企业公有，瓦解资本主义，完成和平过渡。这种社会主义反对革命和阶级斗争，倡导现有体制的有限变革，并不以推翻现有体制为目的，与马克思主义根本不同。马克思主义者曾严厉批判基尔特社会主义，认为那根本就不是什么社会主义，有其名无其实，挂羊头卖狗肉，消解了阶级斗争和人类解放的要义。

五四新文化运动期间，基尔特社会主义由日本传入中国，宣传基尔特社会主义的知识分子主要有梁启超、张东荪、许新凯、郭梦良、郭虞裳、周佛海、王名烈等人。张东荪青睐这种思潮，重点介绍罗素的基尔特社会主义。梁启超游欧归国，也举起基尔特社会主义的大旗。

罗素应梁启超之邀来华讲学，先后在上海、南京、长沙、北京等地讲学达十个月，极力宣传中国不能革命，只能实行社会改良，暂不主张中国实行社会主义。中国实业不发达，普通工人、地主、商人不具备经济独立性，平民受教育不足。所以要从教育入手，提高人民知识水平，然后再采用社会主义。梁启超、张东荪等人服膺罗素，对基尔特社会主义的认识由简单的宣传转为深深的认同，认为它是解决中国问题的药方。

中国的基尔特社会主义者没有发展出完备的理论，他们只是针对中国社会的某些现实提出针对性的解决方案。张东荪认为当前的中国存在四种病：一是无知病，大多数人民没有知识，没文化；二是贫乏病，多数人生活困苦，天灾人祸频仍，贫乏病更加严重；三是兵匪病，连年内乱以致匪患愈多，兵亦是匪，匪变成兵；四是外力病，外国的国家主义和资本主义合力压迫中国。救中国只有一条路，就是发展资本主义，增加富力，中国必须沿着这个轨道前行。发展资本主义解决了贫乏病，也促使绅商阶级产生。绅商阶级能够消除军阀动乱，抵制外国资本侵略，重建和平秩序。

那么中国是不是应该走资本主义道路呢？张东荪、梁启超等人并不这样认为。一战之后，欧洲社会面临着深重的危机，西方自己都有西方文明衰落的感慨。梁启超等人目睹资本主义社会的危机，也有避免资本主义弊端的想法，不主张毕其功于一役。资本主义不过是阶段性过渡，最后还是要依靠劳动阶级，改造社会，实行社会主义。

中国现在不能实行社会主义，因为没有现实的基础和条件。这主要出于两点考虑，一是中国穷困落后，需要发展资本主义，达到西方社会的发达程度；二是中国没有实行社会主义的阶级基础。梁启超认为，中国没有社会化大生产条件下高度组织化的劳动阶级，只有农民和散工。社会主义以劳动阶级为主体，中国没有劳动阶级，自然不能实行社会主义。只有发展资本主义，劳动阶级出现，才能开展社会主义运动，建立新社会。

五四新文化运动时期，传播社会主义思想成为一种潮流，各派人士竞相上场，各种社会主义都有拥趸，纷纷开设专栏，发表文章，参与论辩。开始的时候，中国人还没有分清楚各种社会主义之间的区别，基尔特社会主义也被引进，孙中山也说自己认同社会主义，就连无政府主义也被作为社会主义的一种流行开来。

社会主义源自对现实的批判，又规划了未来的美好愿景，占有道义制高点。多数的中国人带着对现实的不满和未来的期冀，充满了无限的憧憬，对这种批判性思潮表现出极大的兴趣。或许因为某种程度的不了解，或者因为某种程度的误解，导致了各种社会主义的兴盛，成为一大流行思潮。

三、社会主义者的主义辩护

毛泽东说，十月革命一声炮响，给我们送来了马克思列宁主义。诚哉斯言，马克思的学说虽然在十月革命前已经被介绍到中国，但是非常零散和不系统，没有与中国社会现实相结合，一大批知识分子没有选择和尊奉马克思主义。正是十月革命后，马克思列宁主义才真正系统地在中国传播，形成思想的滔滔巨浪。

1917年11月7日，俄国十月革命爆发，消息很快传到中国。上海地方的报纸以突如其来的俄国大政变或俄国革命为标题，率先进行报道。社会主义受到关注的同时，人们也充满迷惑，激烈派一时掌握政权，永续与否尚属疑问。部分报纸甚至断言，极端派冒险举动必然失败，或在数日，或在数小时。但是，列宁打造的苏维埃政权没有如观察家们所期望的那样土崩瓦解。

北洋军阀警惕各种所谓过激主义，整个社会营造出十月革命是过激主义的舆论氛围。《晨钟报》报道，俄国革命党以暴力放逐地主，强行分配土地，专赖掠夺财产以资生活，横行于旅馆酒店，乱暴无极。《民国日报》说，十月革命颠覆俄国新政府，全国陷入无政府状态，使得我国自辛亥以来所经历的恐怖、悲哀、不安、愤激诸苦，俄国国民也同样经历，并且更严重。

以李大钊为代表的知识分子与时流相左，坚决地肯定十月革命，宣传马克思主义。李大钊留学日本期间就接触到马克思主义。十月革命爆发后，他认识到俄国革命的科学社会主义意义，发表《法俄革命比较观》，对比分析俄国十月革命与法国大革命。法兰西革命是十八世纪末期的革命，立于国家主义之上，是政治的革命而兼含社会的革命；俄国革命是二十世纪初期的革命，立于社会主义之上，是社会的革命而并著世界的革命。俄国革命不但是俄罗斯人心变动的显兆，更是二十世纪全世界人类普遍心理变动的显兆。中国唯有翘首以迎其世界新文明的曙光，倾耳以迎其自由新国家的消息，才可以适应世界新潮流，不能以一时的乱象抱悲观的态度。

11月，李大钊又发表《庶民的胜利》和《布尔什维主义的胜利》两篇文章。他分析了第一次世界大战的结局及其原因，指出战争的结束不是协约国的兵力战胜德国的兵力，而是德国的社会主义战胜德国的军国主义；不是德国的国民降服协约国，而是德国的皇帝、军阀、军国主义违背历史潮流。俄国革命的胜利是公理的胜利，是自由的胜利，是民主主义的胜利，是社会主义的胜利，是Bolshevism的胜利，是赤旗的胜利，是世界劳工阶级的胜利，是二十世纪新潮流的胜利。李大钊将布尔什维克与马克思主义相联系，认为布尔什维主义是革命的社会主义，奉德国社会主义经济学家马克思为宗主，打破阻碍社会主义的国家界限，打破资本家独占利益的生产制度。

李大钊高度赞扬群众运动，认为群众运动必定挟雷霆万钧的力量摧拉皇帝、贵族、官僚、军国主义、资本主义。他们预见这个无法阻挡的潮流，像枯黄的树叶遇见凛冽的秋风一般，一个一个地飞落在地。劳工阶级要联合全世界的同胞，打破国界，打倒全世界的资本阶级。人类将得到同等的机会去从事劳动，种种的悲情、穷困、疾疫、战争都可以消灭。这表明，李大钊对马克思主义的基本观点已经有比较理论化的认识，指出了无产阶级革命的必然发生和必然胜利，以及美好社会的必然实现和必然建立。

五四运动后，李大钊在《新青年》发表《我的马克思主义观》，系统地介绍马克思主义的基本组成和基本观点。他首先分析马克思主义政治经济学的基本原理，比较了资本主义经济学、社会主义经济学和人道主义经济学的不同。从前的经济学以资本和资本家为本位，以后的经济学以劳动和劳动者为本位。马克思发现了资本的奥秘，是社会主义经济学的鼻祖，现在是社会主义经济学改造世界的新纪元。李大钊还进一步提出，马克思把社会主义经济组织的可能性与必然性别树一帜，与从来的个人主义经济学截然分立，形成一个独立的系统。最后还简要介绍了剩余价值理论、资本理论、生产价格理论、资本主义积累等。

李大钊还详细介绍了马克思主义的唯物史观。他指出，历史上的物质要件中变化发达最甚的是经济现象，所以经济是历史上唯一的物质要件。经济构造是社会的基础构造，全社会的表面构造都依着它迁移变化。凡是精神的构造，都随着经济的构造变化而变化。物质资料的生产占第一位，决定社会意识，推动经济基础变化的是生产力，社会组织随生产力变动。李大钊准确把握马克思关于生产力和生产关系，经济基础和上层建筑之间的辩证关系，揭示了人类社会发展的根本动力。

马克思主义传入中国后，阶级斗争学说一直备受争议。很多改良主义反对马克思主义的一个重要原因是反对阶级斗争。李大钊坚决捍卫阶级斗争学说。他指出，从古至今，社会上一直存在着阶级斗争，马克思主义所说的阶级是经济上利害相反的阶级，资本家的生产方法是最后的敌对形式，阶级竞争将与资本家的生产方法同时告终。无产阶级通过阶级斗争实现社会主义，是马克思主义最具战斗性的部分，也是科学社会主义区别于其他修正社会主义的根本区别。李大钊赞同阶级斗争，表明他已经站在马克思主义的基本立场分析社会发展。

科学社会主义的传播从来都不是一帆风顺，社会上的误解也是千奇百怪。五四新文化运动前后，社会主义被官方目为过激派，欲除之而后快。正如恽代英所说，过去一提社会主义，便容易使人联想到暗杀革命，一听见社会主义四个字，就会使人联想到破坏和恐怖。官僚军阀讨厌社会主义，各路知识流派也怀疑科学社会主义是否适合中国。

1919年4月，应中国教育团体的邀请，美国哲学家、胡适的导师杜威访问中国，至1921年7月离开。杜威先后在北京讲演，宣扬社会改良主义的思想。当时中国思想界还分不清实用主义与社会主义的界限，对杜威采取普遍的欢迎态度，实用主义遂在中国思想界文化界造成了很大影响。胡适作为杜威的学生,承接其思想,奉行实用主义。

五四运动前后,布尔什维克在中国盛行,引起了胡适等自由派知识分子的思考,与李大钊等人开始了问题与主义的争论。1919年7月,胡适在《每周评论》发表《多研究些问题,少谈些主义》,提出了自己的社会政治观。他首先阐述自己对空谈主义的看法,认为空谈好听的主义极容易,是阿猫阿狗都能做到的事,是鹦鹉和留声机器都能做的事。空谈外来进口的主义没有什么用处,一切主义都是某时某地的有心人,对于那时那地的救济方法,偏向纸上的主义非常危险。

针对空谈主义的知识分子,他奉劝多提出一些问题,少谈一些纸上的主义。解决中国的问题应该首先考虑社会需要是什么,要具体解决人力车夫问题、卖淫问题、大总统权限问题,加入国际联盟问题等。不要只空谈好听的主义,一点一滴地解决中国的社会问题才是正确之路。

胡适主张多解决社会具体问题,客观地说有一定的合理性。但是具体到二十世纪初期的中国,北洋军阀似乎没有给出解决具体问题的空间。胡适后来回忆,那时正当安福俱乐部极盛的时代,上海的分赃和会还不曾散伙,国内的部分知识分子闭口不谈具体的政治问题,却高谈无政府主义与马克思主义。自己作为一个实验主义的信徒,实在看不过,忍不住,才转变想法,发愤谈政治,写了这篇文章。

胡适的文章发表后,蓝公武刊发为主义辩护的长篇批评文章《问题与主义》。他首先讲述了问题的来源与起因,指出问题与主义并非相反而对立,问题的发生全赖主观的反省,构成问题的要素也全在主观的反省,反省同样离不开主义和学说。其次阐释了主义学说的性质，蓝公武认为主义是多数人共同行动的标准，是对于某种问题的趋向或态度。

一种主张能成为标准的趋向或态度，与具体的方法并无必然的关系，而是全看他所含抱理想的强弱。打个比方，主义好像航海的罗盘针，或是灯台上的照海灯，航海的人照着它进行，至于航海的方法以及器具，却是另一件事，与它无必然的关系。中国问题的解决需要外来主义，社会环境不同，主义和问题的关系也不一样。蓝公武对胡适提出质疑，要解决从人力车夫的生计到大总统的权限，从卖淫到卖官卖国，从解散安福俱乐部到加入国际联盟，从女子解放到男子解放等等问题，都要研究种种主义。主义的研究和鼓吹，是解决问题最重要、最切实的一步。

李大钊读到胡适的文章时，正在昌黎五峰山闲居。他写了《再论问题与主义》表示反驳，公开强调自己喜欢谈布尔什维主义，问题与主义不可分割，社会运动一方面要研究实际问题，一方面也要宣传理想的主义，交相为用，并行不悖，主义有理想与实用的两面。

针对所谓过激主义的论辩，李大钊认为要宣传认定的主义，以解决具体的社会问题。提倡根本解决，现在不去努力，很容易使人闲却，这确实是一个危险。但不可一概而论，一个没有组织没有生机的社会必须要有一个根本解决，才可以解决一个个具体问题。李大钊坚持马克思主义的社会革命论，坚持科学社会主义的信仰，号召用阶级斗争的办法解决中国道路问题。马克思主义适合中国的国情，要求对中国进行一次彻底的革命。李大钊的文章对扩大马克思主义的影响，推动人们进一步探索中国走什么道路的问题，起了积极作用。

这之后，胡适连续发表《三论问题与主义》和《四论问题与主义》，刊发于《每周评论》，反驳李大钊等人的主张，进一步重申其多研究些问题、少谈些主义的思想，并就输入学理的方法进行深入探讨。《三论问题与主义》主要与蓝公武辩论问题与主义的具体性和抽象性。胡适认为，问题无论范围大小，都是具体的而不是抽象的。问题本身并没有什么抽象性，但是研究问题的时候则须经过一番理想的作用，这种理想的作用又不可错认为问题本身的抽象性，主义是问题的具体解决方法而不是抽象的理想。

最后，胡适进一步强调，一切主义，一切学理，都该研究，但是只可认作一些假设的见解，不可认作天经地义的信条；只可用作参考印证的材料，不可奉为金科玉律的宗教；只可用作启发心思的工具，切不可用作蒙蔽聪明、停止思想的绝对真理。《四论问题与主义》以"论输入学理的方法"为副题，重点讨论了输入西方学说的态度和方法，并回应了李大钊的马克思主义主张，强调输入主义必须弄清其前因后果，方能对其价值做出评判。

8月30日，警察突然封禁正在印刷的《每周评论》，查封了报社，没收了财物，登在这一期上的《四论问题与主义》也胎死腹中，只有少量报纸流传出来。问题与主义的直接交锋被迫中断，理论的分野就此产生。李大钊在《新青年》发表《我的马克思主义观》后，胡适在《新青年》刊发《新思潮的意义》，阐述再造文明的新文化主张，将新思潮的根本意义归结为一种评判的新态度，即研究问题，输入学理，整理国故，再造文明,宣扬改良主义。

随着思想界对社会主义认识的提高,人们对科学社会主义、无政府主义、基尔特社会主义、新村主义、工读主义等思想的辨别力增强。人们比较各派社会主义与中国国情的匹配度,爆发了一场社会主义大论战。这场论战首先在张东荪与陈独秀、李大钊等人之间发生。

张东荪也是一位社会主义者,但他主张所谓浑朴的社会主义,与马克思主义者分歧明显。这种思想上的分歧,最初体现在张东荪与陈独秀等人筹备成立中国共产党之时。由于张东荪是当时介绍社会主义思想的著名学者,陈独秀在上海筹备成立共产主义小组时邀请他参加。张东荪认为,中国远不具备实行共产主义的条件,更没有实行马克思主义的社会基础,不赞同立即在中国建立共产党,进行党派经营。因此他继续鼓吹温和型的社会主义,加剧了与中国早期马克思主义者的思想冲突。

1920年10月,罗素来华讲学,张东荪负责接待并陪同其到湖南演讲。湖南经济的落后、官吏的横行等给他留下深刻印象。张东荪说,救中国只有增加富力、开发实业一条路。中国唯一的病症是贫乏,罗素的批评中肯而沉痛,中国除了开发实业以外无以自立,空谈主义必定没有结果,努力的方向应该是发展实业。

张东荪的这篇文章,在中国舆论界立即引起一场大风波,触发了五四运动过后思想领域参与人数最多,历时最长的大论战。正值陈独秀等人筹备成立中国共产党之际,张东荪公开批评社会主义,唤起部分学人的共鸣,早期马克思主义者绝对不能接受和容忍。无论是出于维护自己的信仰,还是扩大科学社会主义的影响,他们必须予以严厉批评。

陈望道质问张东荪,排斥一切社会主义,却又想开发实业,开发实业难道用资本主义吗?救中国只有认定资本主义是唯一的路吗?社会主义是改造人的全体生活。现在你既然旅行过一番,知道了多数中国人都没有经历过的生活,为什么不把你原来认为是改造人的全体生活的社会主义再去赞美、鼓吹一番?现在反而忍心去诅咒?

李达论说称,张东荪说来说去,无非是不讲社会主义去开发实业罢了。他自己把宣传社会主义的假面具揭破,现出了走资本主义道路的原形。

邵力子针对张东荪提出几个问题:做新闻记者的人要有怎样的常识对于社会有所主张,应当先有怎样的审察?中国贫乏的原因在哪里?谈论什么社会主义是否成为开发实业的障碍?怎样解释人的生活这四个字?邵力子重点讨论第二个问题。他指出,现在中国穷到极点,和谈论社会主义毫不相干,社会主义者也急欲救穷。这种很浅显的道理,张东荪也很清楚。增加富力,开发实业,谈论社会主义的人,不但从来没有反对过,而且认为非常必要。救现在的中国应当如此,谋人类的幸福本须如此。社会主义者和资本主义者不同的地方,在于用什么方法去增加富力、开发实业,而不在应否增加富力、开发实业问题。

实际上,张东荪本人并不是反对社会主义,更没有诅咒社会主义。社会主义存在多种形态,张东荪所坚持的是基尔特社会主义,并非科学社会主义,他坚持社会主义道路要通过改良来实现,而不是通过革命。论战双方的分歧在这里,李达等人没有批到要害。

　　此时,陈独秀正在广东,他当即给罗素写了公开信,阐明自己的观点。张东荪连续发表文章,维护自己的主张。为了更好地展开社会主义讨论和评判,陈独秀汇集了对立双方的有关文章、通信共十三篇,以《关于社会主义的讨论》为标题刊登在《新青年》。

　　张东荪与陈独秀之间的通信最重要,反映了双方论辩的实质性问题。张东荪在致陈独秀信中,公开提出增加富力的方法,或用合作主义或用资本主义,不妨根据当地的情况而定。他将自己的意见归纳为四点:一、不相信地域如此广大、交通如此不便的中国,能实行一种主义,中国以后总不外乎地方自决。二、不论地方如何自决,以中国民族的根性与时代的趋势,不会产生强有力的地方政府。没有强有力的政府,劳农主义不能全部实行。三、中国物力太穷乏,原因不是由于自己本身的资本主义,改变穷乏也不在于打破资本主义。四、外国资本主义是导致中国贫乏的唯一原因,打倒外国资本主义是必要的。若以打倒国内资本主义作为打倒外国资本主义的手段,其间是否有密切的关系,尚未敢断言。张东荪认为,中国不应该排除用资本主义的方法发展实业,宣传和从事社会主义运动并不一定要打倒中国幼稚的资本主义。

　　陈独秀在回复张东荪的信中指出,如果说中国贫穷极了,非增加富力不可,我们不反对这话;如果说增加富力非开发实业不可,我们也不反对这话;如果说开发实业非资本不可,且非资本集中不可,我们不但不反对这话,而且十分赞成。

但如果说开发实业非资本主义不可，集中资本非资本家不可，我们便未免发笑。

陈独秀提出三点质问：中国现状是什么？从现状的潜伏趋势里推测未来呈何状？我们的使命是什么？将双方在社会主义论战中争论的焦点问题做了集中概括。他认为中国可以通过社会主义方式开发实业，根本不可能用资本主义方式发展中国实业。中国资本家直接或间接都是外国资本家的买办，只能够帮助外国资本家掠夺中国人，指望他们发达起来抵制外国资本家，保全中国独立，再过一两个世纪也没有希望。

1920年12月，为答复陈独秀的反驳，张东荪在《改造》发表《现在与将来》，对自己的社会主义主张做一个比较正式的说明，系统论述用资本主义发展中国实业的观点。他首先分析中国社会现状和发展趋势，然后指出中国所应选择的道路，回答陈独秀提出的三个问题。中国的现状是四病交加，只能走社会主义与资本主义并行的道路，中国没有劳动阶级，不能实行无产阶级专政，目前解决中国问题的道路还是发展资本主义。

《现在与将来》写好后，张东荪寄给在天津的梁启超。梁启超在《改造》上发表《复张东荪书论社会主义运动》，支持张东荪的观点。他强调，不能不奖励生产事业以图救死，不能不借助资本阶级以养成劳动阶级，中国目前不存在阶级对立，不是有产与无产的问题，而是有业与无业的问题。

与此同时，《改造》刊登了张东荪的另一篇辩论文《一个申说》。在这篇文章中，张东荪对自己的观点又做了正式说明，系统阐述了资本主义必倒而社会主义必兴，为了实行社会主义必须首先发展资本主义的阶段说。所谓阶段论，是指中国目前有共管与赤化两条路，正向资本主义方向前进。必须在资本主义阶段积极地研究社会主义，这个阶段之后才实行社会主义。他明确主张现在应该采用资本主义，将来实行社会主义，社会主义是最后的标的，应该努力随着各民族的共同研究去创造。

张东荪重申了他所理解的社会主义，主张只有基尔特社会主义适合于中国，理由是基尔特社会主义的基本原理可以普遍采用，中国原有的同业行会制度可以作为引进及实行时的参考。他将社会主义分为两类，信仰上的社会主义等于各种宗教，只是一种热烈的感情，学说上的社会主义尚在创造修改之中。一般人往往把两个混谈，遂变成了一个学说与信仰相混合的社会主义，马克思主义实际上是两者混合的产物，而他自己推崇学理上的社会主义。他说，如果不把两者做严格的区分，就不能在学理上把社会主义推进一步。最后，张东荪提出要创造一种更圆满的社会主义，即他主张的基尔特社会主义。

张东荪、梁启超的文章发表后，立即得到蒋百里、蓝公武、彭一湖等人的支持。蒋百里在《改造》发表《我的社会主义讨论》和《社会主义怎样宣传》两文，指出资本主义现在还未走到尽头，共产主义抬头的日子还早。中国当前需要发展资本主义，没有实行社会主义的条件。

早期共产主义者对批判也不甘示弱。李达批判梁启超歪曲了社会主义，借口中国经济落后和缺少劳动阶级，鼓吹发展资本主义和反对社会主义的论调。陈独秀批驳张东荪、梁启超，集中论述了为什么要讲社会主义、为什么能讲社会主义及应讲什么样的社会主义三个问题，明确反对德国式的国家社会主义，主张采用马克思的共产主义。李大钊认为，今日在中国发展实业，必须由纯粹生产者组织政府，以铲除国内的掠夺阶级，抵抗此世界的资本主义，实现社会主义的组织经营。

1921年7月，罗素离开中国。9月，张东荪在《时事新报》上开办"社会主义研究"专栏，全面提出了基尔特社会主义者的信仰、研究方向及宣传目的，主张基尔特社会主义的同仁团结起来，怀抱基尔特社会主义的思想，树起基尔特社会主义的旗帜。他强调信仰基尔特社会主义系出于我们的研究结果，基尔特社会主义是民主主义思想的究极，是社会改造原理最彻底的一个。目的是根本改造社会全体，既不是产业上的自由，又不是政治上的自由，是为人类生活的根本原理而要求自由，正当的方法不在于革命的宣传，而在于思想的传播。1922年6月和9月，《社会主义研究》和《改造》相继停刊。论战高潮基本过去。

以张东荪和陈独秀为代表的社会主义论战推动了科学社会主义在中国的传播，以马克思主义为代表的革命、阶级斗争道路获得部分青年学子的认同。张东荪、梁启超等主张以资本主义或基尔特社会主义方式开发实业，走英德式的社会改良道路。陈独秀、李大钊代表的早期马克思主义者主张走俄国人的革命道路。论战双方关于社会主义问题的讨论集中体现了五四思想界对该问题的分歧，导致中国社会主义阵营的分化和运动的分野。

五四前后，无政府主义在中国思想界十分活跃。辛亥革命前，无政府主义还只在一小部分知识分子中流行。随着社会主义潮流的兴起和知识界思想的活跃，无政府主义迅速流传开来。1919年下半年，宣传无政府主义或侧重宣传无政府主义的刊物大量出现。克鲁泡特金的无政府共产主义和互助进化论，在当时很有市场。许多早期马克思主义者曾受到无政府主义的影响，没有区分出二者之间的根本差异，甚至把无政府主义理解成另外一种社会主义。

　　1919年底，毛泽东在《湘江评论》发表《民众的大联合》一文，热情赞颂俄国十月革命胜利，也赞美克鲁泡特金的无政府主义，称赞克鲁泡特金一派的主张较马克思主义一派，意思更广更深远。可见无政府主义在广大知识青年中十分受欢迎，与社会主义尤其是马克思主义有交集也有分歧。

　　还在马克思主义没有大规模传播时，无政府主义者就明确表示反对马克思主义。黄凌霜把马克思主义理解为集产主义，把无政府主义解释为共产主义，认为马克思的集产主义，现在已不被多数社会党信仰。曹乾元从无政府主义思想出发，把公理和强权对立起来，认为俄国劳农政府的所向无敌，四方响应，是公理的胜利。但是有人提出质疑，指出布尔什维克正由于有能战的强权，其理想才能实现于俄国，并提出强权卫公理的观点。这场辩论只在"通讯"栏里刊登了三四篇文章，没有充分展开。

　　1920年9月，陈独秀在《新青年》发表《谈政治》，批评无政府主义，指出不主张用强力和阶级斗争，再过一万年，被压迫的劳动阶级也没有翻身的机会。他明确提出，用革命的手段建设劳动阶级的国家，创造禁止对内对外掠夺的政治和法律，为现代社会第一需要。陈独秀的批评引起无政府主义者的不快。一个名叫郑贤宗的无政府主义者以读者的身份写信给陈独秀，与陈辩论。陈独秀将这些信件刊登在《新青年》的"通讯"栏。一场关于无政府主义与科学社会主义的论战展开论争。

《共产党》月刊先后发表李达的《社会革命底商榷》和《无政府主义之解剖》，无懈（周佛海）的《我们为甚么主张共产主义》和《夺取政权》，以及施存统的《我们要怎样干社会革命》。《新青年》刊登蔡和森的《马克思学说与中国无产阶级》，也猛烈批判无政府主义，宣传马克思主义的合理性。

1920年底，陈独秀在广州法政学校做题为"社会主义批评"的演说，无政府主义者区声白致书陈独秀表示异议，陈作了答复，两人先后交流三次。陈独秀把这些信件公开发表在《新青年》讨论无政府主义的专栏。《民国日报》副刊《觉悟》也发表了关于无政府主义的通信。中国社会主义青年团机关刊物《先驱》、广东团省委机关刊物《青年周刊》也登载了批评无政府主义的文章、信件，积极参与讨论。

针对无政府主义者不要国家的观点，马克思主义者用科学社会主义的国家观点展开批评。国家不是从来就有，是阶级统治的机关，是一个阶级压迫另一个阶级的机关，是社会发展到一定阶段的产物，是阶级矛盾不可调和的产物和表现。无政府主义把阶级不平等、战争的发生归于国家的存在没有道理。

1921年1月，李大钊在《少年中国》发表《自由与秩序》，针对无政府主义只要自由，否定社会法律的思想，指出自由是秩序中的自由，秩序是自由间的秩序。只有从秩序中得来的才是自由，只有在自由中建设的才是秩序。自由与秩序，个人与社会间的辩证关系无疑超越了无政府主义，凸显出无政府主义者的谬误。

无政府主义理论贫乏，缺乏组织性，在激进知识分子中遭到冷落。很多马克思主义者曾信仰无政府主义，后来借由无政府主义信仰了马克思主义者。无政府主义作为一个理论桥梁，有其历史意义，但是因为不符合中国的家国传统，不可能成为主流思想。马克思主义者对无政府主义的批判符合中国的历史文化传统，强调新造另外一个家国，而不是否定家庭、社会、组织和国家本身的合理性。

四、马列主义成为主导

五四运动后，马克思主义之所以势如破竹，与知识分子日益激进化有关。这就是李泽厚所说的救亡压倒启蒙。因为急切地改变中国命运，总想朝夕之间就能实现国家民族的独立和富强，越来越多的人对现实不满，对渐进式的改革缺乏耐心。马克思主义激进的革命方式给知识分子提供了一种思考，既然阶级斗争可以实现社会的全面改造，不妨直接拿来推动革命，彻底改造中国的历史命运。

李大钊、陈独秀、李达、陈望道、杨匏安等人积极宣传马克思主义，并走向与工人阶级结合、建立革命政党、开展革命运动的新道路。李达于1918年在日本学习，开始接触马克思主义相关著作。1919年，他在上海报纸发表《什么叫社会主义》《社会主义的目的》等，指出社会主义与共产主义不同，社会主义与无政府主义也不同。1919年秋到1920年夏，李达先后翻译了《唯物史观解说》《马克思经济学说》《社会问题总览》等，寄回国内出版。这些著作比较详细地介绍马克思主义的三大组成部分，对国内传播马克思主义起到了一定作用。

杨匏安也曾在日本留学，多次发表文章，介绍各派社会主义学说及其创始人，同样对马克思主义三个组成部分作了比较全面的阐述。李汉俊也是日本留学生，从日本带回一大批英文、德文、日文的马克思主义书刊，回国后又联络同情劳工的报刊编辑，大力宣传马克思主义。

五四运动到1920年上半年，以俄国十月革命为代表的科学社会主义进一步得到大众的认可。据统计，当时中国各种报刊登载俄国革命及苏维埃制度的文章约有一百一十篇以上。其中属于完全客观甚至抱以同情态度的，有九十五篇之多。之前属于完全客观报道的只占到百分之二十左右，同情十月革命的文章只有两三篇。

1920年以后，认可科学社会主义的知识分子逐渐增多，介绍和研究科学社会主义的报纸杂志纷纷出现。五四运动前，只有《新青年》等寥寥几种刊物。1920年全国各地新出版的刊物增加到几百种，很多以介绍马克思主义为主。

以马克思主义研究为目的的团体也逐渐增多。1920年3月，李大钊在北京大学组织邓中夏、高君宇等人成立马克思学说研究会，以研究马克思学派的著述为目的。对马克思派学说有兴趣和愿意研究马克思学问的人,都可以加入。研究会起初是秘密成立,以北京大学的学生为主。

李大钊号召知识分子深入农村,深入普通民众。平民教育讲演团决定除城市讲演外,注重农村讲演、工厂讲演。邓中夏等人利用假期到农村讲演,村中不少老人听讲,有人点头称赞。1920年5月1日,李大钊等人在北京组织了第一次纪念国际劳动节的活动。《新青年》《北京大学学生周刊》等出版纪念国际劳动节的专号。1920年8月,长沙成立俄罗斯研究会,以研究俄罗斯的一切事情为宗旨。

《新青年》从第八卷第一号开始,重点宣传马克思主义思想,介绍科学社会主义。《新青年》杂志社也出版介绍马克思主义的专著。《劳动界》《劳动者》《劳动音》《伙友》等刊物,用通俗的语言向工人介绍劳动阶级和阶级斗争。这些刊物是马克思主义与中国工人运动相结合的最早尝试。

1920年4月,陈望道翻译的第一个《共产党宣言》中文全译本在上海出版。在此前后,马克思、恩格斯的许多著作得以出版,列宁的著作也大量出版。马克思主义的传播逐渐深入,但是知识分子仍然以日本或欧美为中介,并没有与俄国建立直接的联系,没有得到列宁主义的系统知识。苏维埃俄国此时也在关注着中国大地,中俄两国马克思主义者的结合注定成为历史必然。

1920年4月,共产国际代表维经斯基来华,了解中国革命的情况,推动中国革命者建立共产党组织。他首先来到北京,受到李大钊等人的热情欢迎。李大钊等人邀请北京各界人士参加维经斯基的欢迎会、讲演会和座谈会。维经斯基详细介绍了苏维埃俄国的现状和各种政策、法令,以及在革命胜利后为克服困难采取的各种措施。他给中国朋友带来了宣传苏俄的书刊,在北京掀起一股苏俄旋风。接着,维经斯基经李大钊介绍来到上海,拜见陈独秀,与上海的社会主义者接触。

随着时局的发展,科学社会主义进一步形成团体效应。1920年8月,陈独秀、李汉俊、李达等人在上海成立共产党小组。10月,北京共产党小组成立。共产党早期组织的成立,推动社会主义思潮朝着组织化、团体化、系统化的方向迈进,以一往无前的气势获得部分知识分子的支持和向往。同年秋冬,长沙共产党小组成立,成员有毛泽东、何叔衡等;武汉共产党小组成立,有董必武等;济南共产党小组成立,成员有王尽美等。广州、四川、天津、陕西等地也先后成立共产党组织,初步实现了共产党早期的组织建设。

科学社会主义作为一种思潮,不仅影响着人们的思想,而且推动人们的行动。思想是行动的先导,没有产生作用的思想苍白无力,行动是思想产生作用的最好途径。这些小组成立后,以团体化的手段开展马克思主义的宣传研究,推动工人运动的发展,批判反马思潮。其效果比一般知识分子的简单认同要强得多。上海共产党小组撰写了《中国共产党宣言》,指出共产主义者的目的是要按照共产主义者的理想,创造一个新社会。

马克思主义还公开进入学校课堂。1920年年底,李大钊先后在北京大学史学系、经济系、政治系、法律系和北京女子高等师范学校开设课程或讲座,公开宣传唯物史观、国际工人运动、社会主义运动等。董必武在武汉中学的课堂上，也公开宣讲马克思主义。

马克思主义思想的传播促进马克思主义政党的成立。1921年7月，在各地成立的共产党小组的基础上，党的第一次代表大会在上海召开，确定党的名称是中国共产党，党的性质是无产阶级政党。大会通过了党纲：革命军队必须与无产阶级一起推翻资本家阶级的政权，必须援助工人阶级，直到社会阶级区分消除的时候；直至阶级斗争结束为止，即直到社会的阶级区分消灭为止，承认无产阶级专政；消灭资本家私有制，没收机器、土地、厂房和半成品等生产资料；联合第三国际。

关于党的组织原则，也有严格的规定：凡承认本党党纲和政策，并愿成为忠实的党员者，经党员一人介绍，不分性别，不分国籍，都可以接收为党员，成为我们的同志；但是在加入我们的队伍以前，必须与那些与我们的纲领背道而驰的党派和集团断绝一切联系。接收新党员的手续如下：被介绍人必须接受其所在地的委员会的考察，考察期限至少为两个月；考察期满后，经大多数党员同意，始得成为党员。另外还规定，除为现行法律所迫或征得党的同意外，不得担任政府官员或国会议员，但士兵、警察、文职雇员不受此限。

这一纲领表明，中国共产党是按照马克思列宁主义原则建立的政党。同时，马克思主义需要进一步与中国国情相结合，确立切实的革命任务。根据列宁关于民族和殖民地问题的理论和中国社会半殖民地半封建的性质，党的二大制定了党的最高纲领和最低纲领。最低纲领即中国现阶段的革命任务，是消除内乱，打倒军阀，建设国内和平；推翻国际帝国主义的压迫，达到中华民族的完全独立；统一包括东三省在内的中国本部为真正的民主共和国。最高纲领是组织无产阶级，用阶级斗争的手段，建立劳农专政的政治，铲除私有财产制度，渐次实现共产主义。这次大会在中国近代历史上第一次明确提出了彻底地反帝反封建的民主革命任务，为革命斗争指明了方向。

1923年，在苏联和共产国际的推动下，中国共产党第三次代表大会通过了全体党员以个人名义加入国民党，与国民党建立革命统一战线的方针。1924年1月，国民党一大召开，重新解释了三民主义，确立了联俄、联共、扶助工农三大政策，与中国共产党的民主革命纲领实现了一致，国共合作正式建立。轰轰烈烈的大革命开始，推动了中国共产党的壮大。

中国共产党在注重组织建设的同时，也十分注重笔杆子，靠笔杆子宣传革命理念和斗争方针。1923年11月，成立了上海书店，作为专门经销马克思主义著作的出版发行机构。上海成为宣传马克思主义的中心，大量马列著作和革命书报从这里寄送全国，为思潮的传播贡献很大。党中央通过创办各级各类报刊宣传马克思主义，地方党团组织也创办了一批机关报刊，初步形成了从中央到地方的党报网络。各地亲近或同情共产党的外围团体也创建报刊，加强对各地群众的宣传力度。

一部分正式的学校和非正式的教育培训也致力于传播马克思主义思想。如1922年创办的上海大学，由加入国民党的共产党人主持校务工作。由教务长瞿秋白兼主任的社会学系成为学习马克思主义的重要场所。该系以学习马克思主义的基本理论为主，注重劳动问题、农民问题、妇女问题的研究。中国共产党设立的农民运动讲习所，对农民进行马克思主义教育，所开设的课程以讲述俄国十月革命和马克思主义的基本知识为重点。

对中国社会性质的认识，是提出中国革命道路问题的基础。大革命时期，中国共产党不但大力宣传马克思主义，而且自觉运用马克思主义观点和方法分析中国的国情，将马克思主义与中国具体革命实际相结合。中国共产党认识到中国仍然是半殖民地半封建社会，军阀势力把持中央及地方政权。

陈独秀指出，中国目前进行的革命是一种特殊形式的革命。人类历史上有两种革命，第一种是资产阶级民主革命，第二种是无产阶级民主革命。中国是另外一种特殊形式的革命，即殖民地或半殖民地的国民革命，含有对内的民主革命和对外的民族革命两层意义。国民革命既是资产阶级民主革命，又和过去进行的资产阶级民主革命不同，有新特点和新意义。

中国革命经由资本主义、社会主义最终走向共产主义，这一点在马克思主义者心中非常明确。瞿秋白曾经说，中国革命虽是资产阶级性质的，然而它与世界无产阶级联盟而反抗列强帝国主义。因此中国革命胜利的前途，不能不超出资产阶级性质的范围，而过渡到非资本主义，直达社会主义。

陈独秀提出，中国的阶级斗争分为两段路程，第一段是大的和小的资产阶级对封建军阀的民主主义斗争，第二段是新起的无产阶级对资产阶级的社会主义斗争。陈独秀强调第一阶段的斗争有双重意义，不但给中国的资产阶级以充分发展的机会，而且在产业不发达的国家，也是解放无产阶级使他们从幼稚到强壮的唯一道路。

中国革命的中心问题是农民和土地。早期马克思主义者注意到中国的农民问题和土地问题，但是没有上升到理论的高度，也没有作为中心问题探讨。诸多革命者中，毛泽东对农民问题的认识最深刻。他在《中国社会各阶级的分析》《国民革命与农民运动问题》《湖南农民运动考察报告》等文章中，用马克思主义的阶级分析方法，对农村各阶层进行立体分析，深刻分析了农民问题乃是国民革命的中心问题，进而论述了农民群众的中心问题又是土地问题，着重宣传放手发动群众、组织群众、依靠群众的革命思想。

关于民主革命的领导权问题，中国共产党曾经在大革命时期有过挫折。瞿秋白明确提出民主革命必须由无产阶级来领导。只有无产阶级能直接行动，能彻底革命，扫除中国资本主义的两大障碍，以劳工阶级的方法开展国民革命。瞿秋白对中国无产阶级状况进行考察和分析，得出了工人是中国革命中最坚决最彻底的人的结论。

五卅运动后，陈独秀指出社会各阶级中，只有无产阶级是最不妥协的革命阶级，共产党取得政权，乃是无产阶级革命时代的事，在国民革命时代，不发生这类问题。这说明在大革命时期，中国共产党虽然已经对无产阶级领导权有了一定的认识，但没有引起足够的重视。

这就造成了中国共产党在大革命中对领导权重视不足，没有坚持对军队的领导权，也没有坚持对组织的领导权。当蒋介石通过中山舰事件和整理党务案,打击中国共产党和国民党左派时,陈独秀等人只有退却,而没有去斗争。为了团结固然是一个原因,对革命性质和革命阶段的认识误区则是根本原因。

北伐取得了胜利,国共两党的势力大幅扩展,但隐含着危急。国民党终究无法容忍党中有党、党中有派,最终发动了四一二反革命政变和七一五反革命政变,武力"清共",大肆屠杀共产党员、国民党左派及革命群众。枪杆子出政权,革命从来都是险途,没有轻松得来的胜利。共产国际作为中国共产党的上级组织,错误的指导给中国革命带来极其负面的影响。中国革命还是要联系具体实际,马列主义也要本土化,汲取中国本土的思想养料。

轰轰烈烈的大革命虽然失败了,但它还是改变了中国社会,尤其是改变了中国思想界。知识精英日益"左"倾,马克思主义已经深入青年学子的内心,其例证就是以二十世纪三十年代上海为代表的左翼文化运动。革命的旗帜始终飘扬,千千万万的知识青年和革命群众前仆后继,走在革命的大道上。他们认为马克思主义会席卷全国,怀着革命理想继续前行,不惧屠刀、牢狱和斧钺。

历史研究有独特的魅力,在于后人以后见之明去审视过去的种种,感叹历史悲欢。1921年中国共产党的成立可以说是星星之火,在当时并没有惊天动地。在上海一个弄堂里,在嘉兴一艘游船上,十几个人在共产国际代表的指导下,成立了一个党。世界在那一时刻,似乎没有发生什么巨变。马克思主义思潮在当时并未取得社会主流,还非常边缘,但是今天看来，确乎是开天辟地的大事件。

民国初期多元的社会主义思潮已经不复存在，思想界更多的是马列主义和非马列主义之间的区别，以及中国共产党指导思想与非共产党指导思想之间的区别。作为马克思主义的核心组成部分，唯物史观在一定程度上成为学界探讨的重点，但分歧明显。中国共产党的革命者和理论家认为，唯物史观只有与阶级斗争联系在一起，才有生命力和活力，才是完整的和正确的。但很多学人在引进唯物史观的过程中，刻意地把其与阶级斗争分离，从而遭到了批判。

回首五四新文化运动时期的社会主义流派，以及诸多流派之间产生的论证，不免感慨。马克思列宁主义及其后的毛泽东思想确是有无与伦比的战斗力，深深地契合中国的传统，也适应了激进变化的中国革命。对现实的批判，对未来的憧憬，政治革命和社会革命同时进行，重新建造一个家国，数以百万的革命者前仆后继，不懈的追求，终于完成了中国革命。

历史究竟是进步还是倒退，抑或循环，古今中外学者并没有取得一致认同。进化史观一般认为历史是前进的、进步的，向着真善美前进。但是一种社会形态在抛弃原有社会的弊端，取得进步的同时，可能会舍弃掉原有社会的美好因素，并产生新的否定性因素。这就是历史的矛盾，这种矛盾推动历史继续前进。一种社会思潮是否能够完全避免内在矛盾，实现完美无缺，毕其功于一役究竟是空想还是现实，需要历史的检验，也需要后世学者的批判性研究。

马列主义已经在中国扎根，融入中国人的文化心理，成为新的历史传统。这是历史的存在,也是现实的存在。马列主义及其与中国实践相结合产生的思想体系,直到现在也是中国的指导方针,发挥着最大的现实影响力。一切都是现在进行时,而非过去完成时。现在回溯社会主义思潮的发展历程,同样需要以现实的眼光关照历史,从而在历史中找寻未来之路。

第四章　无政府主义思潮

清末民初，无政府主义伴随着欧风美雨传到中国，无数仁人志士吸收、接纳西方无政府主义的同时，添加一些中国元素，以唤起民众热情、改造中国社会、指导中国革命。无论是康梁维新派、孙黄革命派，还是中国社会党党员、中国共产党党员，都曾对无政府主义产生浓厚兴趣。伴随着革命高潮的来临，无政府主义的发展之路越来越窄，最后淹没在革命的洪流中。

几十年的中国无政府主义发展史，大体可以划分为三个阶段。第一阶段为初步传入时期，时间为同治年间到1905年，其高潮在"苏报案"前后；第二阶段为形成与鼎盛时期，时间为1906年到1923年，中国无政府主义者在百家争鸣中形成了学术体系，产生了自己的代表人物；第三个阶段为衰落时期，时间为1924年到1940年，中国无政府主义者在论争中败下阵来，淡出政治舞台。中国无政府主义由蓬勃走向分裂、衰微甚至没落，恰恰与五四新文化运动在同一时间段，这种现象的出现值得研究。

一、无政府主义兴盛的背景

无政府主义源自欧洲,是国际工人运动发展过程中形成的一股社会政治思潮,产生于资本主义矛盾激化的十八、十九世纪,目的在于革新、改造甚至消灭西方资本主义制度。英国人葛德文和德国人施蒂纳是先驱,阐述不要国家、绝对自由、极端个人主义的理念。法国人蒲鲁东完成了理论化、系统化的创建,正式树起无政府主义旗帜,成为无政府主义思潮的导师。

其后,巴枯宁和克鲁泡特金两个俄国人发展了蒲鲁东主义,给无政府主义涂抹了浓厚的民粹主义色彩。同时存在的还有无政府工团主义,这是巴枯宁思想的一种翻版,是无政府主义的行动派,强调如何把理论变成实践。无政府主义作为一种流行的思潮,在一些国家和地区产生重要影响。二十世纪初期,无政府主义式微,再没有掀起大的波澜。

西方列强打开古老中国的大门,原有的经济体制缓慢崩解。破产的手工业者和农民大量出现,新兴的资产阶级受传统封建主义和西方帝国主义的双重压迫,工人阶级较资产阶级,受到的压迫更重。民间秘密宗教和秘密结社的急剧增长,流氓无产者快速膨胀,如何改变社会的一片乱象,促使中国如何走向现代化,实现改革甚至革命,是先进的中国人必须考虑的问题。而在改造的过程中,又夹杂着对现实社会的极端不满,总是嫌改造的过程过于缓慢,改造的手段过于软弱,改造的对象过于狭窄。这些为无政府主义的传播提供了某种可能。

无政府主义产生的温床是对现有制度的极端不满,进而否定私有制、国家、集体主义的合理成分。对现实世界有多不满,对无政府主义就有多渴望。无论是在西方,还是在东方,均是如此。日本人幸德秋水认为无政府主义的盛行是由于人们对今日国家社会的绝望;专制政府是无政府主义的制造厂。列宁也讲过,无政府主义是绝望的产物,它是失常的知识分子或游民的心理状态。

如果说康梁维新派对于无政府主义的介绍有所保留,并不是真正实践其理念,仅是想通过宣传恐怖的暗杀手段恫吓清朝政府,以实现民主宪政改革的目的,那么革命派则是直接使用暗杀手段,以实现民族和民主革命。1903年,发生了震惊中外的"苏报案",清朝政府采用高压手段镇压革命派,更是激起革命派的同仇敌忾。其后,介绍、宣传、创作无政府主义的作品大量增加,革命派认定反政府、反强权、反专制的暗杀手段是最有效的武器。

通过介绍俄国虚无党的暗杀历史,特别是暗杀沙皇、首相等政坛领袖的历史,革命党宣传了一种不畏强权、不怕牺牲的献身精神。他们认为,暗杀是最快捷、最容易的革命手段,革命的时代即是暗杀的时代;在国民沉睡不醒、国运日渐沉沦时,只有使用猛烈激进的暗杀手段,才可以唤醒国民,推翻清朝政府。

正是在这种理念指引下,徐锡麟、吴樾、万福华、汪精卫等人慷慨激昂地走向暗杀之路,胡汉民、章太炎、宋教仁、陈天华、廖仲恺等人不同程度地主张暗杀或赞成暗杀，孙中山也把暗杀作为活动计划中一种必要的革命手段，同盟会军事负责人黄兴甚至亲自从事暗杀活动。作为重要的革命团体，军国民教育会和同盟会还专门成立执行暗杀任务的机构。这种暗杀与历史上存在的墨家、游侠、会党等混杂在一起，倡导毁身报国以利天下，给无政府主义涂抹上了一层浓厚的侠士色彩。

除了暗杀，中国无政府主义者也在尝试着引进思想，构建中国特色的无政府主义理论，其中以新世纪派和天义派为代表。1906年，旅欧学人张静江、吴稚晖、李石曾、褚民谊等人在法国巴黎聚集，仿照法国无政府主义者格拉佛的世界社，组织了中国留法学生自己的世界社。

1907年6月，世界社创办《新世纪》周刊，作为该组织的舆论阵地，吴稚晖等人又以新世纪书报局的名义编译《新世纪杂刊》和《新世纪丛书》，所以这个团体被称为新世纪派。同一时期，中国留学生在日本东京成立了社会主义讲习会，名为研究社会主义，实为中国第一个无政府主义团体。这个群体以刘师培、张继为核心，创办《天义报》为机关报，所以也被称为天义派。

两派各居东西，距离很遥远，但有一定的联系，都坚持无政府主义，有很多共同点。比如把无政府主义当成科学的理论进行宣传，办报刊、组织社团、组织讲座，主张废除政府、鼓动暗杀、提倡个人自由和解放，推翻腐朽的清朝统治。同时也把中国传统的一些均贫富、等贵贱、虚无、极乐等思想掺杂进来。

两派也有一些不同点。天义派在宣传无政府主义的同时，还宣传马克思主义，翻译部分经典著作，介绍阶级斗争、剩余价值、唯物主义、消灭私有制等观点。新世纪派对此几乎没有涉及。这源自两派的思想不同。

西欧无政府主义者一直与马克思主义做斗争，二者处于两不相容的状态，有无政府主义则无马克思主义，有马克思主义则无无政府主义。西欧的无政府主义对马克思主义完全排斥，所以它的信奉者、宣传者、转引者很少宣传敌对思想。

此时的日本则不同，西方思想在近代大规模地进入，马克思主义与无政府主义几乎是同时传入。二者互为补充，互为支撑，没有处于敌对的状态，很多日本人同时受两种思潮的影响。幸德秋水、堺利彦等人首先成为马克思主义者，然后才变成无政府主义者，最终也没有否定马克思主义的合理成分。

天义派带有浓厚的复古色彩，认为中国古代历史的某些时期与无政府主义接近。刘师培等人国学基础深厚，受日本文化的影响也崇尚国粹，总是习惯性地在传统典籍中寻找与无政府主义相似的内容，处处比拟和附会。他们认为传统社会抑制豪民、鼓励小农经济、回归三代很合理，有厚古薄今的倾向。新世纪派主张厚今薄古，今必胜昔，新必胜旧，社会是一种单线进化的发展趋势。

与天义派相反，新世纪派对孔学为中心的传统礼教展开疯狂攻击，认为儒家尤其是孔子学说禁锢人的思想，不利于解放思想和社会变革。认为孔子之毒已经深入人心，只有刮骨破疽，才能恢复健康。传统制度等级森严，君权高于一切，三纲五常僵化,都需要破除。两派对于传统文化采取不同的态度,背后的价值追求也不尽相同,这是很明显的区别。

清朝专制政府的倒台,在一定程度上促进了无政府主义的传播,国内出现新的信仰者、倡导者和实践者。原来活跃在国内和国外的一些无政府主义者逐渐抬头,成为无政府主义的主导力量。

天义派、新世纪派回到国内,很多人活跃在其他政治舞台。张继参与政党政治,成为高高在上的议长;吴稚晖和李石曾则一面组织进德会,一面发起留法勤工俭学;刘师培倡导学术,后来参与支持袁世凯称帝的筹安会。原来倡导无政府主义的人各走各路,分化很大,两派逐渐瓦解。

辛亥革命后的政局发展,并没有如革命所期望的那样平稳地走向宪政,革命派也没有收获革命成果,袁世凯成为民国初期的强人。民主体制被践踏,宪政观念得不到落实,很多虚伪的政客和没落的文人也以无政府主义为时髦,攫取政治利益,如江亢虎等人。促使很多无政府主义者对国家、民主、私有制等观念更为反感,于是出现了更加极端的无政府主义者。沙淦、太虚大师、吕大任、鲁哀鸣、徐安镇等人揭露江亢虎不是真正的社会主义者,也不是真正的无政府主义者。

除了批评不同意见者,他们在报纸上大骂袁世凯,认为袁是杀人魔王,他所领导的政权是伪共和,政治更加黑暗,民生更加凋敝,贿选之风更加猖獗,旧病未除,新病又增。他们不满那些号称革命志士的人,认为这些人革命成功后只知升官发财,全无理想信念,原来从事革命活动不过是求取功名利禄。中国唯一的前途应该是施行共产、铲除强权,摧毁一切不平等的现象。后来，沙淦、鲁哀鸣、徐安镇等人为了对抗江亢虎，还成立了社会党。但成立不过半个月，就被袁世凯以煽动祸乱、造语离奇、尤为狂悖的罪名取缔。沙淦本人在二次革命中被杀。

民初的无政府主义丰富多元，理论探讨较之以前有所加深，对国内的影响也比以前更大，并且形成了个别有创造能力的理论家，其中最知名的要数刘师复。他是中国的无政府主义者，短暂的一生中一直致力于研究、宣传和发展无政府主义，着力最深，取得成就最大。他的思想可算是从辛亥革命到五四运动期间，中国无政府主义者寻找救国救民过程的一个折射，在近代思潮发展中占有一席之地。

刘师复生于1884年，广东香山县人，1905年曾东渡日本，与日俄两国以及中国在日本留学的无政府主义者相遇。出于对清朝政府的义愤，他接受了无政府主义，学习制造暗杀武器的技术和进行暗杀活动的方法，参与暗杀两广总督岑春煊和广东水师提督李准，甚至在香港组织专门从事暗杀的组织——"支那暗杀团"。

辛亥革命后，刘师复与其他几个无政府主义者在广州组织心社和晦鸣学社。大家一起学习、一起工作、一起劳动、一起努力，相互协助，人人平等。1914年，他又到上海编辑《民声》，建立中国无政府主义同志社，并且代表中国参加在伦敦召开的无政府党万国大会，在会上报告中国无政府主义的历史和现状，并向大会提出建议。不幸的是，1915年，他便英年早逝，使中国无政府主义者哀痛巨深。

刘师复著作驳杂多元，几乎包含了无政府主义在中国流行的主要流派，即无政府共产主义、无政府个人主义和无政府工团主义。就学术观点而言，刘师复反对一切剥削和压迫；强调废除私有制，实行无政府主义革命；废除国家，取消军队、法律；人人在政治上和经济上绝对自由；主张工团主义，采用道德感化的方法唤起人们劳动和互助的本能，以实现社会主义。这些都是无政府主义的代表思想。

他个人信仰克鲁泡特金主义，大量引用相关理论、纲领和主张，体现了对辛亥革命的失望和封建军阀的痛恨，在反对军阀统治、揭露社会黑暗、提倡私人道德方面，产生过重要影响。重视个人的道德修养是刘师复推行无政府主义的一个重要特点，寡嗜欲、薄荣利、以身作则、兢兢业业、直道而行，这些都获得了很多人的尊敬。

刘师复把道德与主义结合在一起，重文治讲身教，总想提升成员的道德水准和思想境界，进而改造世界。这不但有西方无政府主义的源流，也有中国传统修身、齐家、治国、平天下的痕迹。弥留之际，他依然坚守个人制定的清规戒律，毫不迟疑也毫无怨言，保有浓厚的殉道精神。

他是无政府主义的一个精神象征，人生只走过三十一个春秋。坎坷不平的人生路上，被政府驱逐，被资本家忌恨，被学究轻视，被反动势力迫害，被世人漠视甚至鄙视，这些都不能阻碍他对无政府主义的坚持。面对满目疮痍的中华大地，他在孤独、寂寞、贫困和凄凉中去世，只有少数门徒追随，完全不像吴稚晖、李石曾等人前呼后拥，攫取名利。

无政府主义并不能解决中国现实问题。破坏有余，创造不足，可以提升成员的道德水准，却无法改变社会乱象。刘师复死后,无政府主义者中再也没有私德和功德兼具、理论和实践结合的人物。由于缺乏灵魂人物、加之本身组织的不严密、经费欠缺、力量单薄,以及被军阀政府视为激进主义等原因,无政府主义的发展出现短暂低潮。

二、无政府主义的高潮

新文化运动的展开,尤其是五四运动的蓬勃发展,打破了政治界、文化界、思想界的沉闷,启迪了国人,为国人更加广泛地接受外来思想打开一扇门。民主、科学、自由、人权、平等一旦冲开闸门,就会奔腾汹涌,势不可当,形成波澜壮阔的思想解放洪流。各种思想纷至沓来,潮水般涌进国内,出现了百家争鸣的活跃局面。五四运动中,很多无政府主义者走向街头,号召人们反对列强、反对军阀、反对帝国主义,抛头颅、洒热血,毫无退缩。

人们面对思想传播的狂潮似乎还是不满意,总是有些急不可耐,也缺乏足够的辨别力,所以对很多思想采取兼容的态度。对待形形色色的资本主义思潮如此,对待同样打着社会主义旗号的各类思潮同样如此。邓中夏曾回忆说,社会主义信仰者在当时派别极为分歧,有无政府主义、工团主义、基尔特社会主义、布尔什维主义。此外还有杂七杂八的思潮,比如傅立叶的空想社会主义、托尔斯泰的不抵抗主义和日本武者小路实笃的新村主义。

各种社会思潮中,无政府主义在中国流行较早、较广、影响较大。这一方面源自五四运动之前无政府主义就得到广泛传播，在高级知识分子和革命派那里有市场，不但形成了天义派和新世纪派，而且出现了刘师复为代表的理论领袖。无政府主义打着社会主义的招牌，有改造社会的企图和愿望，随着新思潮大举进入的春风，给世人留下革命最彻底的印象。

《新青年》创办初期，也刊登了不少介绍无政府主义学说的文章，容纳了无政府主义者的意见。一些向往革命、向往进步、向往革新的青年，分不清无政府主义和科学社会主义的根本区别，也把无政府主义当成一种社会主义思潮。伴随着新文化运动尤其是五四运动的东风，重新恢复生机活力，在反对封建主义、启迪国人思想、揭露社会黑暗的斗争中，发挥了不可忽视的作用。

据不完全统计，这一时期成立的无政府主义形式的社团有三四十个，出版刊物近百种，较大的有十五六种，时间存在较久、参与成员较多、社会影响较大、理论探讨较深入的有实社、进化社、奋斗社、互助社、民钟社等。遍布北京、上海、天津、广东、福建、安徽、湖南、湖北、江苏、山西等地区，以及日本、法国、南洋、美洲等海外的华人华侨聚居区。

由此可见，中国无政府主义者从事的活动很多，兴办了很多社团，主办了很多刊物，但理论基本还是转引自欧美，并无多少创新，至多也就是比附传统佛道的虚无、儒家的大同和均平、墨家的兼爱思想，再引入西方的某些唯心主义哲学作为理论支撑。他们在维护无政府主义的同时，也存在一定的分歧，彼此之间主张也不尽一致，队伍内部时常发生争吵，也有很多派别。

恽代英信仰无政府主义时，认为无政府主义即社会主义，而社会主义分为个人主义的社会主义、国家主义的社会主义和无政府主义的社会主义。现在有学者把无政府主义具体分成三类，即无政府共产主义派、无政府个人主义派、无政府工团主义派。几种分类都有一定的道理，这也说明因为思想来源的不同，信仰者的接受程度不同，无政府主义内部派系很多，而且变化很快，并没有定于一尊。

总体而言，他们还是有着基本的认同，如废除家庭、国家、政府、法律，消灭强权、暴政、黑暗、私有制，提倡共产主义、各取所需、各尽所能。随着新时代的发展和新形势的需要，他们也增加了一些时代特色。

首先，无政府主义是一种否定现有一切体制的主张，带有极强的破坏性和鼓动性，在西方曾发挥作用，却不占主流。五四新文化运动时，西方社会基本上已经抛弃了无政府主义，其式微和衰落不可避免。无政府主义偏激的言论和主张，容易在社会上引起疑惑、恐惧、反感和排斥。吴稚晖曾言："无政府主义，不但中国人有惑听闻，即西人亦有颇不愿闻，掩耳却走者。一则因一般研究此主义之人，常为暴动之行为，往往不能终其研究，其二，一般学识不足，尚未研究得良满之证果。"

为了使无政府主义适应中国社会，减少宣传中的阻力，黄凌霜、区声白等无政府主义者改变宣传策略，在无政府前面加上了社会的定语，号称社会的无政府主义。陈独秀曾对无政府主义有过批评，区声白反驳称，不顾社会的福利，只要个人有绝对自由，这是无政府个人主义派的主张，共产的无政府主义者并不赞同，很愿意陈独秀把无政府主义派别分清，再下批评；无政府主义者所持的态度是科学和进化的，如巴枯宁之主张由未善而至于较善；克鲁泡特金主张由较未幸乐而至于较为幸乐，由最不自由而至于较为自由。

区声白直接讲，自己所主张的是有社会的无政府主义。不再强调绝对自由和破坏，而是强调社会要靠自由契约关系将个人与个人组成小团体，小团体与小团体之间再由自由契约集合成更大的团体，并规定自由契约由参加成员共同制定、共同遵守、共同修改，随时可以退出，不需要强制机关干涉。

其次，无政府主义者倡导工读互助主义，组建工读互助团。五四时期，打着社会主义旗号的思潮有很多种，如克鲁泡特金以互助为核心的无政府共产主义、日本武者小路实笃的新村主义和吴稚晖、李石曾等人提倡的工读主义流入中国，共同形成了工读互助主义。

克鲁泡特金的互助论很早就被新世纪派引入中国，未发生重大影响，在此盛行的是严复倡导的物竞天择、适者生存。第一次世界大战爆发后，部分中国人认为这是西方社会过度竞争、缺乏互助导致。现实生活中尔虞我诈、弱肉强食、寡廉鲜耻、自私自利等丑恶现象的盛行，更是让很多知识分子对社会达尔文主义产生怀疑，转而接受克鲁泡特金的互助理论。

李石曾组织赴法勤工俭学，帮助因为一战收不到汇款的留法学生，让他们抽出时间做工，以维持学业。这一办法得到了蔡元培、吴稚晖等人的大力支持。吴稚晖在《劳动》月刊上发表了大量关于如何实践工读的文章，不但讲如何通过工读解决学费和如何通过工读普及教育的具体措施，而且把工读主义当成了一种社会理想来宣传。工读主义强调工读结合，工与学合为一途，工人即学者，学者亦工人，各尽所能，各取所需。

工读主义对战后远赴欧洲的勤工俭学运动有重要影响。在五四新文化背景之下，各种新思潮十分活跃，赴法勤工俭学渐成高潮。等到欧战结束，国内青年受新思潮的鼓荡，求知之心大盛，耳濡目染于工读主义，亦被劳工神圣鼓动，掀起了工读主义的思想大潮。

新村主义也是工团互助主义的重要来源，主张脱离旧社会的恶势力，另辟一块小天地，创造没有政府、没有剥削、没有强权、没有压迫、没有脑力和体力劳动对立，人人平等，互助友爱，既读书又劳动的田园诗般生活。恽代英曾说，新村运动是应该的，因为这样可以制造出共存互助社会的雏形。

工作时间的限制是应该的，因为这样可以于必要工作以外，多留时间使人自由活动，减少因分业愈精，而类于机械的危险。这是社会主义的运动，不是个人主义的运动。1918年春，毛泽东和蔡和森等人在岳麓山半学斋读书时，还曾有过实践新村的构想，并实际勘察地点。

1919年，王光祈在北京《晨报》倡导建立正式的工读互助团，倡导公有制、各尽所能、各取所需、半工半读、脱离家庭、脱离学校、脱离婚姻、自力更生、自成一体，得到了蔡元培、李大钊、陈独秀、胡适、周作人等人的支持。对无政府主义存在好感的陈独秀最出力，工读互助社的实践逐渐达到高潮。恽代英在武昌也办起与北京工读互助团性质相近的利群书社。

毛泽东在北京期间，也曾列名上海工读团，并写信给长沙的新民学会会员介绍情况。

有论者认为，工读互助团以互助为思想基础，工读为具体形式，新村为实践依据，工读互助主义则是以互助论为核心的无政府共产主义作为理论基础，综合工读主义、新村主义形成的一种中国式的空想社会主义的思潮。由此可见，工读互助主义是无政府主义的一种表现形式，夹杂着一些空想社会主义和改良主义的色彩。但美好的愿望在冰冷的现实面前总是显得很无助。

在全国兴起工读互助团的同时，一些矛盾也慢慢产生。资金后继无力，生意冷淡，无心读书，前途未卜，受政府打压等一系列问题频繁出现，其兴也勃焉，其亡也忽焉，全国各地的工读互助团大多解散，或者不了了之。这源自无政府主义的一些根本缺陷，不符合社会发展规律，在现实世界中无法长久。脱离家庭、婚姻、学校，反对一切现代文明，走向一种小农寡民的状态，这完全违背历史潮流，这也说明无政府主义者企图在中国实践无政府的社会理念完全行不通。

三、与马克思主义的关系

在西方，马克思主义与无政府主义是对立的，二者处于水火不可相容、冰炭不可同器的状态。马克思、恩格斯建立学术的一个契机，是批判蒲鲁东主义，无政府主义是马克思主义天然的敌人。无政府主义在宣传过程中，始终与工人阶级站在一起，组织工会，参加国际共运组织，有着一整套理念作为支撑。

在马克思主义者看来,无政府主义是在与马克思主义争夺群众,分裂国际共产主义运动。马克思、恩格斯、列宁、斯大林等无产阶级领袖,不但从理论上对无政府主义进行彻底、深刻、全面的剖析,而且在国际共运的实践中展开无情的斗争,先后清算了蒲鲁东主义、巴枯宁主义、克鲁泡特金主义和工团主义。正是在马克思主义和资本主义的双重批判下,西欧无政府主义才在欧美工人运动中失去市场。

在中国,马克思主义与无政府主义的关系则要复杂很多,二者不是天然的敌人,不是非此即彼的关系,反而在传播过程中形成了相互促进、相互支撑的共生状态。无政府主义是马克思主义的先导,最早的一批马克思主义经典的翻印、引介、宣传有无政府主义者的功劳。

很多马克思主义者在早期对无政府主义产生浓厚的兴趣,正是通过无政府主义这个媒介,才接触到了马克思主义,最终走向建党革命的道路。当然,因为二者的性质确实不一样,彼此之间有本质的差别,短暂的融合之后还是出现了纷争、论辩和争鸣,最终分道扬镳,一个慢慢萎缩,成为历史的陈迹;一个发展壮大,成为历史的主导者。

当社会主义思潮盛行的时代,很多人会被反抗强权、反对压迫、崇尚自由的无政府主义吸引,对其保持敬意、理解和支持。陈独秀早年受无政府主义影响,在早期主办《新青年》时,也曾多次发表过吴稚晖、李石曾、区声白、黄凌霜等人介绍无政府主义的文章以及克鲁泡特金、巴枯宁等人的传记。

工读互助团成立时,陈独秀也是倡导者和支持者之一。

即使是后来批评无政府主义，也不是完全抹杀，重在区分科学社会主义与无政府主义之间的区别，提取其中的合理成分。他认为，相信一种主义，不应该空空洞洞地盲从，要知道它的精髓所在。如果指不出它的精髓，就不配说信什么主义，也不配批评什么主义。无政府主义虽然也分为几派，各派共通的精髓是尊重个人或小团体的绝对自由。这种偏重自由的精神，最好是应用于艺术、道德方面。

部分中国共产党人的领导人在早期，不但对无政府主义者产生好感，而且对其服膺、信仰和实践。认为无政府主义追求自由与个性解放，冲破一切传统的束缚，是未来社会发展的方向。这些人中以恽代英为代表。恽代英对近代中国的内忧外患深感忧虑，受基督教、互助论和新村主义的影响，采用克鲁泡特金进化论的意义，与同道者组建了一个名为"互助社"的小团体。

这个团体以智、仁、勇为自我修养的准绳，成员之间互相监督、互相帮助、互相促进，共同研究以实现自助助人之道。戒约有八条：不谈人过失，不失信，不恶待人，不作无益事，不浪费，不轻狂，不染恶嗜好，不骄矜。内部还采用曾子每日三省吾身和基督教每日祷告的方式，每天晚上开会进行自我检查和互相批评。

随着工团互助主义的盛行，恽代英又组建了利群书社。这个社团不仅促进个人修养，而且鼓励自食其力、共同劳动、共同生活。恽代英还利用自己的稿费，不以营利为目的创办了利群织布厂，提倡半工半读，除了招收小团体成员及其家属共同劳动，还招募了少数工人。建立这两个组织的出发点，是想从改造人的思想入手,进而改造团体和整个社会,达到消灭剥削、消灭体力劳动和脑力劳动对立的理想状态。

恽代英信仰无政府主义是真诚的,从来不隐瞒。他曾经公开承认,信仰无政府主义已经七年了。自信懂得无政府主义的真理,而且曾经细心地研究。他认为仅仅依靠工会、组织罢工、倡导群众运动、利用阶级斗争的方法去斗争,还远远不够。怎样能与资本家决斗呢?固然我们可以组织工会,鼓吹罢工,用阶级战争为推倒资本家的方法。但想要为世界求一个最后的解决,仅仅靠鼓动争存的单纯天性总还不够。最好利用经济学的原理,积累为社会服务的大资本,一方用实力压服资本家,一方用互助共存的道理,启示一般阶级。而且靠这种共同生活,把全世界变为社会主义的天国。

这时,恽代英并没有认清无政府主义和科学社会主义之间的差别,错误地把无政府主义也当成了社会主义的一种,而且是正确的思潮。随着小团体的不断分化和具体实践的影响,恽代英逐渐摆脱了无政府主义的束缚,终于看清这些努力,无非是为了破坏。经营新村事业,用最纯粹的血与汗,凭空制造一个世界。以几个人的力量,把纯粹的血与汗集合起来,也做不成什么事业。工读互助团的创造,还要受江朝宗等一般人的资助。学会同志的储金,亦多由许多不能满意的职业中所得来。其实这都不配说是纯粹的血汗,仅仅用自己的力量创造自己的事业,结果只有挫折与失败。

李大钊很早就接触过无政府主义,他留学日本的同乡兼好友张继是天义派成员。在北京大学,李大钊与天义派的另一个代表人物刘师培和新世纪派的核心人物李石曾长期共事,这些都会产生一定影响。十月革命爆发后，李大钊热情讴歌布尔什维主义，同时对克鲁泡特金的互助论产生浓厚的兴趣。这源自李大钊对布尔什维克还所知甚少，理解起来并不是很容易，而互助论批判帝国主义霸权、反抗强权、谋求社会改造、建立没有专职的自由平等新社会等方面，与布尔什维克有相似之处。借助民主主义、无政府主义了解十月革命和布尔什维克，这在李大钊的思想历程中有必然性。

李大钊在《"阶级竞争"与互助》中说，一切形式的社会主义的根萌，都纯粹是伦理的。协合与友谊，就是人类社会生活的普遍法则。人间社会的生活永远受这个普遍法则的支配，是社会主义者共同一致认定的基础。不论是梦想的，或是科学的，都随着知识与能力建立在这个基础上。这基础就是协合、友谊、互助、博爱的精神。就是把家族的精神推及于四海，推及于人类全体的生活的精神。试翻一下克鲁泡特金的《互助论》，就会知道"由人类以至禽兽都有他的生存权，依协合与友谊的精神构成社会本身的法则"的道理。

在思想的不断进步中，李大钊的认识有了新的突破。在1920年一次演讲中，李大钊澄清了当时社会关于无政府主义和社会主义之间的误解，指出俄国的社会主义与克鲁泡特金的共产主义之间的根本区别，宣告了他与互助论正式分道扬镳。1921年，互助论的相关阐释在李大钊的文章中已很少出现，即使偶然出现，也失去了其原有的理论色彩。李大钊完全服膺马克思主义唯物史观，解决了马克思主义的"阶级竞争"说能否适用于中国社会改造的问题。

毛泽东也说过，自己读过无政府主义的小册子，赞成无政府主义的一些主张，经常与朱谦之讨论无政府主义和它在中国的前景。彭湃最初也深信无政府主义，几年后才对马克思主义发生信仰。周恩来早期也是如此，据邓颖超回忆，她与周恩来在天津组织觉悟社时，受各种思潮影响，正是实践无政府主义废除姓氏的主张，所以才抓阄取名，周恩来抓到五号，所以就叫伍豪。

即使到1921年，彭湃写作《劳动者同情会缘起》时，还带有克鲁泡特金互助论的影子，甚至在讨论社会主义时，还曾出现破坏一切的无政府主义观点。在不断的革命实践中，彭湃最终抛弃了无政府主义，彻底转变为一个马克思主义者。陈延年和陈乔年兄弟对无政府主义也曾产生浓厚兴趣，认为这才是最革命、最彻底、最进步，其后才慢慢摆脱了无政府主义的影响。

施存统、施洋、邓颖超、瞿秋白在早期的革命活动中，都曾阅读过无政府主义的代表作，与中国无政府主义者有深入的联系。可以毫不夸张地讲，对于很多共产党员来说，无政府主义是他们走向革命道路的一个桥梁，通过这个桥梁，发现了无政府主义不能从根本上改造中国社会，才与之渐行渐远。

无政府主义与马克思主义之间的关系从合到分有一个过程，两者的论战持续一段时间，对两派人都有深刻影响。从中也可以看出，两者之间存在根本的区别。论战的缘起，便是对马克思主义、俄国十月革命和布尔什维克的反应。

开始时，很多无政府主义者感慨十月革命废除旧有的强权、国家机器、剥削和私有制，认为是实践了无政府主义的一些主张，抱有极大的同情。但是随着信息的全面和思考的深入，很多无政府主义者认为之前的看法非常错误，布尔什维克所采取的政策不仅是推翻旧有体制，而且是建立一个无产阶级专政的政治体制。这与无政府主义彻底废除强权、国家、家庭、政府的主张背道而驰。

1919年2月，无政府主义者黄凌霜在《进化》上发表《评〈新潮杂志〉所谓今日世界之新潮》一文，把马克思主义污蔑为集产主义，并公开声称，极端反对马克思的集产主义。同一时间，《进化》还刊载了一篇《论俄国过激党》的译文，恶毒地咒骂十月革命，认为布尔什维克既不是社会党，也不是革命党，更不是无政府主义政党，而是一群杀人放火的强盗。

同年5月，黄凌霜又在《新青年》上发表《马克思学说的批判》，批判和攻击马克思主义的三个主要组成部分，公开挑起与马克思主义的论战。其他无政府主义者也纷纷批判十月革命与马克思主义，一时间两方呈现对立的态势。

针对无政府主义者针锋相对的攻击，马克思主义者也展开反击。1920年9月，陈独秀在《新青年》发表《谈政治》一文，公开批评无政府主义，随后又发表《中国式的无政府主义》《下品的无政府主义》等文章。同年11月，《共产党》月刊出版，连续刊载《社会革命的商榷》《我们为什么主张共产主义》《无政府主义之解剖》等文章。

留法学生中也发生了同样的论战，蔡和森、王若飞等人连续发表文章，反击无政府主义。蔡和森还专门致信毛泽东，阐释个人观点。陈延年作为接受马克思主义的代表人物，在反思个人思想转变历程的同时，也在剖析无政府主义的误区。

综合来看，无政府主义者主要从以下几个方面对马克思主义进行批判和攻击。首先，他们反对马克思主义关于无产阶级专政的国家理念。无政府主义者的初衷是废除一切国家强权以及代表强权的国家，打倒旧的国家机器后，不再建立新的国家机器。五四运动之前，无政府主义者历数国家和政府的罪恶，反对现有政权，这与社会主义思潮有一致性。

五四运动后，他们发现很多人的目的不仅是推翻现有政权，而是志在建立新的政权，尤其是十月革命建立了新型的无产阶级专政的国家。于是他们视无产阶级专政为洪水猛兽，污蔑列宁领导下的布尔什维克一有权力，便横行无忌，完全抹杀个人，滥用强权，独裁专制。

对工农兵苏维埃，他们认为是压制个人的表现，限制了个人的绝对自由，比以前的专制魔王还要坏，必然造成社会退化。阶级压迫、阶级斗争、阶级消灭都是错误的，人类不能永远的仇视、敌对、侵夺、杀害，少数人专政与多数人专政没有区别，都是行使个人以外的意志，压迫另外一群人的意志。

他们认为，克鲁泡特金的互助论是动物进化和人类进化的原因，是超越一切阶级的本能，只有消灭阶级，去除一切强权，建立各种团结社，人人才能享受幸福。理想的社会应该无命令、无权力、无制裁、无服从、绝对自由。无政府主义者把历史上剥削阶级建立的国家与无产阶级建立的国家视同一类、混为一谈，缺乏对其本质的认识，对无产阶级专政的消灭一切剥削阶级，更是无法理解，所以才反对。

其次，无政府主义者从极端的个人主义和绝对自由出发，反对马克思主义的集体主义和极权主义，反对在革命队伍、人民群众、党员组织生活中实行民主集中制，对无产阶级政党所要求的组织性和纪律性更是完全否定。无政府主义者宣扬个人为万能，倡导极端的自由主义，是个人主义天然的好朋友。

他们认为任何党魁，包括无产阶级政党的党魁往往都是利用多数党员的意志，提升个人的盛誉，攫取个人的利禄。组织性和纪律性是党魁强压给党员的绳索，束缚个人意志的表达。理想的社团状态应该是，各个成员有绝对自由，有聚集场所而无强制措施，聚合全凭自愿，来去完全自由。面对不同意见，可以各行其是，赞成的人不必否定反对的意见，反之亦然。

再次，无政府主义者从小生产者的角度出发，反对马克思主义的经济主张。小生产者、小农经济、农产合一是无政府主义理想的经济模式，正是在这种主张下，他们才反对机器化大生产和集约式协作，主张在现实的工读互助和未来的社会主义社会中，将一切生产机关委诸自由人的自由管理。

生产无须调节，也不须要合理的调节，无须计划，也不须要合理的计划，抹去了生产与消费之间的流通环节，带有空想的性质，在现实社会中并无存在的可能。对于马克思主义者提倡在未来的社会中，各尽所能，各取所需，按照个人劳动的多少给予报酬，无政府主义者也坚决反对。他们认为不应以工作多少定其薪酬，而应以能力大小定其义务，如果按照工作多少，那么将造成极端的不平等。

马克思主义者和无政府主义者的论战，自1919年一直持续到1923年，伴随着中国共产党的组织建设。在早期，以陈独秀、李大钊为代表的马克思主义者同无政府主义者进行论战的同时，也讲究斗争的原则性和灵活性。比如，在组建北京共产主义小组和社会主义青年团问题上，依然把很多无政府主义者当成潜在的朋友，争取他们参加革命队伍。对依旧坚持工读互助主张的人，也争取与其建立反对北洋政府的联合阵线。黄凌霜等无政府主义者也参加了北京共产主义小组，在数量上与马克思主义者相当，广东的共产主义小组最初则完全被无政府主义者把持。

短暂的合作后，无政府主义者与马克思主义者的矛盾越来越深，小组改革和重组不可避免。李大钊曾为北京共产主义小组拟定了临时纲领，其中有赞成无产阶级专政的条款。在小组讨论中，黄凌霜等人极力反对，认为组织应不拘形式，反对任何严格的组织性和纪律性。马克思主义者坚持，无产阶级专政是共产主义政党的灵魂和精髓，必须成为组织的准则，不承认这一点，就无法在一起工作。

剧烈争执之下，两方裂痕增大，无政府主义者全部退出。广东的共产主义小组是在俄国代表的帮助下建立起来，九名成员中就有七名无政府主义者。同样是在增加无产阶级专政这个条文，两方意见完全无法调和。梁冰弦、区声白等人全部退出，原有成员成立了广东共产党。

在建设社会主义青年团和工会组织中，也发生类似的争论。1920年，社会主义青年团在北京地区建立，由于缺乏科学指导和实际经验，对入团条件和入团程序没有明确固定，无政府主义者大量进入。这就导致了组织的涣散和无力，遇到意见相左时无法统一认识,团的组织和纪律无法执行,只好宣布暂时解散。

1921年,李大钊、邓中夏等人重建社会主义青年团,明确宣布马克思主义的一些原则,清除无政府主义者,才使得组织有了凝聚力和战斗力。各地工会的建立、重组和改革过程中,马克思主义者也在同无政府主义者展开激烈的斗争,很多工会出现分裂,不同思潮的信仰者都有自己的支持者。

组织和纪律是一个政党赖以生存的根本,只有严格的组织性和纪律性才可以保持政党的战斗力和凝聚力。无政府主义者强调社会改造甚至革命,却又倡导绝对的自由,完全排斥无产阶级专政和民主集中制,这就导致他们力量的分散和弱小。马克思主义者和无政府主义者正是在这个问题,出现了根本的分歧,彻底地走向分裂,从此分道扬镳,各走各路。

四、衰微和破产

经过马克思主义的批判,很多无政府主义者退出共产主义组织,广大的知识分子和革命群众逐步认清了科学社会主义和无政府主义的区别,在理论上看到了无政府主义的荒谬性,在现实中看清了无政府主义无法改造中国社会。很多原来信仰无政府主义的知识分子转向信仰马克思主义,奔向革命的征程。中国共产党正式成立时,参会党员没有一个是无政府主义者。当革命日益高涨时,更多的知识分子和革命群众加入国民党或者共产党,无政府主义者无法组织有力量的政党和团体,无法融入中国革命的洪流。

另外，北洋政府始终把无政府主义看作是一种过激主义，坚决取缔。即使是革命势力蓬勃发展的广东及其周边区域，无政府主义的宣传也非常困难。无政府主义者只有在反对力量薄弱的地方，艰难地办报纸、组社团、吸引青年学生。因为无政府主义者反对一切强权、强调废除一切国家机器，所以他们是一切现存政权的敌人，生存空间很小。内外交困下，无政府主义者在百家争鸣中败下阵来，走向了衰微和破产。

到了1923年年底，五四时期成立的无政府主义团体和创办的无政府主义报刊，大部分都销声匿迹，只剩下少数几个团体和刊物，比如民锋社、自由人社、民众社、民钟社和它们主办的刊物。人员急剧缩减，老式无政府主义者如黄凌霜、区声白等已经离开阵营，代之而起的是五四时期留学海外接受无政府主义那些人。

他们活动的范围也大大缩小，仅限上海、南京、广州、北京、福州等主要城市，再也没有出现五四时期遍地开花的状态。最重要的是，伴随着国共合作，无政府主义者再一次出现分裂，而在蒋介石、汪精卫等叛变革命后，无政府主义面对错综复杂的革命形势，再次出现分裂，彻底走向衰亡。

1924年，在第三国际和中国共产党的支持下，孙中山对国民党进行了改组，并召开第一次全国代表大会。在这次大会上，孙中山重新解释了三民主义，提出"联俄、联共、扶助农工"三大政策，制定了新的政治纲领。国共合作正式开始，成立了统一战线，展开了轰轰烈烈的大革命。许多革命青年和知识分子受到感召，加入到国民革命的浪潮中，部分无政府主义者也转投过去，这就更加剧了无政府主义的衰落。

面对革命新局面，无政府主义者内部再次出现分裂。老派的无政府主义者李石曾、吴稚晖、张继相继回到国民党内，担任国民党的要职。这引起了很多无政府主义者的不满，口诛笔伐这些所谓的叛徒。吴稚晖曾在《民国日报》上发表《致华林书》，正式提出"安国合作"，即信仰安那其主义的无政府主义者和信仰三民主义的中国国民党合作。理由有如下几点。

第一，无政府主义者的目标不是一下子就可以实现的，要经过很多步骤和很多阶段。国民党倡导的国民革命是达到无政府主义的必要环节和必经阶段，国民革命成功，无政府革命自然开始。

第二，无政府主义者与国民党的未来之路虽然不同，现在的敌人却一致，就是共同反对北洋军阀的反动统治。无政府主义应该联合国民党，打倒共同的敌人北洋军阀，再致力无政府革命。

第三，中国受帝国主义侵略日深，且夕有亡国之痛，要保住中国不亡国，必须支持国民党制造机关枪，打败那些黄毛绿眼睛的洋人，让他们与中国称兄道弟。只有国家民族自立自强，不受外国侵略者的欺负，无政府革命才存在可能。国民革命可以制造一个强大的国民党政府，这样才可以创造社会财富，具备一定的物质基础。

第四，从道义上讲，无政府主义奉行敌强扶弱的原则，国民党是革命政党，现在还有革命理想，不以升官发财为目的，所以要坚定支持。如果国民党变质了，就马上退出来。

第五，吴稚晖从历史上追溯，以前就有过"安国合作"，这是已有的事实。当初一起推翻清朝政府，无政府主义者也是革命党，也帮助过革命党。

吴稚晖还发表过《天下为公——孙中山的将来主义》，提出安国合作的实质是融安入国。他认为，国民党包含了一切进步的党派，三民主义包含了一切新鲜主义。什么马克思主义、无政府主义，什么共产党、无政府党，都是多余的，有三民主义就足够。三民主义是无政府主义的实行，无政府主义是三民主义的理想，两种主义没什么区别。很多无政府主义者跟随吴稚晖等人投靠了国民党，实现了身份的自然转换。

也有部分无政府主义者对此坚决反对，认为无政府主义不能与民族资产阶级合作，不能搞统一战线，实行单纯的国民革命。他们指责吴稚晖背叛了无政府主义，因为无政府主义对一切政党都不妥协，尤其是对国民党，两者无法兼容。至于无政府的实现需要多个阶段、多个步骤，也属主观臆造。

无政府革命与国民革命没有必然的关系，倡导建立政府、保障私产，这些都与无政府主义完全相悖。所谓革命发展需要按阶段而行，完全是主张资本主义剥削和压迫劳动人民，在此基础上施行无政府革命完全是缘木求鱼。无政府主义者的敌人不但包括北洋军阀，还包括一切做总统的、一切掌握军权的，孙中山、谭延闿、许崇智想做总统、想掌军权，都要一样的反对。

吴稚晖的"安国合作"，实际上是为无政府主义制造更大的敌人，国民党强大对无政府主义绝没有好处，反而是给无政府革命制造更大的障碍，增强无政府革命的难度。与其支持国民党，不如从根本上反对国民党，并立即推翻国民政府。

有人尖锐地指出，吴稚晖本来就不是什么无政府主义者，自始至终就是一个坚贞的国民党党员、一个三民主义者、一个军国主义者。还有人讥讽说,吴稚晖就是一个一辈子挂着无政府主义牌子,做国民党买卖的无耻政客。他与张继一个是委员长无政府党,一个是议长无政府党,从来没有想从根本上实现无政府主义革命。

从表面上看,无政府主义是对吴稚晖展开批判,其实是对整个国共合作、国民革命展开攻击,毫不客气地把矛头直指整个国民党和孙中山,全面攻击孙中山的新三民主义。沈仲九在《我的国民党观》一文中,极力贬损国民党的指导思想和行动纲领,认为民族主义的内容涵盖在民主和民生中,本身没什么东西,也不能单独成为一种主张。国民党的民族主义提倡反对帝国主义,又要保持资本主义,道理上说不通,因为反对帝国主义必然反对资本主义。在这里,无政府主义者把殖民地半殖民地国家的民族资本主义和帝国主义完全等同起来,不符合三民主义的原意。

至于民权主义,无政府主义者从抽象的概念出发,反对一切民主制度,认为直接民主、间接民主、无权分立都是民主政治的产物,都是为了维护资产阶级的统治。在这里,无政府主义者不承认从专制到民主是历史的进步,本能地把民主与资产阶级联系在一起,否定其中的合理成分。至于民生主义,无政府主义者更是极力反对,认为耕者有其田和节制资本是一种缓慢的社会革命策略,因陋就简,很不彻底。总体来看,无政府主义者还在坚持过去的主张,对一切政府、国家、强权、军队都反对,自己又提不出具体的主张,为了反对而反对。

就国民党本身，无政府主义者也看不到其积极方面，过多地关注其内部客观存在的腐败、堕落、腐化、沉沦、黑暗等负面因素。沈仲九在同一篇文章中，列举了国民党的五大罪状。即对反革命者妥协，造成自己丧失主义；党员消极，彼此之间隔膜，党员愈多，势力愈微；党员缺乏理想和主义坚持，多是政客和投机分子；与平民疏远，只在争权夺利；行拉夫贩卖公产的政策。

有无政府主义者亲自来到广州，亲眼看见改组后的国民党发展现状，提出的批评更为严厉。他们污蔑国民党施行的是"民不聊生、民困财困、民生涂炭"的三民主义，搞得各行各业都不能安居乐业。最后得出结论，不管是改组前还是改组后，国民党都不是一个革命党，而是一个戴着三民主义假面具、祸国殃民、阻碍自由的政党。

这表明无政府主义者完全看不到广东出现的工农运动高潮，也看不到蓬勃发展的革命形势，只会抓住历史的陈迹和现实的枝节大泼脏水。这也反映了很多无政府主义者天然地反对革命、害怕革命，看事情容易走极端，反对一切有组织、有纪律的社会。

对马克思主义，无政府主义者的批评有过之而无不及。他们污蔑马克思主义并无科学的价值，既不是社会学，也不是社会科学，全面否定马克思、恩格斯、列宁等人对科学社会主义的贡献。他们认为，马克思主义是空想、是玄学，不是科学方法，不属于归纳演绎；唯物史观是技术史观，重物不重人；无产阶级专政不能消灭阶级的产别，反而会演变出更大的独裁；剩余价值学说前后矛盾，与事实不符。

对中国共产党，他们更是展开疯狂的污蔑，攻击民主集中制是愚民政策，纪律和训练陷人于奴隶状态。对于中国共产党坚持国共合作的主张，无政府主义者同样反对，认为不过是造成了更厉害的强权，没有解决社会问题。对于苏联社会主义制度，他们同样沿着黄凌霜、区声白开辟的路径展开批判，认为那不过是造成新的专制，较之沙皇俄国犹有不及。

无政府主义者越来越少，在面对革命新局面时，表现出完全的不适应。一部分人走向改良主义，一部分人转向民粹主义，这些有限的改变不能挽救衰亡的命运。无力的组织、涣散的纪律也导致无政府主义者缺乏严格的界定，成员随进随出，主张因人而异，无法集中也无法统一。并且，很多无政府主义者本身是非常激进、脆弱、无助，身份在社会革命大潮中几度变化，比如朱谦之。

五四运动兴起后，朱谦之怀着热情参加北京学生的游行，参与宣传无政府思想刊物《奋斗》的编辑工作，提出种种改革社会和教育的主张。他读书为求学问，不想要文凭，连毕业考试都不参加。他甚至在北大第一次贴出大字报，要求废除考试制度等。这些都带有浓厚的无政府主义思想。

1920年，中国第一次大规模纪念五一劳动节时，朱谦之在《北京大学学生周刊》上发表《劳动节的祝辞》，提出劳动人民神圣，主张一切收回社会公有，让劳动者直接管理工厂。因为散发传单被北洋军阀逮捕，还入狱百余日。出狱后撰写《革命哲学》，充满怀疑主义、虚无主义和无政府主义。

理想多次受挫，朱谦之走向另外一个极端，遁入空门，皈依太虚大师出家，向欧阳竟无求教。后来又摆脱佛门，遁迹于江湖，又过了一段"飘零身世托轻帆，浪漫生涯亦自豪"的生活。这是由狂热转向颓唐的代表。

还有一批人，他们本身并没有多少坚持，随时代变化而改变主张，无政府主义也好，其他主义也好，仅是个谋生立足、招摇过市、政治投机的招牌。吴稚晖在无政府主义传播过程中影响巨大，一举一动在无政府主义者中动见观瞻，可是很难把他归类为完全的无政府主义者。自诩为圣人，却无圣人的情怀，欺世盗名，毫无节操。

黄凌霜后来成为国民党CC派的小头目，华林则成了国民党摇旗呐喊的无耻文人。陈独秀对此曾有尖锐批评："我前次所说中国式的无政府主义即虚无主义的无政府党，在中国读书人中还总算是上品。其余那一班自命为无政府党的先生们，投身政党的也有，做议员的也有，拿干俸的也有，吃鸦片烟的也有，冒充人家女婿的也有，对人说常同吴稚晖先生在上海打野鸡的也有，做陆军监狱官的也有，自称湖南无政府党先觉到处要人供给金钱的也有，以政学会诬人来谋校长做的也有，书已绝版尚登广告劝人寄钱向他购买的也有，谋财杀害嫂子的也有，可以说形形色色无奇不有了。"

大革命失败后，蒋介石独裁政权建立，思想钳制的程度加强，无政府主义的生存空间越来越小。民锋社被查封，《民锋》和《平等》停刊，倡导反对一切强权的无政府主义者被强权绞杀。幸存的无政府主义者如梁冰弦、郑佩纲等人噤若寒蝉，声势越来越小。号称是最有坚持的卢剑波远赴四川，在蒋介石控制不到的地方做一点儿宣传。

全面抗战爆发后，国民党的思想控制有所放松，无政府主义者有了一点儿活动空间。卢剑波在四川乐山出版《惊蛰》月刊，号召无政府主义者加入抗日救亡的行列。至此，无政府主义者作为一种政治思潮，作为一种政治派别，淹没在抗日战争的洪流。

为何无政府主义在晚清民初传播很广，甚至很多国民党、共产党人都经过无政府主义的桥梁走向革命道路，又在五四新文化运动时期由辉煌走向衰败？旋起旋灭的现象背后是否有深层原因？这是值得探讨的。如果说它的兴盛，是因为革命群众和知识分子对现实不满，反对现有政权成为无政府主义的温床，那么它的衰微则有另外原因。

中国人具有浓厚的家国情怀，儒家讲修身、齐家、治国、平天下，始终把个人和家国天下联系在一起。无政府主义倡导推翻现有不合理的政权，消灭现有不合理的制度，这容易唤起国人的激情，也符合当时的历史背景。

多少革命烈士正是抱着这个信念走向革命道路，无论是孙黄革命派实践暗杀，还是马克思主义者向往的人人平等、人人自由、人人富裕，均有一些共同原因。改造不合理的现状，这是各个政治思潮、政治派别、政治领袖的共同愿景，很多人既接受无政府主义，又接受其他主义，兼收并蓄，也是来源于此。

无政府主义倡导的不仅仅是消灭现有不合理的制度，而是废除一切家庭、强权、国家、政权，这就不符合中国人的文化心理。有国有家，使之合理化，是一般革命群众和知识分子的目标，这也是其他主义与无政府主义的根本区别。终极目标上的分别，这是产生分歧的根本原因。而且推翻一切家国观念，不符合中国的历史传统和现实状况。

在中国这样家国情怀非常深的国度，提倡废除家庭和国家、倡导无政府确实很难被一般人所接受。中国典籍中提出过大同思想和极乐世界，但那仅是美好的愿景，就具体操作层面，还是重视现实世界的秩序调整，这些都与西方传入的无政府主义格格不入。高山滚石的革命浪潮之下，只有那些给予普通群众合理的家国愿景的政党和主义，才能取得大多数人的支持，这一点无政府主义无法给予，所以不可避免地成为历史的陈迹。

第五章　整理国故思潮

　　整理国故作为新文化运动的直接产物，是新文化同仁倡导、诸多学人参与的一场学术运动，延续数载，对中国学术发展和思想建设贡献卓著。这场运动以旧学整理、研究、批判为主要内容，表面上看与新文化的激进主张相悖，其实二者并不矛盾。新文化运动同仁接受西方思想，部分人还接受西方严格的学术训练，以批判中国传统文化为己任，提倡口号之后，自然要有学理的证明，自然会有后续的整理国故思潮。

　　胡适等自由主义与陈独秀、李大钊等人公开决裂，也使得对于国故的态度在新文化运动内部产生分歧，当一派学者在否定传统文化上一去不复返，必然促使另一派学者重新审视传统文化，给予一定的正面评价。各种文化保守主义者也在寻找理论根源，反对新文化运动的偏激主张，这也使得对立的双方有了一个共同的研究范围和研究领域。虽然研究方向、问题导向和价值诉求背道而驰，并且有过激烈的争论，但共同促进了现代学术范式的建立和科学研究方法的普及。

一、新文化运动的催生

国学概念有一个发展过程，与很多概念混杂在一起，需要厘清。古代的国与学可以连用，也可以单字拆开，大体与学相关。近代意义上的国学与中国古代的词源不相关，是一个舶来品，来自东邻日本，首见于梁启超的私人信函。1903年，《新民丛报》正式出现"国学"一词。1905年，邓实再在上海成立国学保存会，公开标举研究国学、保存国粹的宗旨。国学是个日式汉语，学人引入过程中赋予的含义并不一致，造成了概念缺乏明确的内涵和外延。"国粹"一词同样来自日本，与国学概念类似。

"国故"一词在中国早已有之，原义是国家遭受的重大变故，后来演变为典章制度等。章太炎在晚清给予新的定义，指中国传统文化，带有继绝存故的意味。后来学人广泛引用，大体指中国文化及其根系的传统，具体含义还是因人而异。很多新派学者认为，国故既包括国粹，也包括国渣，不是个很好的词汇。

至于国故学，则是中国学者新造的一个概念，最早来源于毛子水《国故与科学的精神》。毛子水把国故与国故学做了区分，认为国故是材料，国故学是研究国故的学问。胡适表示认同，在《论国故学——答毛子水》一函中加以引用。后来还在《国学季刊》发刊词中重新做了一番解释，认为国学是国故学的缩写，中国过去的一切文化历史是国故，研究这些文化历史的学问是国故学，简称国学。毛子水和胡适言论一经刊布，在知识界掀起讨论，很多学者赞成，很多学者反对。随着时间的推移，国故学还是按照胡适的阐释与演绎，纳入到整理国故的轨道。

综合来看，国学、国粹、国故、国故学等日式汉语和现代学术概念的大量出现，使得中国学者在定义传统文化有了新的视角。这些词汇各有不同含义，彼此又相互联系。引入国粹和国故明显带有感情色彩，国学和国故学的感情色彩也隐含在不同引用者的论述中。国故学作为研究国故的学问，可以简称为国学，这一点与我们的五四新文化运动的兴起关联很大。

作为一场巨大的思想启蒙运动，五四新文化运动倡导科学与民主，对中国传统文化展开激烈的批判，打破了长久以来束缚在人们头脑中的偶像崇拜，极大地促进了思想解放，激发了国人运用科学、理性、批判的态度重新审视自身。整理国故的思想来源于新文化运动，或者说新文化运动催生了整理国故运动。

首先在研究态度上，胡适等主张用批判的态度整理国故，这是五四新文化运动理性精神的延续。以前，孔子的学说占据主要地位，士子不可非孔薄圣，学者在研究传统学术时，采取的是遵从、阐释和解读的心态。四书五经是不可更易的书籍，是科举考试的出题范围，士子答题一切以朱子解释为准，这些都禁锢人的思想，使得人们面对传统经典总是怀着一种敬畏、盲从的心态。回溯三代、崇拜三代、向往三代，是传统士人的政治理念，这些都不是科学的研究态度，也不是严谨的治学态度。

新文化运动打破孔子的独尊地位，鼓励人们采取批评的理性态度，这是合理的，也是有利于学术发展的。胡适认为，批评的态度简单说来，就是凡事要重新分别一个好与不好，重新估定一切价值。研究学术不是要去卫道，也不是从国故里求得什么天经地义的道理来安身立命。傅斯年也讲，研究国故有两种手段，一为整理国故，二为追慕国故，第二种忘了理性，忘了自己，愚不可及。傅斯年鄙视追慕国故的原因，就在于对国故采取膜拜而不是批判的态度。

在研究目的上，胡适非常强调整理国故在于明了古代文化，而不是治国安邦。儒家经典是一种半政治、半伦理、半宗教的社会学说，为社会的有序发展服务。以前，传统读书人阅读儒家经典时，总是期望从中寻找如何修身齐家治国平天下的妙方。先天下之忧而忧，后天下之乐而乐，穷则独善其身，达则兼济天下，这是传统儒家的政治理想。就现实而言，读书不是为了追求学术，也不是为了追求真理，参加科举考试不是为了学得真知，也不是为了得到智慧，而是为了求取功名、做官僚、做乡绅。四书五经对于很多人来说，是求取名利的敲门砖。

胡适提倡的整理国故始终有明确的价值取向，即还他一个本来面目和真价值。传统文化在胡适那里，并无多少正面的价值、意义和因素，所以从表面看，这些论述是正面的，也是客观的，但其实对传统文化有很强的负面评价，重在挖掘中国人对于历史和学术的虚骄与狂妄。

他曾说，中国烂纸堆里有无数吃人、害人、迷人的老鬼，捉妖、打鬼是他整理国故的目的，只有如此才可以重新固定一切价值，保护人们不受鬼怪迷惑。胡适等人的言论虽然有志于改变读书人阅读传统典籍、审视传统文化的目的，但却存在一定的偏激，因为传统文化作为中国几千年传承下来的文明，糟粕确实存在，但不完全是糟粕。以貌似中立而不是真实中立的态度来整理国故，不利于学术的长远进步和后续发展。

在研究对象上，胡适提倡扩大整理国故的范围，倡导打倒一切成见，为中国学术谋解放。传统学术包括经史子集四部，各部在学术中的地位是不平等的，取得的成绩也是不均衡的。经学是根本之学，历代读书人都是阅读儒家经典获得基本认知，包括十三经注疏在内的注释成为必读书目。乾嘉汉学带动了经学注释的高潮，数以千计的著作流传后世。史学著作的数量和质量次之。诸子百家的学问则与儒家经典完全不能相比，儒家呈现独尊的地位。集部里严格的学术著作并不多，多是各类文集、总集。

胡适在成名作《中国哲学史大纲》中，对各种学说同等对待，蔡元培称赞这是一种平等的眼光。在《国学季刊》发刊词中，胡适针对国故整理的努力方向，首先呼吁扩大研究的范围，打破一切门户之见，庙堂的文学可以研究，草野的文学也应该研究。今日民间小女唱的歌谣和诗三百有同等的地位，民间流传的小说和高文典册有同等的地位，吴敬梓、曹雪芹等人与韩愈、杜甫有同等的地位。并进而指出，国故学包含一切过去的文化历史，上自思想学术之大，下至一个字、一个山歌之细，都属于国学研究的范围。这个宣言给予国学的所有内容以平等的地位，没有高低之分，没有雅俗之辨，没有优劣之别。

在研究方法上，胡适倡导用科学的方法整理国故，这一点在后文会有详细的阐释。总之，无论是在研究态度、方法，还是在研究对象、方法上，整理国故都继承了新文化运动的基本精神，由新文化运动健将及其影响下的青年学子主导，是新文化运动的自然延续。

除了新文化运动的催生，新材料的发现和新方法的运用也是整理国故运动兴起的重要原因。在现代学术视野下，甲骨文、敦煌文物、汉晋简牍、大内文书的发现，开拓了人们对于材料的认知，原来看上去毫无价值的文物和废纸成为重要的历史资料。比较语言学和实验语言学等西方学科和方法的引入，也促使人们摆脱传统音韵学的束缚，利用西方先进学术进行科学化的研究。

除此之外，还有民族主义的因素。晚清民初，中国内忧外患严重，辛亥革命没有一劳永逸地解决中国的独立自主。民族主义伴随着中国民族情绪的高涨，成为文化不可或缺的动力之一。新文化运动本身就是一场民族主义运动，五四运动更是把矛头直指军阀和列强，这些客观存在都给文化启蒙运动染上浓厚的民族主义悲情意识。就整理国故而言，其发生、发展和兴盛也与受到国外汉学的刺激有关。

1922年，北大国学门主任沈兼士亲自起草《筹画北京大学研究所国学门经费建议书》，要北大国学门为中国在世界学术中争一个立脚点。他大声呼吁，东方文化以中国为中心，所以整理中国学问以贡献世界，是中国学者责无旁贷的任务；

新学固然不如外人,自己家也无人整理、研究、保存,则殊为不可;以中国古物典籍的宏富,国人竟不能发扬光大,不能在世界学术中占有一席之地,是极为痛心之事。胡适再造文明的初衷,不仅是改造旧中国,而且在于建设新中国,让中国的发展与世界发展的脉搏同步。素有义和团学者之称的傅斯年更是多次表示,要洗刷就学国外之耻,要把科学的东方学之正统争回来。

大体说来,知识分子作为中国文化的传承者和继承者,与传统有着割不断的血肉联系。即使是激进的五四新潮人物,也是自幼读儒家诗书,传统文化已经构成他们精神结构的重要因素,在反传统时也在从传统文化中汲取营养。

科学和民主固然适合中国的长远发展,是当时中国最需求的因子,可是西方文化嫁接到中国,依然离不开传统文化的土壤。只有充分了解传统文化的历史和现状,才能实现转化性创造或创造性转化。新文化运动的深入发展要求对传统文化有一定的认同感,这是逻辑发展的自然趋势。当快意地提倡口号,发现需要改变的东西依然很多,很多学人开始深入研究中国的传统文化。这便是整理国故的另一大诱因。

学术没有国度,但学者有自己的祖国,植根于传统文化深厚的生命底蕴,面对欧风美雨的洗礼,何谓中国人依然是绕不开的时代命题。文化认同是民族认同的重要促成部分,与传统的感情决裂却离不开思想和身份上的客观联系。民族主义始终是整理国故的动因之一,溯源传统、从传统中寻找奋进的动力是转型期学人的必然选择。

一个民族可以在外因的刺激下有革命性的口号,却无法割断与传统天然的联系，有着深厚底蕴的中国文化必然是新文化运动的研究对象和力量来源。还原历史的本来面目，弄清哪些需要继承、哪些需要摒弃、哪些需要调整、哪些能够与西学有机地融合，必然花费很大的精力，也必须经过细致的讨论。

二、理念与方法之争

新文化运动大力提倡科学，鼓吹科学精神和科学方法在实际生活、政治行为和学术研究中的应用。对于科学的定义可能有分歧，但都承认科学的基本价值。毛子水、傅斯年首先提出用科学的方法整理国故，掀开了与保守派的论战，其后胡适提出输入西方的学理，运用实验主义的科学方法整理国故，并提出了一系列的科学方法，如"大胆的假设，小心的求证"，列出必读书目，给青年学子指明一条国故研究的路径。与此同时，与胡适等人立场有异的学人也提出了个人整理国故的理念、方法和态度，展开了激烈的辩论。

1918年11月，在新文化运动的感召下，北大学生傅斯年、罗家伦为了唤起国人对于本国学术的自觉心，发起新潮社，创办《新潮》杂志，请胡适担任顾问。同为北大学生的薛祥绥、张煊、罗常培等则慨然于国学沦夷，办学报以图挽救，于第二年在刘师培家中成立国故月刊社，志在昌明中国固有学术。

1919年5月，毛子水在《新潮》杂志发表《国故与科学的精神》。他引用章太炎的国故定义，即中国古代的学术思想，再添加自己的解释，认为中国各民族过去的历史是国故的一部分，国故的完整定义应该是中国古代的学术思想和中国各民族过去的历史。国故本身不是科学，只有以国故为研究材料的国故学才是科学。

他认为，国故与科学的关系，正如马尔萨斯的《人口论》对于达尔文的进化学说、苹果的落地对于牛顿万有引力的定律一样，开发一种心思或者引起一种兴趣。科学与中国古代的学术思想难以割舍，但不能就此认为科学由古代学术思想演化并由古代学术家递次发明而来。对于国故来说，科学应该是全新的东西，二者存在一定关系，但有本质不同。

这篇文章中，毛子水把国故与欧化对比，认为欧化是土生土长的东西，是有系统的学术，国故是过去已死的东西，是杂乱无章的零碎知识，两者完全不能对等，中国学术史根本无法与西方学术相比。从另外一个角度讲，中国的历史也不重要，中国的学术对于世界文明没有什么贡献，国故在当今世界学术上占不了重要地位。

国人存在两个误区，第一个是简单地把国故与欧化对等，认为二者为世界学术的两个重要组成部分；第二个是固守原来的西学中源等谬论，认为欧洲学术的很多内容可以在国故中找到影子，这完全是牵强附会。相较于国故而言，国新才是正在生产的东西。如果中国人的学术思想达到欧洲人的水平，那么这个和欧化一样的国新无论是自己创造的，还是从欧化里面吸收的，都是正当的。

作为《新潮》杂志主编的傅斯年在《国故与科学的精神》后面加了一段附识，明确认同毛子水的主张。傅斯年认为，国粹的提法没有国故妥当，保存国粹的提法尤为可笑，应该用科学的主义和方法研究国故。整理国故作为研究国故的一部分，不但有益于中国学术界，也有补于世界科学。另外，单纯地整理国故不能与输入新知相比，二者的分量是一和百的比例。这篇附识较早地提出"整理国故"的概念，有一定的学术价值。

毛子水的说法引来另一派的反驳。张煊在《国故》上发表《驳〈国故与科学的精神〉篇》，展开反击。张煊认为，国故本身也是科学，科学不是新创之物，是世界各国古代学术思想自然演化的产物。现在新潮学生所膜拜的欧化，也不是无源之水、无本之木，同样是欧洲学术思想递进演化的产物。中国古代学术思想的演化，当然是国故的重要组成部分，因此国故本身即是科学。

张煊认为，国故是东洋文化的代表，欧化是西洋文化的代表，两者在今日的学术界应该是平等的，只有国别之分，没有高低之分。毛子水认为国故已死，欧化方生，是主观臆造的无稽之辞。国故与欧化都不断发展进步，不能简单地断定谁为生谁为死。西方传进来的科学固然因为在现代生活中发挥重要作用，可以断定为生，中国古代思想演化的国故内化为文化心理，影响着中国人的日常生活，不可轻易地说是死。众多整理国故的学者中，有抱守残缺之人，但更多的是精益求精不甘故步自封者，武断地断定国故已死，令人难以接受。

其后，毛子水又在《新潮》上发表反驳文章，对张煊文章逐一批驳。胡适在这场争论中也表明了态度，他认为对待国故问题，应该抛却有用无用的狭义功利观念，追求一个为真理而求真理的态度，只有这样才能真正用科学的研究法去做国故研究。

不久，胡适再在《新青年》上发表《新思潮的意义》，将新思潮定义为"研究问题，输入学理，整理国故，再造文明"，从新文化运动的角度提出系统的主张，不失时机地将整理国故纳入到新思潮的输入和传播上。

胡适提出四个步骤，分别加以论述。第一步是条理系统的整理，因为前人研究古书，很少有历史进化的眼光，从来不讲究一种学术的渊源、一种思想的前因后果；第二步是寻出每种学术思想怎样发生，发生之后有什么影响效果，因为前人读古书，除少数学者，大都是以讹传讹的谬说；第三步是用科学的方法，做精确的考证，把古人的意义弄得清楚明白，因为对于古代的学术思想，有种种武断的成见和种种可笑的迷信；第四步是综合前三步的研究，还各家本来的真面目和真价值。他还批评说，现在很多人不懂得国粹是什么东西，却偏要高谈保存国粹，这种人如何配谈国粹，若要知道什么是国粹，什么是国渣，要先有评判的态度和科学的精神去做一番整理国故的工作。

胡适在最后总结，新思潮的精神是批评的态度，新思潮的手段是研究问题与输入学理，新思潮对于旧文化的态度，反对盲从和调和，用科学的方法来做整理的工作。新思潮的唯一目的就是再创文明。但是对于整理国故的基本主张，还有很多深化的空间，尤其是面对很多学派学人的批评，也必须做出有效的回应。

为此，胡适在《国故季刊》的发刊宣言中，对怎样整理国故、整理国故的目的和意义、整理国故在整个新文化运动中的地位和作用如何，又做了比较系统的回答。他认为，国学的使命要使大家懂得中国过去的历史，国学的方法要用历史的眼光整理一切过去文化的历史，国学的目的是要做成一部中国文化史，国学系统的研究即以此为归宿；一切国学研究，无论时代古今，无论问题大小，都要朝着这一个大方向走，只有这个目的才可以统合一切材料，只有这个任务才可以容纳一切努力，只有这个眼光才可以破除一切门户畛域。

他认为，中国文化史在这里是一个广泛的概念，包括思想史、政治史、民族史、文化史、学术史、风俗史等多个方面，带有统一整合国学内容的意味。国学如何在现代学术中寻找自己的地位，如何以科学精神来指导，依然需要具体的规划和措施。其后发生的国学必读书目之争，正是这种问题的真实的反映。

1923年2月，《清华周刊》的记者写信给享誉盛名的胡适和梁启超二人，请他们分别为即将留学海外的清华学生开列一份最低限度的国学书目。胡适很感兴趣，很快开列出《一个最低限度的国学书目》，并将这份书目发表在《东方杂志》，一时间掀起轩然大波。大致在两个月后，梁启超也开出书目，还对胡适的书目批评甚烈，更是掀起了学界对书目的广泛讨论。

胡适开列的书目分为工具之部、思想史之部、文学史之部三大类，包括近一百八十种书。在书目前面，胡适还专门写了一个序言，声明这个书目是应别人要求所拟定，既然他们希望将往国外留学的少年在很短时间内获得国故学的知识，那么这个书目就不是为有国学根底的人设想,而是为普通青年人想学一点儿系统的国学知识的人设想。要用历史的线索做我们的天然的系统,用这个自然演进的顺序做治国学的历程。这种主张与胡适之前的看法有一致性,符合其所要求的历史眼光、系统研究、索引式整理。

事实上,这个书目庞杂而无系统,在很大程度上暴露了胡适的浅薄与夸耀,就连清华学生对这个书目都表示非常不理解。他们致信胡适,提出两个问题,一个是范围太窄,思想史和文学史不能代表国学,既然《国学季刊》发刊词中拟了一个中国文化史的系统,为什么不在文学史之部后,加民族史之部、语言文字学之部、经济史之部?另一个是思想史和文学史谈得过深,不合最低限度四个字,以清华学生的时间和地位,这些书是读不完的,很多书都极偏,当代的教育家也未能满足国学最低限度四个字。

胡适强辩说,动手列书目时,不知不觉地把范围放宽了、放高了。个人的意思是要用这书目的人,从这些书里自己去选择,有力的多买些,有时间的多读些,先买二三十部力所能及的也无妨,以后随时填备。若要此时再定义最狭义的最低限度,就没有伸缩的余地。为了符合最低限度的要求,胡适在所列书目中再行圈定了一小部分,包括《书目答问》《中国人名大辞典》《中国哲学史大纲》等三十九种书,声称实在不能再少了。

梁启超应清华记者的要求,专门撰写了《国学入门书要目及其读法》。此文共包括正文和附录两部分,正文开列五种图书目录,共一百三十余种。一为修养应用及思想关系书类,包括《论语》《孟子》等；二为政治史及其他文献学书类，包括《尚书》《逸周书》等；三为韵文书类，包括《诗经》《楚辞》等；四为小学书类即文法书类，包括段玉裁《说文解字注》等；五为随意涉览书类，包括《四库全书总目提要》《世说新语》等。

附录包括三篇，第一篇是《最低限度之必读书目》，包括《四书》《易经》《诗经》等；第二篇是《治国学杂话》，谈个人学习、研究国学的心得体会，强调一个人要培养读书趣味，工作之余愉快的伴侣莫过于读书；第三篇是《评胡适之〈一个最低限度的国学书目〉》，一向宽厚的梁启超直截了当说胡适所列书目文不对题，一方面挂漏太多，一方面博而寡要，完全不合用。这个书目之所以不合用，一是因为胡适把对象搞错了，为自己的喜好所左右，便把自己感兴趣、写作所凭借的资料介绍给青年。不是人人都要做哲学史家、文学史家，想做的话这些书又远远不够。

梁启超说，因为遗漏了国学中很重要的历史著作，把历史著作一概摒弃，里面有什么《三侠五义》《九命奇案》，却没有《史记》《汉书》《资治通鉴》等。若要说《史记》《汉书》《资治通鉴》要为国学有根底的人设想，恐怕没有这个道理，自己也没有读过《三侠五义》《九命奇案》，难道就不够国学最低限度？三是面对这些大书，青年无从下手，《正谊堂全书》有一百多册，《全上古三代秦汉三国六朝文》有一千多册，叫人从何读起？

两个书目对比，可以看出梁启超所言甚是，推荐的书目也较为实用。胡适所列更像一种资料目录，尤其像是自己写作过程中的资料书目,很多书目不可能全部阅览,更不可能细读,和最低限度根本无法相称。时刻提倡科学方法的胡适仅仅有西方式的常识,甚至是教科书式的常识,而无真正的高深学术,既无金针在手,怎能绣出鸳鸯。

裘毓麟提出严厉批评,胡适所开《国学书目》名曰最低限度,而所列之书广博无限。综上所列诸门而悉通之者,则自周孔以来,尚未见其人。并进而指出,大抵文人好名而性复诡诈,对于后进钦风慕名而请益的人,必定广举艰深宏博之书多种以告,又复恍惚其词,玄之又玄,令人无从捉摸。由此可见,今昔文人所说,大抵夸而不实,高而不切,欺世之意多而利人之心少,自炫之意多而作育之心少。

裘毓麟所言并不如一般学者认为的激愤之语,也不是没有来由的诛心之论。本文引用裘毓麟之言,并非是对胡适有偏见,也不是为了挖人隐私,而是说明一个事实,说明一个道理。对于那些在人类历史上留下智慧之光的一流学人来说,学术从来仅是目的而不是手段,只有仅仅把学术当作目的的学者才可以登上人类智慧的巴别塔。

胡适一方面把学术当成目的,一方面也把学术当成手段,聪明与狡黠交织在一起,带有一些不能言说的心理。胡适也曾提出为学术而学术,为真理而追求学术,但是在实际操作层面并没有完全遵循。他从事哲学史研究,对于西方哲学停留在一个教科书式的理解,对西方哲学创造的方式缺乏足够认知。

从现代学术上看,胡适所列书目也是非常不得当。现代学术训练中,书目是一个不可或缺的要素,如何列书目是一门高深的学问。整理国故伴随着现代学术体制和理念的转型，新旧学人也将自己的读书经验通过国学推荐书目的形式传授给青年学子，表明自己对于国学研究的理念和态度。

后世学者总是找寻各式各样的理由替胡适开脱，认为胡适自有一得之见，笔者想这多半是为贤者讳，为前人讳。胡适想显示自己的博通、雅致、专精和与众不同，列了这个莫名其妙的目录，既不实用，也不合理。从这个书目也可以看出，胡适一生没有留下一世之作，只有一时之作，是有缘由的。所谓但开风气不为师，很多学术初创时总是幼稚的，这些话不全对。任何具有开创之功的一流学者基本都能留下经典著作，是后人绕不开的人类智慧高峰。

三、疑古辨伪

疑古辨伪是整理国故的直接产物，怀疑与重建是古史研究的一体两面，辨析、整理、批判是具体呈现的过程。以往学术研究中，学者过分注重儒家论说体系，强调自黄帝、尧舜禹、成汤、文武周公的真实存在，以及政统与道统合一的理念，对学术发展很不利。

陈汉章在北大讲授中国哲学史这门课程，课上旁征博引、漫无边际，从三皇五帝讲起，讲了半年才讲到周公。学生们听得毫无耐心，问询照这样的进度讲下去，什么时候讲完。陈汉章回答，若说讲完，一句话可以讲完，若说讲不完，那就永远讲不完。

这并不符合现代学术，因为现代学术体系对于文明的兴起、建立、发展有明确界定，并不采用神话传说，只有经过学术论证的真实史实才可以被称为信史。陈汉章还沉迷于儒家经学的古史学说里，重阐释轻实证，更没有怀疑精神，中国哲学史这门课程也没有独立成为一个新兴的学科。

作为整理国故实践层面的重要组成部分，胡适、顾颉刚、钱玄同等人在倡导古史辨运动，在继承历代疑古辨伪优良传统的同时，更直接地引进西方学术理念，吸收社会学、考古学、哲学、人类学等领域的先进成果，对先秦至两汉古书的历史进行了清理，从而得出中国古代的历史大多出自神话传说的结论。顾颉刚直接提出了层累说，出版了七册《古史辨》，在学术界掀起疑古辨伪的大旋风。虽然有人提出反对意见，但重新以科学的态度审视古史传说，进而建立信史成为学术界的普遍观念。

顾颉刚与胡适相识在1917年，当时胡适刚进北大，接替陈汉章讲授中国哲学史。据顾颉刚回忆，胡适讲课与陈汉章完全不同，丢开唐虞夏商，直接从周宣王讲起，把以前课上讲授的三皇五帝思维做了一个扭转，学生惊骇不已。这本身就是一种疑古辨伪的思路，从自己认为的信史讲起，抛却以往并没有经过考证、也没有多少实际证据支撑的神话。

顾颉刚认为，胡适讲得确不差，有眼光、有胆量、有判断，是一个有能力的历史学者，论证符合理性，是自己想说而不知怎样说明的内容。上课期间，胡适又先后写了《井田辨》《水浒传考证》《红楼梦考证》等，这些文章对顾颉刚研究历史的方法有很大的启发，他深深感到史实与传说二者之间错综复杂的转化关系。

在胡适的指导下，顾颉刚也进行古书整理工作，又看了崔适遗书，参与辨伪丛书的整理和出版。加之顾颉刚喜欢听戏，注重戏剧发展的变化，于是有了一些独到见解。其后通过与钱玄同的接触，顾颉刚对疑古辨伪有了更深刻的认识，并且把与钱玄同通信的一部分内容以《与钱玄同先生论古史书》为题，发表在《读书杂志》上，正式提出学术界著名的"层累地造成的中国古史观"。这篇文章的主要内容有以下几点。

第一，时代愈后，传说的古史期愈长，周代人心目中最古的人是禹，到了孔子就成尧舜，到了战国就有黄帝神农，到了秦代就变成三皇，到汉代以后又有了盘古。第二，时代愈后，传说中的中心人物愈放愈大。孔子时代的禹，只是一个无为而治的圣君，在《尧典》里就成了一个家齐而后国治的圣人，到孟子又成了一个孝子的模范。第三，即使不能知道某一件事的真实状况，也可以知道这件事在传说中的最早状况；即使不知道东周时的东周史，但可以知道战国时的东周史；即使不知道夏商时的夏商史，至少可以知道东周时的夏商史。

顾颉刚提出的这一系列主张，引起了学界的广泛讨论，有的学者明确赞成，进行补充，有的学者明确反对，进行驳斥。其中，刘掞藜、胡堇人等人的批判最为严厉。顾颉刚先后发表回应性文章，在表明自己态度的同时，提出如何从杂乱的古史中分出信史和非信史的标准，打破四项非信史的基本观念，这些都对疑古辨伪思潮起了积极影响，完善了此前提出的层累说。

这四项非信史的基本观念包括：第一，打破民族出于一元的观念。以前并无民族出于一元的观念，各有各的始祖，春秋以后,大国攻灭小国,疆界日益扩大,民族日益合并,种族观念逐渐淡去而大一统观念加强,许多民族的始祖传说渐渐归到一条线上。

第二,打破地域向来一统的观念。《禹贡》的九州、《尧典》的四最、《史记》的四至乃至战国时七国的疆界都是不同的。中国的统一始于秦,中国人民希望统一的愿望始于战国。战国以前只有种族观念,并无统一观念,所以对于古史,应该以各时代的地域为地域,不能以战国时的七国疆域和秦朝时的四十郡算作古代就已定局的疆域。

第三,打破古史人化的观念。古人对于神和人的观念没有界限,所谓的历史差不多都是神话。春秋末期以后,诸子奋起,人性发达,于是把古神古人都人化了。所以,对于古史应当依据那时人的想象和祭祀的史为史,考出一部那时的宗教史,而不希望考出那时以前的政治史,因为宗教史本有的事实,是真实的,政治是后出的附会,是虚假的。

第四,打破古代为黄金世界的观念。古代神话中的人物人化之极,便造成了古代是黄金世界的观念。其实,春秋以前并没有古代很快乐的观念,三皇五帝黄金世界的观念是战国后的学者造出来给君王看的,不可受了他们的欺骗。

顾颉刚提出的这些主张,否定了古史的权威性和不可更易性,直接缩短了古史时间,半人半神的三皇五帝成了后世虚构和作伪的产物,不足信也不可信。以层累说为标志,古史辨派正式登上历史舞台,在学术上发挥重要影响。胡适作为《读书杂志》的主编,曾在1924年发表《古史讨论的读后感》。他高度评价相关讨论是中国学术界极可喜的一件事,在中国史学史的地位不亚于科学与人生观论战在中国思想史上的重要。

胡适认为，顾颉刚的见解是史学界的一大贡献，学者应该虚心地研究和试验，不应该让成见阻碍了这个重要观念的接受。他初次提出这些观点，不免有些微细的错误，但这个根本观念颠扑不破，这个根本方法愈用愈见成效。同时胡适还批评了反对的声音，认为对古史采取察传的态度，参之以情，晓之以理，断之以证的观点，里面含有危险的分子。胡适在最后也明确承认，以上所言含有偏袒顾颉刚的嫌疑，这一点不用讳饰。

疑古辨伪思潮从一开始就伴随着学术论争。顾颉刚依据自己的层累说理论，对中国古史提出了大胆的质疑，甚至依据许慎《说文解字》，怀疑耳熟能详的大禹是虚幻的神，不是真正的人，甚至可能是九鼎所铸的一条类似虫的动物。这个说法疑古过甚，在学术界掀起轩然大波。柳诒徵在《史地学报》上发表《论以〈说文〉证史必先知〈说文〉之谊例》，对疑古派的治学方法及一些偏激的结论进行责难，尤其批评将大禹怀疑为一条虫的说法，从而拉开了说文证史之争。

柳诒徵认为，研究中国古史不能专信《说文解字》，即使要从文字证史，也要先通晓造字的通例，不可以依据单字只例妄下断语。他批评顾颉刚研究专信文字，不通造字的通例，也不懂清代经师治经治小学的方法，刺取一语，辄肆论断，名为勇于疑古，实为疏于读书。

柳诒徵还举了《说文解字》中的人名地名，并归纳出人名地名的几条通例，并以此批判说，《说文解字》上多次指明大禹是人，并不是九鼎所铸的一条虫。如果许慎知道大禹非人，则不应该延续旧假说，哪有明知大禹为虫，还在引证大禹事实、自相矛盾的道理？千百年来阅读《说文解字》的人都不曾对此有疑，现在只有顾颉刚独具慧眼，发前人所未发。

接下来，柳诒徵严厉批判凡古必疑的做法，今人读古书动辄怀疑，肆意定某某书为伪书，并不知道古人以信为鹄的，初衷不是造作语言以欺后世。史书无一事无来自，小有出入多半是一时之疏，并不是故意误导后人。如果不考其本源，凭空言而出私见，通过疑古而证伪，殊为不可。学者还是要熟读《说文解字》，潜心于清儒著述，然后再谈论疑古。

柳诒徵的质疑很有力道，语带讥讽指出了疑古派的过激做法。顾颉刚面对责难，特意作了一篇《答柳翼谋书》进行回应。他首先肯定柳诒徵这篇文章的价值，可以补王筠《说文释例》的缺失，读之甚佩。但是，《说文解字》产生在思想昏乱的时代，那时人们的思辨力非常薄弱，从而导致这部书的价值非常有限。这部书本来没有通例，所谓的通例都是后人替他寻出来的，与春秋家替《春秋》寻例一样。

个人引《说文解字》主要是因为古代的材料缺失得太多，为连串零碎材料的便利，难免有几处借了后代的材料来证明前代的观点。关于说禹为虫，只是想研究神话时代的古史模样，从而建立几个假设，然后再根据这些假设去收集材料，做确实的证明。如果没有确实的证明，则假说终究是假说。

对于柳诒徵熟读许书、潜心清儒著述在疑古的诘难，顾颉刚认为这是一个狭隘的心理，缺乏时代眼光，因为任何书都只能提供研究材料，并不能提供做学问的准绳。如果以古书为治学标准，不去研究而先服从，则如缘木求鱼一样无望，只能一生一世在伪史中打转。他与柳诒徵的看法不同，源自精神理念的不同，这是无可奈何的事情。

1926年，《北京大学国学门研究所周刊》开辟说文证史的专号，除重新刊发柳诒徵、顾颉刚文章外，还刊发钱玄同、魏建功、容庚等人的文章。这些人基本上是疑古辨伪思潮的倡导者或同路人，站在顾颉刚的立场上，对柳诒徵展开批判。另一方面，柳诒徵的好友或学术上的同路人在学术刊物上也有论文的发表，以反驳疑古辨伪思潮。

总体而言，顾颉刚与柳诒徵及其后续的论争，是疑古辨伪思潮发展过程中的一大公案。一方面，顾颉刚的层累说暗合西方学术中的假说，即提出一种假说，然后再论证，这既有胡适所谓科学的方法的启发，也有传统疑古思潮的源流。主张视古书为材料，不再简单地认为是结论或信史，以充分的证据或材料作为假说是否成立的前提，不局限于传统古史体系及古书的通例，这表现了疑古的创新精神，对传统读书方法和治学理念有很大冲击。另一方面，这也造成悬问题以找材料的弊端，假说的提出无凭无据，仅靠想象和推导，对古书本身的体系和内在脉络关注不够，或者是从根本上不承认古书的合理价值，仅把它们当成冷冰冰的材料。这就不免受到批判，尤其是受到饱读诗书的老派学者的严苛批判。

柳诒徵与顾颉刚的学术理念存在根本不同，在疑古思潮风靡一时的浪潮之下，违千夫之诺诺，做一士之谔谔。基于价值认同，柳诒徵也有一些过激之词，比如他批评古史辨是以空疏和装饰的学术迷导青年，疏于读书，但基本上还是以公心进行学术探讨。

　　凭借深厚的国学修养和研究的治学态度，柳诒徵就具体的学术问题和疑古派展开论证，就如何对待古代文明、如何考证历史、如何阅读《说文解字》提出个人看法。反对疑古辨伪为研究的唯一法门，为疑古而疑古，批判其过激、过度和偏颇之处，这些都是值得赞赏的，也是值得钦佩的。

　　对于整理国故大潮中发生的疑古辨伪思潮，尤其是古史辨派的学术影响、贡献和价值，时人给予充分的关注，后世已经有了太多的研究。可以毫不夸张地讲，疑古辨伪已经成为现代学术的有机组成部分，现代学人几乎都要回头关注这场学术论争，从中汲取学术的营养。

　　漫长的中国古代学术研究已经形成一整套学术理念，信古、释古而不疑古，甚至到了一种盲从、盲信的状态。疑古辨伪思潮承接中西疑古的传统，尤其是来自西方的现代学术理念，在新文化运动、整理国故运动中掀起思想的大飓风，起到了破除迷信、解放思想的作用，振聋发聩，有功于整个学术研究。在一定程度上，疑古辨伪思潮加强了新文化运动的理性力量，从学术上进行了理性支撑。特别是现代考古学没有为古史研究提供足够可靠的证据之前，古史辨派的疑古精神对于打破盲从古史、泥经崇经的思想束缚有重要作用。

　　在现代学术理念下，古史辨派重新讨论中国古代历史与神话之间的区别，强调历史演进的必然性，打破儒家思想的禁锢，改变传统史学的思维定式，为中国学术发展提供了新的视角、新的方法、新的理论和新的结论。在今天看来，胡适、顾颉刚、钱玄同倡导的这场古史辨运动，有着重大的学术意义和现实意义，作为五四新文化运动的表现与延伸，又反过来为五四新文化运动提供了学术支撑。

顾颉刚曾经就把整理国故、疑古辨伪的很多功绩归功于新文化运动。他说，自己之所以能够彻底地辨古史，完全是因为没有崇拜圣人观念的缘故，思想革新促使不受宗教的约束，学问思想上的偶像不攻自破，所以才能大胆地批评，取得很多成就。如果自己不是生在五四时代，绝不敢辨古史，即使敢辨，也无人听信，产生不了什么影响。

郭湛波在《近五十年中国思想史》中，也认为新文化运动后的中国思想经过了大的革命，孔子思想发生根本动摇，思想的偶像已经破坏，思想的庙宇随之坍塌，经传的尊严、古史的威信——揭去了假面具，失掉固有的尊严，这才是疑古思想产生的原因。

作为现代学术的重要表现形式，假说在西方是非常普遍的常识，也是很多学术领域得以进步的直接表现。在原有学术的基础上，提出一个有价值的假说，再以坚强的论据和合理的推论进行论证，才可以推进学术进步。每一种假说都代表着一种新智慧的成型，一种新学说的成熟，新的假说批判既有的理论，便代表着学术的巨大进步。换一句话讲，假说是西方现代学术不可或缺的因素之一，既是一种方法，也是一种理念。

在以往的古史研究中，没有假说的存在空间，也无假说的生长土壤。中西学术既不同源也不同质，也体现在对待假说的态度上。顾颉刚提出的层累说是一种基本成熟的假说，首先建立一种理论学说，再以论据证明，这是一种合理的方法。柳诒徵批判顾颉刚则是从论据的角度,并没有从假说辨析的角度。

对于任何一种假说,论据的批判和探讨是必要的,但却是第二位的问题,从内在理论批判假说才是第一位的。即使是从证据上充分论证大禹不是一条虫,也没有从根本上推翻假说的合理性,因为大禹是不是一条虫仅是补充和论证假说的合理性。这便是顾颉刚与柳诒徵之间的根本区别,这也是顾颉刚的自信来源,以及他所言的与柳诒徵的学术精神不同。

在肯定疑古辨伪思潮的同时,也应该看到它的弊端和偏颇之处。假说的提出要谨慎,运用起来也应该有界限。任何假说都有一定的漏洞,也有一定的危险,最高明的假说也不过是一种真理,真理恰恰都是深刻而偏颇的。凡古必疑,凡古必否,矫枉过正,为疑古而疑古,往往将假说的应用扩大化和极端化。

不顾史实的疑古必然走向极端,得出一些具体结论的谬误。割裂传统与现代的关系,认为古书不过是一堆材料,而不是论著,使得一些古代史具有重新探讨的必要,从而导致学术上的不可知论和思想上的民族虚无主义。学术的革命是可取的,但革命的学术则要否定,关键在于倡导者是否把握好其间合理的尺度。

四、学术范式的利弊得失

整理国故运动兴起于五四新文化运动时期,发端于新文化运动中心的北京大学,持续整个二十世纪二三十年代。作为一场声势浩大的学术运动,曾经在学术史上掀起波澜,开创了现代学术的范式。以下是对国学的分科与现代学术机构的建立、历史主义的兴盛与逻辑主义的缺失、考据史学的新生与弊端、现代学术论文模式的建立与缺失四个层面进行分析。

首先,整理现代学术机构的建立。晚清民初,伴随着现代大学的建立和学术体制的建立,学术分科已经成为大势所趋。北京大学内部有文史哲不同学科门类的区分,但很多都是存在形式,缺乏足够的学术自觉。北大成为一个老爷学校,完全不以学术为追求,而以升官发财为目的。这些在蔡元培当校长后有所改变,定义大学为研究高深学问的地方,而不应该像以前的国子监一样是一个培养官僚的机构。

兼收并蓄,思想自由,为新派人物提供了学术舞台,与老派学者进行学术争鸣。以陈独秀为代表的革命者和胡适为代表的海归博士回到北大,倡导文学改良和整理国故,在一定程度上改变了保守、沉闷、缺乏学术论争的校园风气。同时,北大内部存在严重的派系斗争,门户之见与利禄之争交织在一起,影响着国学的分科和现代学术机构的建立。

陈独秀、胡适入职北大时,太炎门生挟革命元勋的余威,大肆排挤桐城派诸老,从而使得北大文科成为某籍某系的势力范围。短暂的胜利之后,太炎门生也面临分裂,尤其是新文化运动诸人进入北大,太炎门生在对待新文化运动的态度上,明确地分为三派,即以黄侃为代表的保守一派、以钱玄同等人为代表的激进一派和以朱希祖等人为代表的中间派。学生跟随各自亲近的老师,也分为各种派系,一时间北大师生归于不同的派系,政治斗争与学术纷争交织在一起。

正是在这种情况下,北大研究所国学门开始筹建。1920年7月,北大评议会通过研究所简章,宣布成立国学研究所。10月,北大研究所整理国学的计划书公开发表。这是整理国故思潮在学术机构改造上的反映,反过来又推动了思潮的发展。胡适和钱玄同等太炎门生有了另一层学术机构的依托。

本来研究所分为四门,分门进行筹备,最终只有国学门成立最早、发展最快、影响最大,这多半缘于整理国故和再创文明的促进。1922年1月,研究所国学门正式成立,第二个月通过了国学门委员会全体委员名单,包括李大钊、胡适和沈兼士、马裕藻、朱希祖、钱玄同、周作人等倾向文学改良、整理国故的太炎门生参与其中。胡适被委以《国学季刊》主任编辑一职,为他进一步阐发整理国故的理论提供了舆论阵地。

1923年1月,《国学季刊》正式创刊,作为主编的胡适决定了这个刊物的发展方向。在发刊词中,他有意识地将整理国故运动与以往没有气力的反动运动区别开来。他也不认同很多人把古学沦亡归咎于西洋学术的输入,更不认同一些人抗拒西洋学术的输入,认为孔教完全可以代表中国的古文化,梦想孔教的复兴。

胡适激愤地说,如果这些举动可以代表国学,国学还是沦亡得好。他又肯定清代学者的治学成绩,同时还批评了清代学者的不足。在此基础上,他全面阐述了整理国故的范围与方法,用历史的眼光扩大国学研究的范围,用系统的整理来部勒国学研究的资料,用比较的研究帮助国学资料的整理和解释。同时,他还规划了索引式、结账式、专史式等整理步骤。

综合来看,这个发刊词为国学门制定了一个研究大纲,明确了研究方向和指导方针,准备为学界开创一个新纪元。伴随着北大研究所国学门的建立,包括敌对阵营主导的很多学校相继建立国学门,北大国学门的同路人也去其他高校建立国学门。相关学术期刊也在筹备中,很多报纸的副刊、针对某一个问题进行探讨的集刊、专业的学术期刊都成为发表学术文章的阵地。现代学术研究机构的建立,以及相关学术期刊的兴办,确实带动了学术研究的深度和广度,整理国故的客观影响不容忽视。

其次,历史主义的兴盛与逻辑主义的缺失。中国是个有悠久文化传统的国家,几千年漫长、不曾间断的文明史在世界上很少见。中国人重视历史,强调历史的作用,经典文献中存在一种历史主义的倾向。以历史的自然发展次序,以历史的态度审视学术,努力从历史中寻找现实的依据,所谓殷鉴不远、资治通鉴都有这个意涵。

六经皆史是很早就有的观点,章学诚把它发扬光大,认为古人未尝脱离事情而空言义理,儒家经典可以看作是史书,这也是对传统书籍历史主义的一种阐释。传统学者在撰写学术著作时,也有一定的推理和逻辑,靠感性的精准论断取胜,论证的起点与终点之间并无严密的论证,很多时候是一种材料的铺陈,缺乏层层论证和环环相扣,这种方法与西方完全不同。

西方学术强调逻辑,自从古希腊的智慧之光照耀西方即是如此。明确概念的内涵和外延,按照一定的规则和逻辑进行严密的讨论，以理性的探讨代替感性的判断，亦可说不能以感性的抒发替代或影响理性的表达。创造概念、设置命题、解决问题，这是西方学术的核心，蕴含在诸学科之内的共同特征。为了更好地论辩，西方逻辑学逐渐发展成为一种可独立存在的学问，逻辑学的基本规则被几乎所有学者遵循。只有遵循共同的规则，讨论才有共同的基础，才有共同的区间。

五四新文化运动诸人中，陈独秀、李大钊等老师一辈的学人并没有接受西方严格的学术训练，即使是按照西方的论文形式写作，但对西方的逻辑学并没有给予足够的重视。学生一辈如傅斯年、顾颉刚、毛子水等人同样如此。胡适从西方归来，对于逻辑也没有提升到一个学术应有的重视程度，其本人写作也缺乏一个严密的逻辑。

就整个北大而言，逻辑学没有成为一个通识课，学生缺乏严格的逻辑训练，直到现在依然如此。西学引进中国的过程中，逻辑学成为一个短板，直到金岳霖引入全套的逻辑学体系，中国才有了移植过来的逻辑学训练，但依然作为哲学学科中的一个并不重要的领域孤独的存在。较之五四新文化运动诸人，老派学者的逻辑学更为浅薄，很多学者甚至对于西方的逻辑茫然无知。

整理国故运动中，新派学者和老派学者的辩论并没有按照西方学术的讨论方式进行，缺乏严密的逻辑和系统的论争。谈论具体问题时，缺乏明确概念的界定，毛子水、胡适和顾颉刚等人提出一些全新的命题，却无法凝练为一个概念，同时缺乏这个概念的论争过程，也缺乏明确命题的界定。

任何学术必须上升到一个命题的高度，才可以超越现象层面而挖掘本质属性。探讨问题引入概念和命题，较之以往探讨略有不同，但缺乏明晰的界定，以及在此基础上的逻辑推导。这个西方式逻辑推导的缺失，导致很多问题的探讨无法深邃也无法严密。

因为缺乏西方逻辑主义的训练和认知，很多学者都采取传统中的历史主义来探讨问题，或者说以历史主义代替逻辑主义。从历史中寻找理论来源，以历史自然发展代替逻辑的层层递进，这是不对的。如果说中国国门没有被打开，现代学术没有进入中国，中国学术延续过去的路无可厚非，当中国学术必须和世界接轨，中国学术必须采用逻辑主义的态度撰写论著时，现代学者依然采用历史主义的态度探讨问题，则并不可取。

整个五四新文化运动期间，新派的学者并没有产生一部流传后世的经典著作，没有产生像洛克《政府论》、卢梭《论人类不平等的起源和基础》、康德三大批判系列、马克思《资本论》等著作一样，成为人类文明史绕不开的智慧高峰。原因有很多，缺乏逻辑主义精神而倾向历史主义是其中一个。

再次，考据史学的新生与弊端。史学的考证、辨析与重构在中国有悠久的传统，司马迁写《史记》时就对很多传闻进行比对。司马光及其助手在编写《资治通鉴》时，为了还原历史史实，也曾对繁杂多歧的正史、野史、物证加以编纂和考证，留下数十卷考异。顾炎武在《日知录》中还归纳了历史考据学的方法和步骤。乾嘉时期，《十驾斋养新录》《廿二史考异》《十七史商榷》《廿二史劄记》等呈现了考证史学的繁荣。

晚清民初，已经过了高潮期的传统考证史学在西学的刺激下，呈现了新的繁荣。国学门、古史辨派、史语所三者固然有其各自呈现的特点，但大体不脱离传统考据之学的范畴。胡适成为新考据的代表人物，其主编的《国学季刊》成为考据学的园地。名为现代学术指导下的考据学，实为传统的考据学绑架了现代学术，西方学术在引入中国的过程中，发生根本的异变。胡适自称有考据癖，经常写考据性文章，受性情和思维习惯的影响，有时陷入其中难以自拔。作为新文化运动的领袖，这决定了整理国故的方向，也影响了整理国故的视野和成就。

很多学术问题不能通过考据问题来解决，胡适一定要通过考据来解决，初衷与结果不能契合。余英时讲过，胡适学术的起点和终点都是中国的考据学。冯友兰曾经讲，《中国哲学史大纲》中，材料的真伪、文字的考证占了很大的篇幅，哲学家们的哲学思想讲得不透彻、不够细。这一点批评得很到位，思想的解读必须深入思想本身，只在边缘地方打转，并没有深入问题本身。

梁漱溟批评胡适，说他找不到佛教的门径，无法动笔写禅宗，只能做一点考证，六祖慧能不识字，禅宗讲究不立文字，考证根本解决不了思想本身的问题。过分注重史料，会排斥史观的真实价值。史料和史观应该相辅相成，不能偏重其一，也不可偏废其一。

由于陷入很多个别史实的琐碎考证，胡适往往忽略了对思想本身的关怀。仅以史料的考证和评析为主，属于微观史学的范畴，这也限制了整理国故的视野，上升不到历史哲学的高度，更难达到重新估定一些价值的目的。这也阻碍了吸收其他社会科学方法的效果，而使得历史主义兴盛，任何学科都像考证史学，而失去了学科应有的特性。

存而不补，证而不疏，致使一些研究过分强调现有史料的绝对重要性，而缺乏了学术研究应有的想象。一个历史学者应该根据科学的事实写历史，但不应该排除对史料缺乏时期的疏通。如果仅仅局限在某一个小的考证，竭泽而渔，固然这个问题研究得很深入，但个人的研究很难呈现一个贯通，学者之间的研究也会慢慢变成一个个孤岛。

整理国故持续时间较长，比广义的新文化运动还要长，直到二十世纪三十年代才出现衰微。这源自内外两种原因。从内的方面讲，整理国故本身的局限性很明显。过分注重考据，强调有一分史料说一分话，史学研究变成了一种史料学的学问。傅斯年更是偏颇地认为，史学即是史料学，这些都对整理国故有一定影响。如果排斥史观的重要作用，仅仅强调史料，必然会让学术成为冷冰冰的积木堆积。成体系的史观会上升为一种历史哲学，历史哲学对史学研究有一定指导性，缺乏历史哲学的史学研究会出现理论困局。

从外在方面讲，唯物史观的兴起对整理国故有重要影响。民国中期，部分学者"左"倾严重，学生群体受此影响很大，中国的社会性质成为一部分学者讨论的重点。胡适、傅斯年、顾颉刚等人倡导的整理国故运动受到很大冲击，他们既不愿出口也不愿入耳的社会性质讨论方兴未艾，直接冲击整个学术界。

重新估量中国传统的价值，本来就是整理国故的目标，但胡适等人在考证史学上徘徊不前,无法给予这个问题充分的讨论,从而给了唯物史观生存空间,因为唯物史观与整理国故有同样的价值诉求,而且走得更远。中国社会性质的讨论本身就是在重新估量传统的价值,不但讲清中国从哪里来,而且讲明中国向何处去。

作为一场重要的学术思潮,整理国故风行一时、声势浩大。不但冲破了传统学术观念的束缚,以平等的眼光、怀疑的态度研究国学的各个领域和方向,大大拓展了国学研究的视野和范围,而且催生了一些学术机构的建立和学术刊物的兴办,引入了西方学术的部分方法和概念,努力促成中国学术由传统向现代的转型。

如果用库恩的范式理论解释,整理国故实现了旧范式向新范式的转变,中国学术发生了质的变化,虽然很多并不彻底,带有传统的痕迹,西学学术的很多精髓也没有被完全引入中国,但是中国学术终究摆脱了原有范式,行进在新的学术道路上。一百年后的今天,传统范式荡然无存,新的范式没有完全建立,这个源头可追溯到新文化运动的整理国故。

第六章　文化保守思潮

在中国，保守主义常常与落后、守旧、愚昧、顽固相联系，是一个极其负面的名词。这种看法有其一定的合理性和历史传统，但绝不是客观、公正、全面、合理的评判。文化保守主义也不例外，长久以来成为一个被批判的对象，这是历史造成的误解和误读。中国面临三千年未有之大巨变，与传统决裂的激进主义成为基本的价值取向，各个层面、各个领域都在发生激烈的变化，一往无前、毫不妥协的革命似乎成为主流，中国社会思潮如高山滚石一样不可阻挡。在激进主义的话语体系中，保守主义乃至温和的改良主义都被视为社会进步的阻力，自然得不到正面评价。

五四新文化运动采取激进的文化变革政策，以狂飙式的发展确立了一整套话语体系，几乎把文化保守主义思潮踩在脚下。以往的研究中，基本上延续那一套激进的话语体系，衡量文化保守主义，把各式各样的文化保守主义打到历史的角落。新文化运动已经过去一百年，随着传统文化的回流、综合国力的提高和西方后现代主义思潮、后殖民主义思潮的传入，文化保守主义大有抬头之势，摆脱以往的弱势地位，与五四新文化运动的激进主义分庭抗礼。

一、东西调和论

东西文化调和论是一种典型的文化保守主义,其代表人物为《东方杂志》主编杜亚泉、近代学者梁启超、玄学派代表人物张君劢、《甲寅》主编章士钊等人。他们坚持文化民族主义的主张,认为民族文化有其独特价值,中西文化各有优劣,不应该以一种文化否定另外一种文化,更不能全盘西化。与中体西用思潮、文化复古思潮、国粹主义思潮不同,他们承认进化,也进行启蒙,相信人类文明向前进步,但与激进的西化派、马克思主义学派保持根本的不同。

高扬民族主义,强调文化的延续性和文化转型的秩序性,以中华文明为本位,借鉴、吸收、批判西方近代文明成果,以调和中西、改变中国落后局面,创造出一种全新的中华文明,这是他们的共同特征。站在五四新文化运动的对立面,以调和新旧为主张的东西文化调和的论调和稳健的启蒙思想,对五四新文化运动的一些激进措施展开尖锐批判,重新肯定传统文化的价值,促使中国文化取得全新的转变,这在现代依然有意义。

杜亚泉出生于1873年,自幼刻苦学习,甲午战争后放弃科举,转而学习自然科学,曾一度醉心西化。但随着阅历的增加和思考的深入,意识到中国传统文化对于中华民族生死存亡有重要意义,中学与西学并不是两不相容、完全对立的关系,二者可以共存、相互促进,中华传统文化可补西学之失,西学亦可促进传统文化的转变，于是逐渐放弃西化的思想。

1911年，杜亚泉兼任《东方杂志》主编，介绍大量世界现代政治经济和文化学术思潮，并亲自撰写各类文章三百余篇，涉及内容包括哲学、历史、经济、法学、外交、教育、伦理等多个领域，成为一个百科全书式的人物，驳杂而博雅，是东方文化派的代表。《东方杂志》被深深地打上个人烙印，成为文化保守主义的一个重要阵地。1919年，杜亚泉离开《东方杂志》，但他依然坚持原有理念，编纂各种科学辞典，为中国科学和教育贡献良多。

杜亚泉主编《东方杂志》期间，正是中华民国初建、政治一片乱象的时候，新文化运动倡导的西化在中国掀起一股浪潮。如何通过文化革新挽救处于危急存亡的中国，如何吸收外来思想实现中国现代化道路，这是学人面对的时代命题。

杜亚泉关注文化最先是从中西文化的对比入手。他首先定义文明是"生活之总称"，即社会经济状况和道德状态值总和，本身可分为物质文明和精神文明。不同文明之间仅仅是性质上的差别，不是程度上的差别，不应用落后和进步作为评判的标准。西洋社会的商业文明源自交通便利的地中海区域，中国社会的农业文明则成熟于土地沃衍的内陆黄河流域；西洋社会的民族纷争和商业竞争造成了西洋人崇尚竞争，中国社会的民族和平和乡土和平则造成了中国人崇尚和谐。

中西社会历史的不同，导致了中西文化之间存在一些根本的差异。比如西方重人为，中国重自然；西方是外向的，中国是内向的；西方尚竞争，中国尚和平等。这些差别皆缘于竞争存在和自然存在两种文化精神的不同，于是他将西方归为动的文明,东方归为静的文明。

杜亚泉认为动静两种文明应该互补和调和,不应该对立和排斥。这种调和而趋新的态度是明确的,表现在很多方面。比如在道德方面,以西方发达的科学手段,实现中国自然平均的经济目的;以西方奋斗冒险的力行精神,实现中国修身养性的理性道德。在经济方面,采用西方机器化大生产的生产方式与中国传统手工业之间的调和,有限度地采取西洋工艺救济中国传统工艺,实现一种自给自足,既可避免因过度市场化引起的争斗,又能保持经济的有序发展。

在人口运营机制方面,将中国的减量增数与西方的增量减数相调剂,循理性而行,随时加以调节。在中西处世方面,将西洋的"以奋斗求幸福"与中国的"克己以避险"相结合,东亚人民则会避免社会飘摇,保持克己特征的同时,养成奋斗精神。这种"以西评中"和"以中衡西"并重的文明调和态度,超越了复古主义的狭隘封闭和西化主张的盲目乐观,洞见了中西文化的根本不同以及不可兼得的困境,不失为一种稳健的思想。

关于文明结构的论述,杜亚泉也有精要的看法。他认为物质文明和精神文明共同组成了人类文明,物质文明是基础,只有通过物质文明的发展才能维持人类个体从事科学、艺术和道德等精神活动的基本需求;精神文明是智力支持,人们的知识储备、道德状况直接影响物质文明建设。两者相互依赖,相互补充,缺一不可,只有同步发展,才能实现人类文明的进步。

陈独秀、李大钊、胡适等新文化健将的主张与杜亚泉等人完全不同，两派论战的发生有历史必然性。1918年，陈独秀针对《东方杂志》所坚持的文明调和主张，在《新青年》上发表文章予以批判。随后杜亚泉展开反击。当章士钊与张东荪展开"新旧之争"的论辩时，杜亚泉撰文公开支持章士钊新旧可以自然调和的主张，陈独秀则撰文批判章士钊物质上开新、道德上复旧的主张。梁启超《欧游心影录》和梁漱溟《东西文化及其哲学》出版后，以海外留学人员为主的学衡派也加入进来，杜亚泉的文化保守主义得到一定程度的支持。

杜亚泉坚决反对一切激进变革，对中国传统文化充满眷恋和忠诚，同时又反对一切顽固保守，表现出一个民族主义者在文化转型巨变中的理性态度。他不反对科学与民主，也以启蒙为初衷，尊重文明产生的民族性以及不同文明之间的根本差异，强调中西文明之间的调和互补，对新文化派的激进和盲目乐观有较为深刻的批评。

章士钊出生于1881年，幼读私塾，早年曾参加革命派活动。留学日本期间，思想发生重大转变，由革命救国转为求学救国，自此发奋读书。1914年，章士钊在东京创办《甲寅》杂志，后来受蔡元培之邀，担任北京大学教授，《甲寅》随后移往北京，影响日广。第一次世界大战的爆发，让章士钊目睹了现代工业文明的弊端，更加深了中国传统文化应走出自己道路的看法。

章士钊强调文化调和论，在《甲寅》发表了大量关于文化调和论的主张。他认为，任何事物的存在与发展都以与其他相异事物的和谐相处和相互协作为条件，如果不能保持这种协作关系，力图将其他异质事物消灭，则不能获得补充、纠正和制约，从而逐渐脆弱甚至衰亡。调和是宇宙中普遍存在的现象，不但包含互补、共生等多种关系，而且包含矛盾的对立统一关系。要保持事物的多样性，应尊重相互间的差异。事物之间差异的存在和相互作用是社会进步的动因，差异必然走向协同，只有如此才会实现社会要素顺畅的自由运转。矛盾的争斗不是一方战胜另一方，而是一方靠另一方来补充。调和既是两让，又是两利。

章士钊认为，新文化运动没有认识到文化发展的延续性，过多地强调了新与旧、中与西之间的对立。任何一种文化的产生、发展和变化都离不开天时地利人和，世界上没有放之四海而皆准，俟诸百世而不惑的文化。中西文化产生的背景不同，西方文化也有自己的进化过程，不能一概视之为新，中国文化也有自己的发展历程，不能一概视之为旧。新与旧只是一个相对的概念，不能同西与中画等号。他坚定反对白话文运动，认为汉语口语与书面语不完全一致，强行采取语言与文字相统一的主张，则违背历史传统，也割裂了与传统书面语之间的关系。

张君劢出生于1887年，自幼接受儒家传统教育，成年后赴日留学，学习法律和政治学。后与梁启超相识，参加梁启超等人主持的政闻社。民国初年赴德留学，在柏林大学攻读博士学位，继续学习政治与法律。1918年，张君劢与梁启超等人一起到欧洲各地游历，对西方文明和科学万能产生怀疑，重新树立起重视心性道德的信心。

张君劢对五四运动的激进很不满意，认为科学和人生之间的关系完全不像新文化健将所描述得那么简单，似乎提倡科学就会解决一切，好像科学成为一种主义，是一服包治百病的药方、一把打开所有锁芯的钥匙。1923年，张君劢应邀到清华学校，为即将赴美的留学学生做了一场题为"人生观"的演讲，从而拉开了科学与玄学的论战。

张君劢的核心思想是科学不能解决人生观问题，科学不是万能的，国内对于科学的信仰已经超出科学所能起到的作用。首先，科学是客观的，人生观是主观的。科学的公理有普遍适用性，而有关人生观的看法千差万别，很多都无法证实。其次，科学由理性决定，而人生观多起于直觉。科学的方法有逻辑的界定，人生观多是道德伦理价值，有超验的性质，无法用逻辑推演。再次，科学可以从分析方法入手，而人生观是综合的，不由分析得来。再其次，科学由因果律支配，人生观是一种自由意志，没有必然的因果。最后，科学起源于对象的相同现象，而人生观缘于人格的单一性。

所以，科学与人生观之间不存在通约性，无论科学如何发达，也无法解决人生观问题，人生观的解决依赖人类自身，而不是科学。张君劢又分析了人生观可能包括的方面，即现实世界的各种关系，并且还对物质与精神和中西文明进行了对比分析。最终得出结论，科学不能解决人生观问题，人生观的解决唯有依赖玄学。

张君劢为何一定要把科学与人生观对立起来，这缘于晚清以来的西化思潮，尤其是五四新文化运动大举科学的口号，把科学方法作为寻求真理和知识的唯一方法。人们在科学至上的影响下，觉得只要科学普及，就能解决中国的所有问题，从政治、经济到思想、文化，毕其功于一役。张君劢认为科学是西洋文明的产物，在西方不能解决所有问题，在中国更不能解决所有问题。

人生观里面有科学不能包含的内容，也有科学不能解决的诸多问题，国人不可盲从和跟风。中国人的人生观、中国向何处去，应该重视心灵和心性之学的传统文化。这明显带有文化民族主义的倾向，张君劢成为新文化健将们重点批判的对象。面对科学主义者的批评，张君劢也发文反击。依然坚持原有的论调，批判科学万能论和科学本身的局限，同时强调科学不可忽视的作用和影响。

科学与玄学之争有很多解读，既是激进与保守的交锋，又是西方文明与中国传统文明的交锋。张君劢并不否认科学的正面价值和独特作用，只是认为科学不能成为主义，不是灵丹妙药，中国文明在现代转型中还是保持自由的独特性，中国的未来不能忽略传统价值的影响。中学与西学互为补充，在世界中寻找中国传统心性之学的未来，这是一种站在中西两种文明互补的基础上的调和理论。

梁启超少年得志，与康有为倡导维新变法，一度康梁并称。在长期的政治运动中，他并没有放弃学术上的追求，广泛介绍西方的新思想、新学说，阐释对西方文明的思考，启迪民智，改造国民。其一生流质善变，在复杂的政治环境和激进的文化转变中几经变化，留给后人很多教训，也留给后人很多经验。

在中国传统文明是否引进西方先进文化这个问题上，1918年之前的梁启超是清晰的，也是明确的。他翻译大量从日文转手的西学思想，号召国人尤其是青年担负起中华文化转变的重任。站在民族主义的立场，面对民族文化艰难的转折，梁启超在一段时间内倡导用西学进行革新，大量引进西学，从而实现中国传统文化和现代文明的结合。

1918年后，梁启超感受到一战后破败的欧洲，目睹了西方文明带来的巨大创伤，亲听了西方文明衰落的论调，思想有了巨大的转变。他认为西方文明过分地相信科学万能和功利主义，除了物质的利害关系外，毫无感情可言，人们的欲望日日加高，百物日日加贵，生活日日加难，竞争日日加烈，人们的生活飘摇无着，好像枯蓬断梗。西方文明已经无路可走，所以必须反对西化，公开宣布科学破产。中国文明有独特价值，不应该自我鄙弃，而应该提取其合理的成分，为世界文明的进步做贡献。

以东西文明调和论调为基础的文化保守主义，对中国传统文化的挖掘、解读、传播有重要价值，在修正五四新文化激进主义方面也有独特贡献。现在看来，这些主张有一定的合理性，实现中西文化的互通以及中国传统文化的新创造，首先应该了解二者的差异，不应该简单地按照单线进化的思路，以进步和落后来定义两种不同源也不同质的文明。作为一种温和的改良主义，这些学人力避偏激，稳健持重，显示出理智、冷静的光芒，是后人反思五四新文化的一个重要思想来源。

二、儒学复兴论

儒学如何在新时代中发挥作用，如何面对新文化运动狂热提倡的"打倒孔家店"，这些都是实践儒学、尊信儒学、对儒学有好感的人所要深思的问题。很多传统士绅对偶像孔子从九天之上落到九地之下，其实除了感伤、悲怨、愤恨、谩骂，别无他法。只有少数有独特之思的学人面对儒学的衰败与新文化学人对儒学的鄙视，通过个人的努力，提出了一系列的构想，从理论上对儒学进行修正，为儒学创造新生命。这之中的代表人物是新兴的梁漱溟、熊十力，他们试图实现儒学复兴，当然最后的结果并不尽如己意。

梁漱溟思想成熟较早，发表著作也较早，与五四新文化运动健将公开对立也较早。他是一个早慧的人，喜欢安静和沉思，也是一个生活自理能力很晚才完善的人，六岁还不会穿裤子。他开蒙读的不是私塾，而是现代学制下的学堂，既学传统的《三字经》，又学新编的《地球韵言》。十四岁，开始阅读梁启超主编的《新民学报》和其他改良主义论著，自称开始思考苦乐问题。其后参加革命派组织，做过报纸编辑。

梁漱溟认为自己有佛缘，天然地相信因缘果报和转世轮回，很早就开始阅读佛典，曾多次向其父兄表达出家的意愿。据其自称，二十岁到二十八岁之间，一心想做和尚，大有"黄金白玉非为贵，唯有袈裟披最难"的感受。所以他的人生，带有浓厚的佛家特色，亦可说是内佛外儒，有极强的宗教性，只是为了实践个人的追求、发挥更大的社会作用，才适时隐没自己的佛教本质。

儒家是维系传统中国社会的基本价值，佛教不是，既有出世之思又有入世之想的梁漱溟在纠结和彷徨之中度过几年。父亲梁巨川的去世，对他刺激很大，促使其思考父亲用生命去殉的诗书礼仪、伦理纲常、世道责任在现在处于什么样的地位，这更加深了他重视儒家乃至整个中国文化的思考。

1916年，梁漱溟在《东方杂志》上连载一万三千字的长篇文章《究元决疑论》，全文分为"究元"（佛教如实论）和"决疑"（佛教方便论）两部分。这篇文章以释迦学说作为判断东西各种学问的依据，认为人生只有两条成功希望的进路。一为"出世间义"，即消灭情欲、与世隔绝，逃避一切诱惑和烦恼；一为"顺世间义"，即寻求世间准则的世俗生活。

人生最好选择第一条路，不得不选择第二条路，也必须克制自己的欲望，只有这样才能在世间获得安稳。这明显是梁漱溟的心境呈现，纠结于两种人生之路，倾向第一种，而不得不选择第二种。《究元决疑论》作为一篇有独到见解的文章，让梁漱溟在学术界崭露头角。

提倡思想自由、兼容并包的蔡元培看到这篇文章，一纸聘书把梁漱溟延揽入北京大学。梁漱溟接受邀请时，明言自己去北大教书，就是为了替释迦牟尼和孔子，除此之外不做旁的事。这明显是针对当时盛行的新文化运动打倒孔家店而来。梁漱溟说到做到，专门站在新文化思潮的对立面，替孔子打抱不平，发表了享誉一时的《东西文化及其哲学》。这部书一经问世，就引起学界和社会的广泛反响，影响波及海外。

不到一年时间内，已经有近百篇论文和十几本小册子，与梁漱溟打笔墨官司，而且被多种外文翻译。从而奠定了梁漱溟的学术地位和社会影响力。

《东西文化及其哲学》的核心是人类生活三路向说，一种独特的生命和文化哲学。梁漱溟思考的问题是究竟什么是生活？什么是生活的意义？什么是生活和解决生活的问题的区别？意欲是他论说的起点，被界定为文化的最初本因或根源，在梁漱溟的论说体系中占据根本位置。

这个概念融合了柏格森的生命冲动、佛教的阿赖耶识和陆王心学等诸多内容。由意欲是否满足为出发点，梁漱溟提出人生依次需要解决三大问题：人与物、人与人及生命自身。处理物我之间的关系，只能依赖意欲向前、征服自然，求得个体的生存和种族的繁衍，产生的文化路向是向前要求，是一种奋斗的态度；处理人我之间的关系，只能向内用力、反求诸己，获得内心的和谐与满足，产生的文化路向是对自己的意欲调和持中；处理身与心或灵与肉的关系，既不能向外追求，也不能反求诸己，只能通过禁欲主义的修炼，使自己得到完全的解脱和涅槃，产生的路径是反身向后去。

根据文化路径，梁漱溟对西方文化、中国文化和印度文化进行了比较，将文化形成中的民族性凸显出来。让人们认识到，中西文化的差异不是历史阶段的不同，不是此对彼更先进，而是因为采取的生活路向不同。孔子所强调的理念是一种超越功利、不重理智而重感情和直觉的生活态度。建筑在人际情感关系基础上的东方精神文明胜过建筑在个人主义基础上的西方物质文明，世界未来文明发展必然是中国文化的复兴。

在打倒传统和全盘西化的浪潮中,梁漱溟高举中国传统文化的旗帜,为孔子和佛学正名,重新估量传统的价值和意义,大有虽逆天下潮流而动、千万人吾往矣的气魄和勇气。梁漱溟敏锐地看到中西文化以及印度之间的差别,重视民族性在文化发展中的重要影响,这些都是有价值的。

中西文化不同源也不同质,完全以历史阶段来划分否定了它们的异质性,探讨如何对接、怎样对接的前提是看清二者的本质差距以及未来的趋向,这是梁漱溟最大的价值。一整套完整的文化自信理论,给衰败的中国文化打了一针强心剂,让很多尊崇、信仰、喜爱中国传统的人看到了希望。

但是,梁漱溟缺乏西方逻辑学的严格训练,对于概念的明晰和逻辑的推导缺乏基本的认知,以感性代理性,论证过程存在跳跃。而且很多地方带有佛教禅修的痕迹,言语道断,心行处灭,正如其对中国传统文化的评述一样,似宗教不像宗教、似生活不像生活、似艺术不像艺术、似哲学不像哲学,混杂在一起,在现代学术中无法找寻自己的位置。

李泽厚批评梁漱溟,认为他的论点、论证、概念、范畴都极不清楚,很多概念混杂在一起,以混杂的概念进行粗疏的分类,相当表面和肤浅。李泽厚的批评很到位,笔者想这源自缺乏西方学术的基本训练以及掺杂了佛教的顿悟体验。

熊十力年龄比梁漱溟大,思想成熟较晚,还受梁漱溟的影响,但他的原创性、思想深度和影响程度则远过之。他是狭义层面的现代新儒家的开山祖师和精神领袖,现在还活跃的学术界的港台新儒家一般奉他为祖师。他出生在一个贫苦家庭，性格真挚、激烈、率真，独具才思而又非常自尊。

他早年阅读康梁维新著作，后来参加革命团体，参加辛亥革命，拥护三民主义。护法运动失败后，他心灰意冷，感慨党人争权夺利，革命不会有善果，万里江山破碎，泪水盈盈而下，从此决意退出革命，探寻独创性的智慧，以导人于正途。

1920年，熊十力经梁漱溟介绍，到南京内学院跟随欧阳竟无学习佛学，两年后入北京大学担任教席。其间多次闭门苦读，殚精竭虑，苦心冥想，终于取得大成。他曾口出大言："举头天外望，无我这般人"，"人谓我孤冷，吾以为人不孤冷到极度，不堪与世谐和"，有独得真知、创造智慧的心胸与魄力。

熊十力身处于五四之后，心却在辛亥之时，学佛学儒都不是专家之学，而是为了解决宇宙人生的大问题，继承圣学余脉。他的思想成熟于五四后期，著作正式出版则要晚一些，所以按照思想体系的成熟阶段，属于五四思潮之一。

相较于谭嗣同、康有为等坚持内圣与外王相统一的路径，熊十力改变了内圣外王混杂一处的探讨方式，斩断二者间的联系，排斥外王之学，专心内圣之学，在传统哲学如何转变为现代哲学方面，展示了远远超出常人的原创能力。熊十力所接触的西学知识不多，却抓住了西学本体论这个核心脉络，进行批判，并且以佛教心外无物、儒家体用不二等思想，重新对宋明理学的心性理论进行探讨，把孔颜乐处为代表的内圣给予本体论的新阐释，以宇宙观和本体论代替传统的伦理学和人生观。

熊十力哲学体系的核心是体用不二，即本体现象不二，道器不二，天人不二，心物不二，理欲不二，动静不二，知行不二，德慧知识不二，成己成物不二。做个形象的比喻，便是熊十力常讲的大海与海浪之间的关系：譬如大海水偏现为——沤，即此——沤皆涵有大海水全量。每一沤都与大海水无二无别。——物各具之心与宇宙之心无二无别，亦复如是。

他认为，以往的哲学家都是把本体当作是离我的心而存在的外在事物，凭借理智，向外界寻求，创造某一种境界而命名为本体，这非常荒谬。错误的原因在于不反求本心，不了解万物本原与个人真性可以合一，而非有二。这有王阳明心即理的痕迹，加上了佛学和西学的因素，演变成一套解释宇宙观和本体论的学说，从而突破了原有的心性论的狭隘范畴。

熊十力认为，现象和本体不可分离，现象是本体的功用，现象即功用，功用是生生不息的变化，就是本体。本体本身永恒变动、生生不息，万法世界本身就是真实、本体，二者不可强分，同属一体的两面，不是两个事物。为了阐释本体的永恒运动和变化，熊十力借助周易的翕、辟两个概念，赋予其新的含义。

翕指凝聚，辟指开发，两种动力势能组合统一，不可分离也不可分割，共同组成本体的变易和运动。辟乃谓神，神即心，既是宇宙的心，也是个体的心，二者也是一个事物；变易运动由心发动，翕便成物，这强调了心的向外能动性。在这里，他把宋明理学僵硬死板的心性论和伦理学转变为一个充满生机活力的运动过程,以动态形式代替静态形式,赋予其活生生的生命力量。

但从另外一个角度上讲,熊十力的理论割裂了儒家关于内圣和外王之间的天然联系,走向一种超逻辑超概念超思辨的直觉体认,在内生之路走得更为坚实。通过直觉体认,达到一种哲学形而上的本体存在,从哲学角度论证孔颜乐处和心性的合理性和独特价值。完成与万物同在、与圣人一体的智慧状态,这在中国有悠久的传统和积淀,孟子自圣来源于此,佛老智慧的直觉和修行的体悟也来源于此。

任何佛教经典几乎都是实现个人与外在、现象与本体的完全合一,这是佛教修行的最高境界,也是任何佛教徒追求的根本目标。熊十力的学说由佛学而来,相较于儒家和道家,佛教智的直觉更为彻底,思辨的程度更为深刻。唯识宗是佛教中思辨较为烦琐、逻辑较为严密的学说之一,熊十力正是通过批判唯识宗,获得了某种智慧的启示。由佛教的智慧之眼重新审视西方本体与现象的分离以及儒家、道家本体与现象结合的不彻底性,熊十力天才地创造了自己的学术体系。

但是,熊十力只看到了唯识宗的表象,而对修行中的境界、次第和法脉全无涉及,批判的结果必然是视唯识宗为工具、为桥梁、为媒介,不是最终归宿。归宗于儒学,给予儒学全新的体系性解释,是熊十力的根本目的,所以他在内学院所学内容最后都成为他批判的内容。这在正宗的佛教徒看来,便是否定了唯识宗的根本要义,或者说没有原封不动地复述唯识宗的基本内容。

熊十力始终对五四运动持批评态度,其弟子门生如牟宗

三、唐君毅、徐复观等人延续其师的态度，对胡适、陈独秀、李大钊等人多无好感，对新文化所提出的观念也多否少肯。他们站在儒学复兴的角度，以心性作为探讨的根本，意在实现传统内圣与外王、内圣外王与民主科学的自然衔接。

这种美好的理想当然不会实现，现代新儒家是宋明理学的回光返照，比附佛教和西方的某些理论，倾心于创造独特的哲学体系，从而走向更为狭窄的心性之学，成为少数自认为有圣人情怀、天才构想的学人在书斋中建构的空中楼阁。这在熊十力身上就可以看出来。

除了梁漱溟、熊十力等人，还有很多儒学的信仰者、实践者在为儒学找寻出路，比如康有为、马一浮等人。康有为成名很早，是戊戌变法、保皇派的精神领袖，民国以后依然发挥影响。新文化运动几位健将共同批评的一个对象就是康有为，康在他们的心目中已经成为一个落伍、落后、顽固、可笑的形象。

康有为倡导虚君政治、坚持孔教为国教、建立孔教会，把儒学看作一种宗教，意图在中国实现某种政教合一的共和体制。这些都是抹杀了儒学半伦理、半宗教、半政治的性质，儒学从来不是一种宗教，也不可能是一种宗教，也没有必要成为一种宗教。

儒学作为一种社会学说，曾经发挥过重要作用，在民国初期已经失去政治地位。康有为坚持认为儒学是一种宗教，这源自其早年修行民间秘密宗教和阅读佛典的体验，从而实现了学术思想的根本突破，从而使得他在对待儒学时，带上了一个宗教的视角，这一点与梁漱溟、熊十力类似，只是因为宗教关注点的不同，看到的景象不完全一致。

马一浮早年曾修学外语、去国外留学，对西学的认知要远远超过梁漱溟、熊十力和康有为等人。可是因为马一浮把儒学作为一种信仰，认为儒学在个人生命和社会政治方面要远胜于西学，而西学在他眼中，多半是不究竟、不彻底、本末倒置，实际价值较之儒学差很远。马一浮服膺、尊信、倡导程朱理学，多年隐居基本都在体悟，以期达到宋明理学诸位宗师的某种境界。在阐释个人学说中，马一浮排斥现代学术的某些概念，亦步亦趋，旨在尊崇，排斥创新，完全成为宋明理学在现代的实践者，而缺乏任何的创新。

三、学衡派的融化新知

1922年1月，在五四新文化运动的后期，《学衡》创刊，一股文化保守主义的势力在南京兴起。学衡派是围绕《学衡》杂志而形成的文化保守主义重镇，成员大多是文学和史学界精英。杂志主编曾是吴宓，发起人和参与者为梅光迪、胡先骕、刘伯明、汤用彤、柳诒徵等人，还包括王国维、陈寅恪、缪凤林、张荫麟等人。

《学衡》宗旨是论究学术，阐明真理，昌明国粹，融化新知，以中正之眼光，行批评之职事，不偏不党，不激不随。学衡派由一个个松散的人员组成，作为派别的主要人员随进随出，关系并不紧密。但作为一种保守主义的代表，代表着近代的一种文化性格，以纠正新文化运动的偏颇和极端，同时对妄自尊大、故步自封的保守人士也有严厉的批评，1926

年之前，杂志按月出版，其后时断时续，至1933年终刊。

学衡派的代表成员和灵魂人物当数吴宓、梅光迪、胡先骕、汤用彤等人，他们先后留学哈佛，在美国期间既与胡适等人有或多或少的接触，那个时候就不太同意胡适的很多主张。他们回国后，没有去新文化运动蓬勃发展的北京，而是留在东南大学任教，称得上是比较纯正的学院派。

学衡派不同于梁漱溟、熊十力等人，梁、熊等人未曾出过国门，也未曾接受过西方严格学术训练，对于西学所知有限，总显得有些隔膜。学衡派大部分人留学西方，对西方有过深层的了解，而且深入西学的精髓。如果说梁漱溟、熊十力等人与新文化运动的争执还略显陈旧外，学衡派与新文化运动的论辩则是新与新争。对话语权的争夺，对真理的探究，对学理的阐释，学衡派与新文化运动的主力人物之间焦点在于，究竟是谁掌握了西方文明的精髓。

梅光迪、吴宓、胡先骕等人有一种知识元典精神的倾向。他们为了论证胡适在西学上的浅薄，同时也为了论证自己在西方学上的真知，借助美国学者白璧德的基本观点。白璧德认为，西方十六世纪以来，主流文化是一种对古典人文传统的背叛，中国人不必再膜拜卢梭等人，忘却中国固有文化，而应该学习、研究、吸收、容纳希腊以来真正的古典传统，昌明中国自己的国粹。以白璧德为代表的保守主义始终是欧美政治思潮的主流之一，这一点被学衡派引入中国，成为对抗新文化运动的主导思想。

学衡派倡导昌明国粹，却并不完全墨守成规，一味地颂扬传统文化。他们与新文化运动一样，同样开展对传统文化的反思和批判，将批评重点集中在宋明理学，并且强调以西方科学精神补救儒家的缺失，同时高度肯定先秦儒家的价值，严厉批判古代政治的专制本质和科举制度对思想的束缚，并且站在妇女解放和男女平等的角度，对传统社会男尊女卑提出严苛批评。

对中国的传统专制本质，学衡派很多成员并不讳言。刘伯明在1922年就发表文章，称中国政治自古以来就是专制。柳诒徵则更为具体地指出，自汉代以来，名为尊孔，其实都是黄老之学和法家之学的政治产物。对清代大搞文字狱，压制言论自由，柳诒徵更是表示出极大的愤慨，认为前代受到文字狱祸害的程度，没有比清代更为严重的，雍正、乾隆以来，至节之士荡然无存。

胡先骕更是对官僚政治的堕落有一定反思，认为两千年的专制政治操纵在士大夫手里，士大夫为官后，便可享受重重特权，不为官后再为绅，同样鱼肉乡里，这是官僚政治牢不可破的形式。梅光迪对帝王之术也有分析，认为恩威并用是权谋家操纵民众的秘诀，帝王自古以来都是一面假托神圣，一面假装与士卒同甘共苦，使普通民众颠倒迷惑，堕其术中，被人玩弄于股掌之间。

在政治制度、社会风俗层面，学衡派能够以现代的眼光进行审视，并不讳言古代社会的专制本质，其政治立场与胡适等人基本接近。对传统教育，他们则批判过分重视记忆，忽视儿童兴趣，缺乏科学指导。对鲁迅批判的国民性问题，他们也同样提及，反思程度较之新文化运动诸人并不逊色。在批判新文化偏激的同时，他们某些主张也有暗合之处，能够采取批判的眼光重新审视传统文化。

但是，学衡派对传统的反思不以打倒孔家店、基本否定儒家学说为目的，这一点与新文化运动完全不同。他们在批判传统的同时未曾全盘接受以时间为轴的进步史观，与传统做一个彻底的、革命的决裂。强调肯定先秦儒学，他们推崇孔子的人格境界和道德理想，不曾对孔子有过分的苛责。对于传统政治，他们强调儒表法里的一面，但并不认为完全代表儒家理想。

对儒家合理的分析和有限度的认可，学衡派表现出一种稳健的文化立场，避免了那种口号式的呐喊和浅薄。对待中西文化问题上，学衡派往往采取中西对比的眼光，寻求彼此的同与异，与社会达尔文主义保持距离，反对以进步和落后区分中西两种文化。学衡派很多人认为，中国文化偏重道德，西方文化偏重科学。

学衡派与新文化运动健将们有很多不同，学衡派对五四激进主张有猛烈批判。立足江浙的东南大学成为与北京大学齐名的学术重镇，其发生和发展同样是在大学这个场域里，通过学术研究、学术探讨、学术批判和学术创新的面目呈现。

梅光迪首先发难，指出陈独秀、胡适等倡导的新文化运动，对于国学缺乏足够的同情和了解，对于西学缺乏广博精神的研究，以急功近利的态度批判传统文化、引进西学，不过是争奇炫新、震骇流俗、沽名钓誉。新文化的建设应该从长计议，不可着急，不能为一时的公理所驱动，文化不论中西皆应彻底研究和至明评判，才能有所得，然后宣导国人。

在文学方面，梅光迪、胡先骕等人在五四运动之前就反对胡适的文学革命，这一点在胡适的自述里有明确记载。正是因为这些反对的声音，才促使胡适的思考更为深入，改革的心态更为迫切。学衡派面对不同观点的驳斥，同样是这样的心态，这一点延续到最后也没有改变。

胡适认为，文学是历史的产物，否定文学自身的递变革新。学衡派认为，文学是积聚的，并不是历史的产物，后来的文学未必比先前的文学新，文学不应该以新旧作为判定的标准。新文化运动隐含着一种社会达尔文主义，认为文学的发展后胜于前，新胜于旧；白话文是新文学，是活文学，文言文是旧文学，是死文学；白话文浑然天真，词句生动，表情达意活泼自然，文言文有法度声律的拘束，词句矫揉造作，表情达意不尽自然。学衡派认为这种看法完全错误，文无一定之法，而有一定之美，过与不及皆无当。

在史学方面，学衡派坚持经典不可替代的作用和先哲前贤的智慧言语，竭力反对离经叛道、非圣薄孔、随意轻率的疑古思潮。学衡派在探寻中国文化的再生之路时，深入研究民族文化，认为五千年的传统文化必然有超越时空的特质，尤其是具有永恒价值的内容。这种中国特有而又与世界共生共存的人伦精神和理想人格，是中国赖以存在的文化基础，是中国重建民族自尊的精神来源。

这种人伦精神和理想人格固然由于礼的束缚，表现得不那么尽如人意，但是它作为中国文化的出发点，以一种理性的张力使中国人得以为中国人，不至于陷入民族虚无主义和民族自大主义。吴宓曾指出，中华民族的道德精神，寄予圣人君子的理想人格，就是这种思想的表达。

在哲学方面，学衡派对胡适提倡的实验主义哲学大加挞伐，认为其带有极大的功利性，缺乏追问生活的意义。如果生活完全功利化，会导致人类精神的颓废和衰败。重新从中国和西方的经典中寻求生活的意义，得到真理的解答，这是学衡派的重要理念。

对于胡适的成名作《中国哲学史大纲》，学衡派中的很多人也采取批判的态度，认为那不是一部高水平的学术专著，属于教科书性质，而缺乏真正的永恒性。可奇怪的是，学衡派批判他人言辞凿凿，留下的学术专著较之胡适等人更少。对于宗教等观念，学衡派的态度要比新文化运动诸人的态度更为客观。他们承认宗教的合理性和在社会上的积极作用，并没有采取一贯排斥的态度。

与其他文化保守主义者相比，学衡派更加强调现代学术意识，对科学民主更为在意，更加注重中西文化的互通与融合，更有现代性意义。首先，学衡派更具有世界性的学术视野和更稳健的文化心态。吴宓、胡先骕、汤用彤、梅光迪等留学欧美一流大学，接受现代意义上的学术训练，获得硕士、博士学位。

相对于没有出国接受研究生教育的学者，他们更有世界性的文化视野，对西方文化的脉络了解更深，对西方文化的精要把握更准。西方也有不同的发展阶段，也有不同的学术派别，并非统于一尊，他们对西方文化有选择地引进、吸收、批判和称赞，有助于国人对西学有更全面的了解。立足于白璧德保守主义，他们批判新文化运动中的过激倾向，以西方新人文主义重新审视中国文化，从中西文化互补、融合的角度重新阐发、维护和改造传统文化。他们的目的不在守旧，而是希望在保存传统的有益成分，进而开新。

学衡派的义化心态，较之五四新文化运动存在的过激主义更为稳健，少了盲目的乐观与虚骄，较之盲目排外的顽固势力，则多了几分开明与开放。在一定程度上，他们摆脱了中西文化孰优孰劣这些无谓的争论，努力寻求二者各自的优点以及可能融合在一起的特性，这才是中西文化对接的正确态度。

其次，同时挖掘中国传统文化和西方文化中的有益成分，更具有人文特色。中国传统固然有很多不合理的因子，制约思想的发展，禁锢人的言行，扼杀人的本性，这一点学衡派并不否定。他们对于中国传统的专制性和国民性也有一定探讨，这一点与新文化运动所主张的有共同性。

他们的目的不是全盘否定传统文化，也不是彻底否定中国历史，而是以切实之工夫，以精确之研究，明其源流，著其要旨，挖掘传统文化中可与日月争光的合理成分。对于西方文化，他们也不是全盘接受其中一种，视之如万世不可更易的绝对真理，而是博集群书，深窥底奥，审慎选择，从而使得国内学人不至于道听途说，陷于一偏昧于大体。

这样的理论主张和价值诉求更为合理，更有人文气息，有别于视传统文化为黄金白玉、傲然于世的国粹派，也有别于视西方文化为金科玉律、轻浮褊狭的全盘西化派。但是，有时态度仅是态度，理念仅是理念，学衡派留下的学术论著比新文化派更少，经典之作照样没有。这是因为学人的懒惰，批评容易创见难，还是因为中西文化的学衡太难，很难讲得清,多半是二者都有。

最后,学衡派同样具有理性和求索的态度。西方工业文明的发生、发展和繁荣,带动了整个人类文明走向现代化,这一点毋庸置疑。科学作为一种生产力,已经促进了人类各个领域、各个层面和各个学科的进步。但如果科学成为一种主义,成为一种笼罩一切的唯一标准,夸大科学的作用,并且认为人的知识可以无限制地增长,借此建立合理有序自然的社会,那就与开始提倡的理性相违背。

科学主义和物质至上的盛行,在一定程度上造成了功利主义,从而使得人类精神缺乏和谐、理性、宽容的精神,这是很多战争爆发的原因。学衡派有意扭转这种悖逆的趋势,重建精神传统,挖掘各自民族历史中的合理成分,这是合理的,也是可行的。科学发展需要理性,科学笼罩一切则不符合理性精神。学衡派着力于阐释文化的普遍意义与可继承性,相信人类的存在需要某种精神力量。

总体而言,学衡派对新文化诸人弃旧从新的激进主张多有批判,认为以一方否定另一方并不可取。王国维曾有明言,中学与西学关系紧密,一损俱损,一荣俱荣,这确是见道之语。任何事物的发展如果割裂历史,新事物也会游谈无根,缺乏再生的基础。单纯地以新旧对立来处理中西文化,会造成新未立、旧全失的尴尬局面,百余年的社会发展和文化进程证明确实如此。

现代意义上的科学与民主及其代表的文化导向,不是无源之水,依然与古希腊罗马和基督教的历史有直接关系。文化的发展,应该是连续与变革的统一,不应该是传统与现代的断裂。国人渴盼民族独立、文化再兴的心情可以理解,但斩断传统与现代之间的客观联系,必然造成救亡的思想日兴,启蒙的思维日弱。救亡压倒启蒙,任何建设都不可避免地出现功利主义,极端短视,堵塞了创造性转化或转化性创造的可能性。

五四新文化时期,文化保守主义者有很多派别,彼此之间的观点不尽相同,但是其中核心一点是相同的,即如何创造一种不与中学和旧学断裂的新文化,如何创造一种东西融合、新旧融合的新文化建设模式。他们在向这方面努力时,考虑到文化与民族性相关,任何文化都有一定的存在基础和发展脉络,良莠并存。

通过广博的了解、深入的分析、客观的研究,他们希望对中西文化均做出审慎的选择,避免走入盲从和褊狭的误区。坚持文化的延续性和革新的有序性,避免过激主义造成的民族虚无主义,他们倡导新旧调和、中西调和,这是合理的。希望能以调和的方式,减少社会的崩溃,连接文化与历史之间的关系,这要比全盘西化更为实用。

当然,他们与新文化运动一样都不是完美的,有很多地方需要批判。比如,很多文化保守主义者激于传统文化无可奈何的没落和中国混乱的社会状况,以及惨烈的一战和西方的保守主义抬头,过分强调道德修养和文化变革的重要性,从而导致将社会问题归结到道德层面。晚清民初,中国需要解决的是几经变革的政局,恢复一个良好的国内和国际环境。

启蒙终究抵不过革命的思潮,道德修养和文化变革为激烈的革命打开了一扇门,中国在激进的革命道路上一去不复返,而很少考虑政治发展所需要的经济前提,这一点文化保守主义者尤为严重。理论探讨是必要,学术争鸣也是必要,思想启蒙也是必要,但缺乏深刻学理的分析总是有很多欠缺。很多文化保守主义者的文章是一时之作,不是一世之作,缺乏学术上的永恒性,这还是缘于他们有时思考问题意气用事,原创性较之西方第一流的哲人还有一定的距离。

四、缓进求新的文化改良主张

文化保守主义自晚清就已存在,作为一种社会思潮与激进主义和改良主义同时存在,几乎是属于伴生。《新青年》自创刊开始,就受到文化保守主义的批判;胡适提出的任何主张,几乎都有对立的人物与之论争;陈独秀、李大钊等人转向马克思主义,从来不缺少他人的强烈批评。文化保守主义包括东方文化派、学衡派、现代新儒家等多种类型,在对抗五四新文化运动的过程中有哪些共同特征,这是值得深思的。现在看,文化保守主义来源多元、表现多元、主张多元,但大体上还是有很多共同特征。

首先,反对五四新文化运动的激进主张。五四新文化运动采用一种激进的主张,有其历史功绩,但一些偏颇也不容否定。陈独秀的言论总是带有一种非此即彼的倾向,全盘肯定某一方,又彻底否定另一方。胡适对文言的排斥,割裂了与中国传统文化的有机联系,也否定了文字发展与语言进步二者不完全统一的客观事实。钱玄同甚至提倡应将汉字改为拉丁文字。这些都是偏激的看法,存在极大的缺失。

五四新文化运动的健将们在强调东西文化差异性的同时，过分归结为时代性，以先进与落后一语定义，忽略了东西文化发展过程中的民族性问题。他们不愿意提及西方政治、经济、文化发展过程中的弊端，较少挖掘中国文化的现代价值和长久影响。如果简简单单地把传统文化定义为落后，视其为西方文化的早期阶段，则忽略了各自生成的历史环境。

文化保守主义大多以人文主义对抗科学主义，有利于破除科学万能、科学独尊、科学至上的迷信，促使人们深化现代性的认识。科学主义与人文主义的发展应该相辅相成，价值理性有利于消减工具理性过分膨胀带来的恶果。现代化不应该以科学否定人文，把人文作为科学的附属物。科学不是现代化唯一的价值取向，人文的发展在各个国家、各个地区和各个领域都有不同，而不完全相同。文化保守主义以人文自觉反对唯科学主义的误导，对导正现代化的方向是有益的。

现代新儒家的创始人熊十力从儒学中寻找心性之学的特征，带有为天地立心、为万民立命、为往圣继绝学的魄力。张君劢同样如此，梁漱溟也如此，学衡派也认为不应该把西方传来的科学主义与中国传统的人文特征相对立，这些都有一定的现实意义。一百多年过去，已经没有多少人认为科学能解决一切，中国文化是西方文化的前阶段。

科学有不可替代的价值，但不是绝对价值，任何改革终究要照顾中国独有的历史传统、现实状况和文化心理。我们不应该走向另外一个极端，应该看到五四新文化运动是复杂的，激进的同时也有改良的因子，激进反传统并非五四的唯一思维框架。五四新文化运动的健将们在批判传统、追求科学与传统的现代性上，依然有方向上的正确性。文化保守主义者在这一点并非完全排斥，而是采取有益的修正。

其次，同时主张引进西学，致力于解决中西古今的命题。文化保守主义者并不完全排斥西学，除个别同样激进的保守主义者完全否定西学，二十世纪初的学者基本都受过欧风美雨的熏陶，只是略深略浅而已。梁漱溟对西学有一定研究，对西学的合理价值不否定。杜亚泉主张东西文化的调和，不主张两者之间的完全对立，认为以一方否定另一方并不合理，也不属于正确的文明接受态度。

梁启超一直致力于引进西方思想，延续二三十年，把传统文化的革新置于西学的引进和改良之下，只是在1918年去欧洲游历后，才转变引进西学的盲目乐观态度，回头再寻找传统文化的优秀价值，树立民族文化的自信心。张君劢、马一浮和学衡派诸人曾游学西方，对西方的了解并不比新文化运动倡导者少。很多时候，新旧对立的实质包括新与旧争，更包括新与新争。

五四几乎把新旧范式泛化到一切方面，以脸谱化的方式处理中西文化。只要是与西方相关的，都名之为新，如新文学、新道德、新教育、新青年、新女性、新思潮、新生活、新时代、新诗歌、新学术、新风貌；只要是中国本土固有的或是要守护的东西，都冠之为旧，如旧文学、旧道德、旧教育、旧青年、旧女性、旧思潮、旧生活、旧时代、旧诗歌、旧学术、旧风貌。

中西文化的对接问题转变为古今问题，五四知识分子或习惯于从中西文化的具体表征上做对比，也钟情于从哲学层面解释中西方文化精神的不同，或在时间维度上定义二者之间的关系。似乎中国从传统走向现代的问题非常容易,把新旧置换为中西就会迎刃而解。这种新与旧的结合,内与外的混乱,现代与传统的重叠,是转型期的正常反应,却不是学理层面的深入探讨。

对于激进主义者采取的先破旧再立新的主张,很多文化保守主义者并不认同,认为破旧并不一定必然导致立新,破不一定是立的前提,立也不一定是破的结果,两者是两种不同性质的行为。杜亚泉就曾经讲,旧文化的破坏应该是新文化成立后的自然结果,文化改革应该重在建设新文化,而不应该破坏旧文化。

如果一味把矛头指向旧文化,则会造成旧文化已失、新文化未立的尴尬局面。在他看来,文化进化是一个自然渐进的历史演进过程,输入新文明的同时应该调和旧文明,是时间上的新陈代谢,而不是空间上的除旧布新。时间可以改变一切,文化改良假以时日,必然会自然成功。

学衡派代表人物吴宓曾发表文章,指责新文化运动是一场撒旦式的反叛,却名不副实地冠之以文艺复兴。这种撒旦式的反叛把激烈的新旧冲突简单化,将西方和新等同,把中国一切都归入旧的范畴加以摧毁和抛弃。中国传统文化的发扬不仅仅因为是过去智慧的结晶,更在于它能够调整和确定当前的生活,吴宓情绪化的表达隐含着这层意思。

中西古今的关系是个时代命题,新不应该成为唯一的标准,旧也不应该成为完全否定的对象。如果新成为唯一标准,那么就会造成不断革新,不断求新,不断否定以前的新,在无限的否定中走向毁灭,一切时尚和时髦话语都只有短暂的辉煌，根本停留不住，也不会生根发芽，开花结果，最终导致历史相对主义和价值标准的丧失。维护和肯定传统思想文化中的基本价值是必需的，这是任何改革成功的必要前提。

再次，具有民族主义的倾向。面对西方现代性的冲击和国内全盘西化思潮的一种反应，文化保守主义坚守民族文化的主体性，反对西方中心论，从文化层面肯定现代化模式的多样性。任何形式的民族主义都有一种保守主义倾向，章太炎曾说，民族主义强国不可有，弱国不可无。对于弱势的中国尤其是弱势的中国文化来说，更是如此。

批判西方文化，弘扬中国文化，这是文化保守主义的价值准则。正是建立在反对全盘西化的角度，文化保守主义才在中国获得了一部分人的支持，无论是在五四新文化时期，还是现在。弘扬中国文化，并不是全盘继承、接受传统文化、完全排斥西学、排斥任何有价值的改革。

中国传统文化有很多不足、缺陷，不变革没有未来，抱守残缺只会自绝于世界主流文明，这一点在二十世纪初几乎成为共识。对传统文化要有深刻的反省和严厉的批评，这是大多数文化保守主义共同坚持的另一个价值准则。保守与创新、新与旧不是完全相对的，坚持民族主义也并不是一味地排外，一味地搞民粹。

任何国家的变革都不可能建立在自己民族文化全盘否定的基础上，摆脱情绪化的偏执，以中立的态度研究国学，大力弘扬民族优秀文化，排斥全盘西化和民族虚无主义，才能更全面和更深刻地认识中国。文化保守主义者有意夸大西方现代文明的危机，对西方文明的负面因子着力很深，从而釜底抽薪，否定五四新文化运动健将们的西化主张。甚至还有部分人提出，以中国文化救西方文化之失，这未免有些一厢情愿。

文化保守主义者的民族主义倾向体现在其学术和文化坚守上。文化有民族性，思想也有民族性，植根于历史发展的脉络中。民族文化不可一概摒弃，像胡适一样否定传统文化的价值，或者说完全以西学解构传统文化，这些都是没有发展前途的。一个民族的希望还是在文化的保持上，坚持稳健的文化革新政策，这才是正确的态度。

文化保守主义者有着强烈的文化认同危机，这种危机让他们对待新文化运动的主张时，多少有些情绪，正如新文化运动健将们把他们视为腐朽、堕落时一样，带有情绪化。新文化运动的主张带有很多对传统文化的鄙弃，这是文化保守主义者不能忍受的。民族主义不允许全盘否定民族文化，这是一个共同的现象，而文化认同危机反向加深了这种民族主义。

最后，均强调返本开新。文化保守主义者的来源非常广泛，表现也非常多样。恢复传统文化尤其是孔子的真正面貌，剥去宋明理学加在孔子身上不真实的影像。在此基础上才能开创新的局面，赋予儒家独特的价值。梁漱溟曾亲口讲，其最大的责任即是为儒学做一个新的说明，开出一个与现代学术接头的机会。

以儒学为代表的传统文化如何在现代焕发出新生命，这需要创造性转化和转化性创造，充分吸纳西方民主、科学，将儒学精义拯救出来，这突出表现在儒学复兴主义者身上。他们以超人的智慧和饱满的热情，树立儒学脉络，挖掘儒学新生的内在理路，努力说明儒学与西方的现代化并不排斥，从而缓解了传统与现代、历史与价值之间的紧张关系。儒学的返本是为了开新，开新必须返本。

梁漱溟重视真假儒学的区别，认为现代所传的儒学不是孔子所提倡的原始儒学，而是经过了两千多年的肆意篡改，充满人情味的儒学变成了吃人的礼教。熊十力认为，汉代儒者的忠君思想、三纲五常、天人感应、阴阳五行等，背离了孔子六经的本来面目，两千年名为尊孔，其实是沿袭秦汉术数陋学。宋明理学存在两大缺点，一为绝欲，一为主静，前者弄得人生毫无生气，后者搞得儒者脱离实际，减少了日常接触事物的活动力，这两者不能挽救现在衰败的中国。学衡派同样有此观点，认为很多新文化运动所批判的文化糟粕，本来就不是民族文化中值得提倡的部分，这些早被历史唾弃。

在西方强势文化的冲击下，儒学复兴者不断回到自己的文化传统中寻找宝藏，超越儒学的现象层面，摆脱孝悌、忠信、礼义、廉耻等道德说教，发现了更为根本也更为超越的伦理精神和本于道德直觉的人生态度。这是儒家文化的思想内核，也是存在于中国人文化心理的基点。儒家文化应该指的是儒家传统和文化精神，而不是儒教中国，是文化影响下的儒家，不是政治化的儒家。儒家精神传统和文化传统应该是人文宝库，现代中国的转换需要从中提取有益资源。

儒学复兴者认为，返本与开新之间有一个必要条件，即把现代科学技术和民主政治纳入这个儒家文化的本中，儒家式的人文精神如能融合西方的民主和科学，则不但能救西方工业文明之失，而且能为人类揭示一个新的方向。他们的儒学复兴运动,并非是发思古之幽情,而是站在现代文化发展的宏观背景上,一方面对儒学理想和精神的再解释,使其超越历史层面而有新的内涵,另一方面是做自我的扩大,吸纳西方现代文明的有益成分,再创新的文明。

五四新文化运动已经过去一百年,百年前的文化保守主义者和他们提出的主张,如一个个文物重现天日,对他们的翻案文章数以万计,在削弱激进主义话语体系的同时,也在确立着自己的话语体系,似乎五四新文化运动与文化保守主义自产生时间起就是一对敌人。物极必反,过犹不及,五四新文化运动的合理性不容否定,我们依然要坚定地行走在五四之路,这一点不应被质疑。

是非经久而论定,意气阅世而平心,五四新文化运动和文化保守主义不是非此即彼的关系,他们同样都是在探索中国现代之路。保守和激进仅是相对而言,没有完全意义上的保守,也没有完全意义上的激进,五四新文化运动的激进在后来的革命话语体系中,也成为保守的代名词。虽然在这里,我们依然沿用保守和激进的名词,但我们承认这样的名词仅仅是为了讨论,感情色彩并不浓厚。客观地讲,很多文化保守主义者的主张更为稳健,可以修正五四新文化运动的某些过激主张。

第七章　文学改良思潮

新文化崇新，新是希望的寄托，是反抗的策略，是斗争的源泉。新文化运动是一场知识分子的内心自省，也是一场身体力行的变革运动，饱含着激情和勇气。晚清以来，世界格局的改变打开了国人的视野，也像镜子一样照出了晚清的衰朽。觉醒的知识分子们提倡科学，反对迷信，提倡民主，反对独裁，提倡白话文，反对文言文，宣传西方的文化，在历史的长河中激起阵阵波澜。

李欧梵讲过，五四对于中国影响最深的不是科学，而是文学。在当时激进的民主主义者看来，陈旧的语言包裹着陈旧的思想，要推陈出新必须废除陈旧的文言。卡西尔说过，人是语言的动物，人有意识无意识的行为方式通过语言塑造，语言是一种无处不在的权力，语言对人具有无形而强大的掌控力。五四新文化运动的先驱者从语言介入革新不失为一种智慧的策略，取得了巨大的实效。文学是带着情感和美感的语言形式，情感和美感最易打动人心，激起共鸣，在不自觉的愉悦中用一种语言形式替代另一种语言形式。文学上的革新和语言上的革新是互为推进、互为依托的关系，新文学运动及其创作实践开创了中国现代文学。

一、白话文的兴起

传统中国以儒家伦理为基本形态，以文言写成的四书五经是传统读书人的必读书目。儒家作为一种半伦理、半政治、半宗教的社会学说，发挥着重要作用。宋明理学兴起后，儒学发展进入了新阶段，国家以程朱理学作为官方意识形态，科举考试也以朱熹的解释为准。虽然也延续诸子百家的学说，但那并不占主流，也不被官方认可。文言始终是传统政教观念的呈现，代表着一整套价值理念。这种情况直到晚清才有所改变。

鸦片战争之后，西方文明进入中国，中国发生翻天覆地的变化。西方多种多样的民主宪政学说被引入中国，传统在西学的刺激下，也呈现新的面貌。社会思潮逐渐摆脱一元化的呈现方式，变成了多元并存的情况。新旧交织、新旧混杂、新旧论争，时代在新与旧的转换中进步。整个社会的思想解放运动对文学改良运动有一定促进作用，这个时期也出现了一批白话文报刊。

戊戌变法、清末新政和辛亥革命对中国发展都有一定影响，仁人志士引进西学过程中，逐渐改变了理学独尊的状态。梁启超提倡诗界革命和小说界革命，是对传统文论的挑战。其笔端常带感情的文字，带有一种魔力，以一种自创型的文风宣传了维新思想，打破了传统士人对文言写作的固执态度。老派学者斥之为魔道，新兴少年欣然相从，为后来的白话文运动提供了契机。辛亥革命后，革命派废除了修身和读经科目，为新思潮的大规模传入和人们的进一步吸收创造了条件。同时，晚清民初留学海外的学子，尤其是留学美国的学子接受了西方现代学术训练，对传统的文言写作也有了与以往学人不一样的认识。

中国文学改良运动既有本土语境，也有西方资源，参与的主体一部分是学成归国的留学生，一部分是生长在中国的学人、作家和革命者。这两类人有一定重合，都对西方学术思想和文学理论有过关注。没有西方学术思想的传入，中国的文学依然沿着传统之路前行，不会出现文学改良运动，也不会在社会上掀起轩然大波。陈独秀、胡适等知识分子正是借着欧风美雨，吸收西方合理的文论思想，再结合中国本土既有的资源，实现了白话文的范式转变。

胡适在国内读书时主编过《竞业旬报》，对报刊文章的写作和编辑有过亲身体验。留学美国后，曾在美留学生会担任要职，参与讨论汉字改良、文学改良以及汉字字母化问题。当时一些留美学生感慨于国家民族不振和国民识字率不高，认为汉字是罪魁祸首，极力诋毁汉字和文言，主张采用字母。胡适认为问题重大，不可意气用事，应当从容细心地做研究。并且与赵元任用英文准备了论文，做大会发言。

胡适的发言题目是"如何可使吾国文言易于教授"，否定汉语采用音标拼音的主张，只认为汉字是一种视觉文字，属于半死的文字，仅凭声音不能全面理解其意义。现在汉字是全国借以交流的唯一媒介，也是全国教育的唯一工具，文言一时不能废置，应该改变以记诵为中心的教学方法，先翻译成活泼的语言,再进行教授。这个时候的胡适,还没有提出白话代替文言,也否定以拉丁字母代替汉语,重点关注文言不普及和教学方法不得当的问题。

留美学生的思想差别很大,彼此之间有着不同的政治认同和文学认同,发生了太多的争论和辩论。1915年,胡适的思想发生了一些变化,尤其是在与梅光迪等人讨论中实现了思想的大转变。胡适的言论在留美学生中遭到批判,梅光迪等人的反对尤其强烈。胡适维护自己的观点,不断辩驳,一来一往中造成了激进者愈发激进、保守者愈发保守。

整个过程持续一年多,彼此之间的思想差距愈来愈远,这也影响了彼此之间的感情和交往。思考、辩驳、总结和亲身创作中,胡适甚至提出文学革命的主张,坚定地认为只有倡导白话才是文学改良的唯一出路。随后将目光转回国内,关注国内文学发展,立足本土,提出问题并解决问题。

陈独秀本来与胡适素不相识,远隔重洋从无交往,经过友人介绍才有了联系。此时的陈独秀正在主编《新青年》,锐意改革,四处约稿。胡适接到陈独秀的邀约,寄回一篇翻译小说,明确发出为祖国创造新文学的决斗之声。此后,胡适又将与梅光迪等人关于文学革命的讨论,概括为八不主张,寄回国内。

陈独秀收到这封信,异常兴奋,立即在《新青年》发表。同时公开发表一篇复函,恳切期望胡适详述理由,指陈得失,衍为一文。胡适得到复函,受到极大鼓舞,立即将八不主张略加调整,写成《文学改良刍议》。陈独秀赶紧刊发,再下评语,认为中国文学史中的白话文价值不在文言之下,窃喜所见不孤,将来白话一定会成为中国文学的正宗。

《文学改良刍议》分引言、总论、分论、结论四部分。先总述八事,一曰须言之有物,二曰不摹仿古人,三曰须讲求文法,四曰不作无病之呻吟,五曰务去滥调套语,六曰不用典,七曰不讲对仗,八曰不避俗字俗语。再运用中外古今的大量论据详加论证,层次分明,论证充分,体现了一种方法论上的高度自觉。

这篇文章不再坚持以前所用的文学革命,而是换成了文学改良这一较为温和的词语。全篇用文言写成,遣词造句也非常讲究和得当。据胡适自己讲,这是因为受了在美留学生朋友的反对,胆子变小了,态度变谦虚了,不再高举文学革命的旗帜。《刍议》表示仅是一种看法,甚至是某种不成熟的看法,带着自谦自抑,允许学术上的自由讨论和思想交锋。手段看上去更为柔和,以免刺激反对者的情绪。

但是内容与胡适之前的认识并无根本区别。胡适认为,文言是一种半死的文字,白话是一种活的语言,文言的长处白话皆有,白话的所长文言未必能及。白话并非文言之退化,乃是文言之进化。白话为中国千年来仅有的文学,非白话的文学不足以列在第一流。这篇文章的看法石破天惊,正式拉开了文学改良思潮的序幕。从此之后,无论是反对者还是赞成者,都绕不开这篇文章。

《文学改良刍议》公开提倡白话文的主张很快得到陈独秀、钱玄同、刘半农的响应。陈独秀发表《文学革命论》,高扬文学革命的大旗,甘愿冒成为全国学究之敌的危险,声援友人胡适。他把明代的前后七子和崇尚古文的归有光、方苞、刘大櫆、姚鼐定为十八妖魔，极端鄙视。从进化论出发，相信一代有一代之文学，主张活泼的白话文必然取代僵死的文言文。但是在如何改良新文学的内容方面，与胡适没有达成一致，暂时的相同掩盖了彼此的相异。

钱玄同的态度更为激烈，沿着陈独秀的论述，提出打倒桐城谬种和选学妖孽，称反对文言文就是反对独夫民贼，就是反对弄坏白话文的文妖。桐城派以姚永朴、姚永概、马其昶、林纾为代表，选学派指推崇《文选》的黄侃、刘师培等人。两派人物坚持文言写作，在北京和地方高校、书院、图书馆占据要津，其中黄侃是钱玄同的同门。钱玄同还提出废除汉字，全部改用拉丁字母，这些过激主张竟有少部分支持者。

1917年5月，刘半农响应文学革命的呐喊，与陈独秀、胡适一起，发起对中国文言传统猛烈的攻击。围绕这一具有时代特色的命题，刘半农在《新青年》发表《我之文学改良观》，展现自己的文学观念。区分文学与文字之别后，进一步指出二者的本质区别在于有无精神，文字没有精神，其所求的精神在于所记之事物，不在文字本身。

按照刘半农的标准，文学可分为散文和韵文，散文并非完全是现代意义上的散文，包括小说和杂文，韵文也不是传统意义的界定，包括诗词歌赋和戏曲。关于散文，第一要凸显我之价值，只有个人价值确定了，才能从根本上确立反对旧文学的基础。

他甚至自信地认为，自己的观点是对胡适不模仿古人的推进，不将古人作文的死格式推翻，新文学决不能脱离旧文学的窠臼。关于韵文有三个观点，第一个是破坏旧韵重造新韵,第二个是增加诗体,第三个是提高戏曲在文学上的位置。这三种观点与刘半农多年从事诗歌、戏曲的收集和改良密切相关,前两个观点得到陈独秀的高度赞扬。

刘半农在文章中还提出,古人作文死守起承转合四个字。八股文的套路牢不可破,所以学究教人作文,对偶翻花样的课卷必定大声呵斥,斥为不合章法。这是不知道言为心声、文为言之的道理。心灵所至,尽可随意发挥,不可让活泼的心灵受死格式的束缚。他从形式的角度,以西方文学理论作为参照,对传统文学的形式大加批判。

除了这些内容,刘半农还从理论层面探讨分段和新式标点的规范性和可行性。他认为,传统典籍往往全卷不分段落,看上去眉目不清,检索起来茫无头绪。现在应力矫其弊,无论篇章长短,都应该划分出段落。具体段落中,要用逗号、分号、冒号和句号等新式标点。至于问号,则用欤哉乎耶等表示疑问的文言助词代指。这表现了思想改革的不彻底,延续着传统的某些痕迹。即便如此,按照分段和新式标点重新装饰的文章,告别了传统体例,体现了一种新的文学美感。

刘半农还写过另外一篇《诗与小说精神之革新》,侧重从精神的角度阐发文学改良的真意。他说,作诗的本意只需要将思想中最真的一点用自然节奏写出,便算了事,便算最好。小说家的最大本领在于根据真理立言,自造一个理想世界,也在于就所见的世界,绘制一幅惟妙惟肖的小影,后一种较前一种逊色。把文学的根本精神归结为人的内心世界和情感世界的真实表达,强调自我、个性和个人,这已经超越了诗文创作的具体学说,具有极强的反传统精神。

《我之文学改良观》和《诗与小说精神之革新》是刘半农的重要文章。一篇讲文,重视形式,一篇讲质,侧重精神,文质结合共同构成其文学改良观念的两翼。刘半农的这些理论探讨,除了与其重视理论的学术和挖掘,还与个人的创作经历有关,以及有意识地运用西方一些理论指导自己的文学创作和文学翻译。鸳鸯蝴蝶派的小说既有文言也有白话,文白杂陈,独有一番味道。早年为生活而从事的卖文生涯,使他对文言和白话都有切实的体验,要求对二者做更深层次的学术分析。他为女性创造了专门的代指称呼"她",并创作出《叫我如何不想她》这首经典白话诗歌。

周作人对白话的理解和提倡更为深刻,在《思想革命》一文提出,反对古文大半是因为晦涩难解,养成国民笼统的思维,表现力与理解力都不发达,更是因为其内含的思想荒谬,于人有害。不自然的儒道合成思想寄寓在古文,几千年来根深蒂固,没有廓清,荒谬的思想与晦涩的古文融合为一,不能分离。随手翻开古文一看,总有一种荒谬思想出现。便是现代的人作一篇古文,免不了用几个古典熟语,荒谬思想也渗到文字里面。

1918年1月,《新青年》实现自己的主张,全部改用白话文,采用新式标点符号,陆续刊登一些用白话文写的新诗。到了年底,李大钊、陈独秀创办白话周刊《每周评论》,北京大学学生傅斯年、罗家伦等创办白话月刊《新潮》。随后,又影响到全国文言文的报纸,专门刊登白话文小说、散文、诗歌的白话文报刊大量出现,短评、通讯、社论也都采用白话文和新式标点。一大批白话文作家兴起,打破了过去文言文一枝独秀的局面。

　　就文学贡献而言，鲁迅在新文化运动同仁中最为耀眼，突出表现在其小说创作方面。1918年5月，鲁迅在《新青年》上发表第一篇白话小说《狂人日记》，此后创作一发不可收拾，一系列人物形象成为文学史上的经典。《狂人日记》对旧礼教和旧道德规范进行了无情的鞭挞，指出了传统仁义道德的吃人本质，吃人的人话中全是毒，笑中全是刀，将来的世界容不得吃人的人活在世上。

　　小说采用日记体，以第一人称"我"为主人公。"今天全没月光，我知道不妙。早上小心出门，赵贵翁的眼色便怪：似乎怕我，似乎想害我。还有七八个人，交头接耳地议论我，张着嘴，对我笑了一笑；我便从头直冷到脚跟，晓得他们布置，都已妥当了。"狂人患有被迫害恐惧症，是鲁迅塑造的一个思想启蒙者形象。

　　狂人的怪异言行彻底而纯粹，异乎常人的思想行为导致了在生活环境中受到排挤、敌视，甚至被认为有病。小说叙述的环境没有具体时间和地点，时空有些游离，却一语道破几千年来中国传统社会吃人的本质。鲁迅写狂人的狂态，触动的是读者思考时代、社会、人生真谛的心弦。狂人在现实中并不存在，带有隐喻性，是整个五四时代先驱者愤激思潮的艺术象征。

　　从某种意义而言，鲁迅认为封建礼教的吃人源于对正常人性、正常欲望的无视，对传统道德、价值观念的极端重视，秩序之外都被专制权力打压排斥。当社会秩序没有建立理性的规则，而是建立在对权威的膜拜和遵从上，人不会有真正的安全感。如此一来，反抗是死路一条，遵从也是岌岌可危，因为权威不比规则，权威充塞着主观和随意。鲁迅有激进的社会批判意识，深刻反思了中国文化，鞭辟入里地批判和剖析了中国现状。

蔡元培在《中国新文化大系》总序中指出，民国初的几年，白话文颇为流行，但那时作白话文的缘故是为了通俗易解、普及常识，并非取文言而代之。所以主张以白话代文言，高举文学革命的旗帜，还是从《新青年》开始。白话文运动的兴起以及一批新式作家的出现，打破了以往作文必是文言的格局，改变了国人的思想。《新青年》在其中发挥的作用尤其突出，陈独秀、胡适、钱玄同、刘半农、鲁迅等人居功至伟。

二、文白之争

胡适一直重视白话文和白话诗歌的写作，水平确实不高，倒是直白浅易，属于开山之作。针对他人的反对，胡适还专门写一首白话打油诗："文字没有雅俗，却有死活可道。古人叫作欲，今人叫作要；古人叫作至，今人叫作到；古人叫作溺，今人叫作尿；本来同一字，声音少许变了。并无雅俗可言，何必纷纷胡闹？至于古人叫字，今人叫号；古人悬梁，今人上吊；古名虽未必佳，今名又何尝妙？至于古人乘舆，今人坐轿；古人加冠束帻，今人但知戴帽；若必叫帽作巾，叫轿作舆，岂非张冠李戴，认虎作豹？"

白话文运动兴起初期，一部分人并不赞成，甚至反对，一部分人处于观望，还在看风向。为了提高知名度，也为了改变没有辩手的寂寞,白话文运动的急先锋刘半农和钱玄同自编自导自演了一出双簧。《新青年》突然刊载一封信,署名王敬轩。全文用文言写成,不用新式标点,以一个卫道士的态度历数新文化和白话文的种种罪状,全是误解和歪曲,极尽谩骂之能事。

同一期上,还有一篇与之针锋相对的《复王敬轩书》,洋洋洒洒万余字,对谩骂之词逐一批判,毫不留情,更点名批评林纾。一反一正文章的出现,让正反两种观点呈现在世人面前,而且让赞成之声占据上风,显示了旧式文人的迂腐、可笑和可悲。从而获得了青年学子的喝彩,拉抬了白话文运动的声势。

然而双簧信的出现,也有人表示反感,认为有违作文之道和做人原则,完全是先射箭后画靶,缺乏基本的包容和厚度。连胡适也认为太轻薄,有失身份。不过他也承认,双簧戏对振奋白话文运动的声势,也有一定作用。鲁迅更是大表赞赏,认为刘半农跳出了鸳鸯蝴蝶派,一路骂倒王敬轩,是文学革命阵营中的一个战斗者。

当然,剃人头者亦会被人剃。刘半农和钱玄同的主动出击,让文白之争摆上台面,旧派文人纷纷表达愤怒之情。尤其是被指名道姓的林纾,更是怒不可遏,先后发表《荆生》和《妖梦》两篇小说,含沙射影地讽刺提倡新文化运动诸人。《荆生》中写了四个人物,其中正面人物是荆生,汉中南郑人,一个书剑飘零的侠客式人物,暂居北京陶然亭。反面人物是三个少年,皖人田其美影射陈独秀,浙人金心异影射钱玄同,不知何许人的狄莫影射胡适。

三人是莫逆之交，聚于北京陶然亭，纵酒高论，抨击儒家伦理纲常。话题首先从田生开始，田生认为中国之亡全是因为儒家礼教，必须去孔子、灭伦理，才可以救中国。狄莫认为文字误人误家误国，才至于此，应该首先废除文言，倡导白话。对于狄莫不解为何还有抱守《说文》，金心异解释说，自己姓金，性情也嗜金，不过骗不识字的人金钱而已，心里正想一起倡导白话。

三人言说大欢，约为金兰兄弟，准备一起打倒孔子。这一切都被隔窗的荆生看在眼里，一怒之下撞翻板墙，掀翻桌子，跳到三人面前，用儒家的伦理纲常严斥一番。三人还要抗辩，荆生举手痛击，三人伤残不敌，灰溜溜地敛具下山。林纾在后面发表了一番感慨，认为三人所言本是禽兽之语，本来与伟丈夫荆生无关，只是毁灭伦常实在可恶，才会奋起痛击。

《妖梦》一篇更为尖酸刻薄。郑思康本是陕西甘泉人，一日梦见长髯人邀请往游阴曹，告知阴曹最近发生的怪事。一些不逞之徒生时可恶，死亦不改，在阴曹还聚众胡说。郑思康随长髯人来到地府的一座城市，看到一所白话学堂。门前大书一副对联：白话通神，红楼梦水浒真不可思议；古文讨厌，欧阳修韩愈是什么东西。入第二门同样看到一副对联：禽兽真自由，要这伦常何用；仁义太坏事，须从根本打消。郑思康与鬼中豪杰言谈不合，愤而离开，罗睺罗阿修罗王等从天而降，杀死毁弃纲常的诸鬼，还世界一片宁静。

林纾在这篇小说中，同样采取了影射的写作手法。郑思康取思念郑康成即郑玄之意，教务长田恒二目如猫头鹰，长喙如狗,影射陈独秀。秦二世似欧西之种,深目而高鼻,影射胡适。校长元绪分明是指北大校长蔡元培。

这两篇小说极尽丑化之能事,带着深深的诅咒和怨恨。这种行文方式确实不可取,像一个不懂事的野孩子在人家大门上画乌龟一样,既可笑又可怜,完全不像一个学有所成的桐城派老人。当然,如果与钱玄同和刘半农的双簧对比,五十步笑百步,彼此采取的方式都不可取,都有失文人雅量和学者气度。

林纾攻击白话文为引车卖浆者之言,在公开信中指责新文化运动的罪状,一为覆孔孟、斩伦常,一为尽废古文、行用土语为文字。人们没有大量阅读古文,就写不好白话文,古文是白话的根底,没有古文安有白话。就学术而言,他也并非全盘否定白话文的价值,只是有感于后辈学人全盘否定文言,才会出此激愤之语。

林纾本身就是一个文学改良者,并非墨守成规,顽固不化。他承认旧白话小说有一定的文学价值,这一点从始至终没有变过。只是与文言相比,白话不值得大吹特吹。只是他没有把矛头指向白话文的偏颇,比如胡适所言两千年的文人所做的文学都是死的,也不能用逻辑推导的方式一步步解释白话文的内在缺失。他为传统伦理辩护,采取了传统伦理也不赞成的影射,发挥不出该有的战力,取得不到该有的效果。

除了林纾,北大教授刘师培、黄侃、辜鸿铭等人也坚决批判白话文运动。只是他们的社会名声并不大,不如林纾有广泛的读者群。刘师培学识渊博,文辞雅致,极不赞成白话文运动。因为政治上和身体上的双重原因,他不便站在前台,只能支持学生办报纸,与白话文运动甚至是整个新文化运动打擂台。

黄侃此时年少气盛,凭借伶牙俐齿和狂妄性格,对胡适、钱玄同等人时时嘲讽,有时甚至直接进行人身攻击。有人回忆,黄侃鄙视胡适的学问,也鄙视他的言谈,认为其要真正提倡白话文,应该把自己的名字改为到"哪里去"。至于钱玄同,本来就是黄侃最看不起的同门,完全白眼相对,课上骂,课下骂,见面也骂,当着老师章太炎的面依然不假辞色。

坊间传闻和街谈巷议或许为实,或许为假,不可否认的是黄侃反对白话文最有力,对胡适、钱玄同等人的攻击力道最猛。他坚持认为白话文破坏了中国数千年来的美文传统,市井之语,粗俗不堪。门户之见与利禄之争导致派系林立,暗潮涌动。社会上反对白话文的人也不在少数,不满蔡元培招徕这些新派人物。

《申报》有一篇《北京大学新旧之暗潮》写道,国立北京大学自蔡元培任校长后,文科最有声色;文科学长陈独秀氏以新派首领自居,平日主张新文学甚力,胡适、钱玄同、刘半农、沈尹默等教员与陈独秀沆瀣一气,学生闻风兴起,服膺师说张大其辞者亦不乏人。

北大已经成为思潮涌动的旋涡,加之林纾的公开指责,蔡元培不得不做出反应。他据理驳斥,重新阐释个人的办学主张,即思想自由,兼收并蓄,各种思想、学派、观点只要言之成理持之有故,均有在大学存在的理由,学者只谈学理,不涉及政治。

章士钊创办《甲寅》杂志,作为反对白话文运动的舆论阵地。时常撰文批判、攻击白话文和新文学,矛头直指胡适,要求胡适与之对战,胡适拒不应战。在一次宴会上,章士钊和胡适偶然遇见,两人各自题诗一首,章士钊用白话文:"你姓胡来我姓章,你讲什么新文学,我开口还是我的老腔;你不攻来我不驳,双双并坐各有各的心肠!将来三五十年后,这个相片好做文学纪念看。哈,哈,我写白话歪词送把你,总算是俺老章投了降。"胡适用七言绝句体作诗回复:"但开风气不为师,龚生此言吾最喜。同是曾开风气人,愿长相亲不相鄙。"白话文出自文言大家章士钊之手,七言古诗出自提倡白话的胡适之手,也算一桩文坛趣事。

  道不同不相为谋,论争还在继续。章士钊不可能投降,继续攻击白话文及其支持者,指责采用白话文写作的陈源、梁启超、梁漱溟等人。胡适在《京报》副刊上发表短文《老章又反叛了!》,指责批判章士钊是个不甘心落魄的时代落伍者,并断言今日一部分人的谩骂也许赶得跑章士钊,章士钊的谩骂绝不能使陈源、胡适不做白话文,更不能打倒白话文。1921年以后,胡适一部分精力用于整理国故,但坚持对于反对者予以驳斥,其他新文化健将也撰文反击。

  在对白话文运动甚至是整个新文化运动的批判声浪中,学衡派显得尤为突出。这是因为学衡派中很多人留学欧美,对欧美文学发展有深入了解,同样是崇新尚新,而且在留美期间,梅光迪等人就与胡适有过争论。他们对传统文言有不一样的看法,与胡适等人不是新与旧争,而是新与新争,同样是信奉西方学术理念和价值观念的人。他们不否认人的价值,也不排斥西方文明进入中国,只是认为在引进过程中,要充分考虑中国的实际情况，尤其是不能采取革命式的手段全盘否定传统文化。

本来在留美期间，梅光迪就不同意胡适的观点。他认为诗文截然两途，中西自有诗文以来，诗之文字与文之文字便已分道而驰。他也不同意胡适关于文言是死文学、白话是活文学的说法，认为这是矫枉过正，欲立新说而打倒旧说。1922年，正当《新青年》如日中天之际，《学衡》创刊，对新文化运动展开激烈的批判。创刊号《评提倡新文化者》表明自己的立场，认为文言依然是中国文学发展的正确之路，一味提倡白话文、否定文言文会对中国文化造成巨大伤害。

胡先骕指名道姓批判胡适的《尝试集》，认为胡适坚持绝对自由主义，诗歌创作的原则违背了文学发展的根本规律，让润物细无声的涵化之作流变为以教训为目的粗疏之文。浪漫主义无拘无束，不分美丑和高下，完全是自然主义的另外一种翻版。其长在于专门拣择丑恶代表社会主流，以表示人类无异于禽兽，刘半农的《相隔一层纸》、沈尹默的《鸽子》同属这类劣诗，不分青红皂白，不辨香臭美丑。不做技巧处理的拣择，让无节制的浪漫和无选择的自然殊途同归，破坏了文学的主体。诗歌与语言源自情感和智慧，歌谣并不是出于语言。

敏感自尊、爱惜羽毛的胡适认为，胡先骕、梅光迪等人办《学衡》就是为了攻击自己。同年写作《五十年来中国之文学》，胡适认为《学衡》关于白话文的讨论已经接近文学革命的尾声，反对完全破产，现在是新文学的创造时期。这些高昂的口号和极度的自信底下没有多少新见，只是重复过去的很多话语，话语之中却没有多少刻薄，也没有沦为学骂。

鲁迅就没有那么客气了，先后发表《估学衡》《答KS君》《再来一次》等文章，以毒攻毒，用古书作法宝，证明鼓吹文言的学衡派和甲寅派自己也不懂如何作古文，还经常错用典故。鲁迅还指出，白话文应该是四万万中国人嘴里发出来的声音，人们不必也不能再坚守过去的文言主张。

这场文白之争持续很久，一直到民国结束还没有解决。随着白话文兴起，关于白话文的作法也在讨论中。尤其是文学写作的方法论，很多学者进行了深入探讨，以辅助白话文的传播。梁启超的《作文法》打破了新旧语体的界限，以通透豁达的看法讨论作文之法。他认为文章的作用在于把自己的思想传达给别人，有内容、有系统两个要素，也即曾国藩所说的言之有物，言之有序。把思想传达给别人也须有两个条件，所传达的恰如自己所要说的，令读者恰恰理会我的原意。文章一部分是结构，一部分是修辞，文章能否感人，在乎修辞。

陈望道在《作文法讲义》中，概述了文章的元素是意思和文字，作文的态度要力求真实。毁伤真实的因素有两个，一是技巧主义，二是情绪主义。他按文章写作的旨趣和不同的作法将文章分为记载文、记叙文、解释文、论辩文、诱导文，将文章的美质分为明晰、遒劲、流畅三类。

新文化运动期间及过后，不少有关文法、文话的著作也都对古文持完全否定和批判的态度，欲将其彻底打翻，推行白话文。刘大白在《白屋文话》中称，该篇文话的写作目的就是打倒鬼话，动机在于长活人底气，灭死人威风。鬼话即文言文，刘大白认为文言文是特定历史时代、特定语境下的产物，生活在当下的人们因为时空的变迁不可能完全掌握一种过时的语言，文学革命就是新主义起来推翻旧主义、新艺术起来替代旧艺术。

针对文言文不是古文，白话同文言一样有时代的变迁，白话不及文言的活泼而适用等言论，也有白话文坚持者辩驳。他们认为，文不过是语言的代表，语言又是传达人类思想的工具，思想得以超越时空而存在。文言的远祖本是古人的口语，现在适合时代发展的口语却是所谓白话。文言不过是模仿古人的语言，并没有什么大道理在内，活人要说活人的语言，没有模仿的必要。

文章是社会的产物，其组织法也因时代而不同，古文的组织法和语体文的组织法绝不相同。古文的名称在古代原来并不存在。韩愈文起八代之衰，古文名称才确立。古文在形式上是对六朝骈俪文的一种自由解放，在内容上则退到文以载道，为儒家思想做宣传。读多了古文的人，文字佶屈聱牙，思想也显得拘迂。古文作为文学遗产，只能作为原料来消化，不应当作宝贝供起来。

有学者认为白话文写作不好推广，是因为说理叙事的一般表达尚未能辞以达意，遑论创作和写作。北方说国语，别处习惯了方言，交流和表达都不太成熟。录之于纸，一览而明，道之于口，须增助词。文字需要眼睛去看，声音是要耳朵去听，一个声音下有不同汉字，看见具体的汉字才能知晓其含义，只听到声音很难明晓。

表面看来，文白之争是口语和书面语之争，是活语言和死语言之争，事实上远不止此。文言在古代的文化里不仅仅是一种表达工具或言说形式，而是承载了深厚的思想意识形态和传统文化。新文化运动的倡导者之所以要推翻文言文，是因为看到了文言文会遮蔽新思想和新观念的表达。鲁迅曾说，自己曾看过许多旧书，为了教书，至今也还在看，因此耳濡目染，影响到所作的白话上，常不免流露出它的字句和体格。自己正苦于背了这些古老的鬼魂，摆脱不开，时常感到一种使人气闷的沉重。

就文言发展而言，文言本是古人口语的摘要，在先秦时代就已成熟成型。西汉时，封建统治者独尊儒家学派，记载儒家学派的经典的文言文也成了精英阶层攀升炫技的工具。一方面，圣谕的下达和奏疏的上传等都靠文官拟制的文言文本，文言是权力的象征，是阶层的象征。另一方面，文言与实际生活中的口语距离越来越远，逐渐不能适应社会和语言的发展。白话也一直与之并行，形成两种不同的话语体系和论说模式。

唐宋以后，白话文的书面语逐渐兴盛了起来，书面文字中有了比较接近口语的变文、语录一类文体，用来传播佛教教义，再后来出现了元朝和明朝初期的硬译文体，以及白话写成的明清章回小说。但直到清代末年，白话文也未能与文言独尊的局面抗衡。五四的白话文运动，不光是提倡白话文，而是欲以白话取代文言，文白之争的背后是古代和现代的思想观念以及意识形态之争。

白话文运动的倡导者之所以提倡白话、反对文言，不光是因为文言作为一种语言工具晦涩难懂，在国民的表达和理解上造成障碍，更深层的理由在于反对古文中蕴含的古代思想观念和意识形态。文言在古代社会是阶级和权力的象征，被中国的精英文化或曰统治文化所赖以支撑和延续。

周作人也将五四白话文运动和晚清的白话文运动区别开来，认为晚清的白话文运动只是将统治阶层的思想和观念以通俗易懂的方式传达给不懂古文的民众，而五四的白话文运动主张国民全体都用白话，白话的作用并不局限于给民众传达浅近的教训和知识，还要以此作为文化建设之用。白话文初始阶段还不够完善，不够高深复杂，有待进一步的精密细微，以便能表达一切高上精微的感情和思想。

三、思想和语言的纠葛

将语言作为本体来看待，强调语言对于主体的影响和作用，这是正确的。现代语言哲学认为，个人操纵语言不过是一种表象，语言不只是人类的使用工具，语言系统先定了主体的所有可能，人正是通过语言而拥有世界。语言学家洪堡特认为，对心灵来说，每一个外在的对象唯有借助于概念才会获得完整的存在，每一种语言都包含着一种独特的世界观。

语言不仅是一种器械或一种工具，因为工具的本性就在于我们能掌握对它的使用，当我们要用它时可以把它拿出来，一旦完成它的使命又可以把它放在一边。我们永远不可能发现自己与世界相对的意识，并在一种仿佛是没有语言的状况中拿起理解的工具，所有关于自我的和外界的知识中，我们早已被我们自己的语言包围。

语言不是一种单纯的符号，语言实质上是一个民族文化和思想传统的积淀,是一种习得性的文化遗产。掌握一种语言就是掌握一种文化传统。人始终生活在语言的牢笼中,只能通过既定语言给定的那套文化系统来感知、理解和认识世界。在这个意义上可以说,对文言的批判就是对旧文化的批判,也是对旧的意识形态的批判。

儒家经学中心主义确立之后,文言话语已经超越了生命个体,成为思想的附属物和抽象的权威。权威不仅约束着整个社会,而且将一般民众的生活行为秩序化,规范化。官僚士大夫根据自己的利益压抑那些非正统的思想和情绪,使之成为无名的存在。一般民众的意志和创造力必须受到权威的严格限制与束缚。传统士人屈服于文言话语的权威,在正名求实的伦理征途上完善自己的道德人格,缺乏自己独立的话语和人格。

文言之于一般民众更体现出对个体生命的压抑、占有和掠夺。在文言权威之下,他们没有言说的必要符号,没有声音,没有力量,至多也不过有几句民谣。海德格尔把语言设定为生命主体存在的第一要义。他认为,人是会说话的生命体,唯语言才能使人能够成为那样一个作为人而存在的生命体,作为说话者,人才是人。

如索绪尔所说,语言是人类生命存在的家园,假如一个人从思想上去掉了文字,他就丧失了这种可以感知的形象,将会面临一堆没有形状的东西而不知所措,好像初学游泳的人被拿走了他的救生圈一样。所以,白话绝不是简单的语言工具存在,而是个体自由言说的权利。白话是要打破文言的话语统治权,为个体生命重新找回失落的精神家园,是要举一切伦理、道德、政治、法律，社会之所向往，国家之所祈求，拥护个人自由权利与幸福而已。

胡适在新文化运动中强调作为主体的人的作用，文化的解放，首先是个体的解放，要打破一种枷锁，就要先打破这种枷锁所寄生的语言。胡适在《文学改良刍议》中提出白话文的写作要求：一是要有话说，方才说话；二是有什么话，说什么话，话怎么说，就怎么说；三是要说我自己的话，别说别人的话；四是什么时代的人，说什么时代的话。胡适的提议，表面上是针对白话文的写作，实际上也蕴含着深刻的语言本体论意向，揭示了文言在数千年的发展中形成的规则和形式，实际上就是传统文化的稳固的物化形态，要求完全摈弃文言，以白话书写，让生命个体自由言说，说出当下自己想说的话，让语言成为生命意识的自然流露。

冯友兰在评价胡适的《中国哲学史大纲》时，曾对胡适颠覆文言权威的做法表示肯定。他说，在中国封建社会中，哲学家们的哲学思想，无论有没有新的东西，基本都是用注释古代经典的形式表达出来，所以都要把经典的原文作为正文用大字顶格写下来。胡适这部书把自己的话作为正文，用大字顶格写下来，而把引用古人的话，用小字低一格写下来。这表明封建时代的著作以古人为主，五四时期的著作是以自己为主。胡适的做法是对言有出处、语必圣贤的一种反叛。为个人话语寻合法地位，重新确定言说者的个人身份和独立人格，这也正是文白之争背后的深意。

辛亥革命开创了完全意义上的近代民族民主革命，推翻了统治中国几千年的君主专制制度，建立起共和政体，结束君主专制制度。传播了民主共和理念，也推动了中华民族思想解放。但不久之后辛亥革命的果实就被袁世凯窃取，企图复辟封建帝制。袁世凯死后，军阀混战，纷争迭起，民不聊生，这远不是孙中山等仁人志士奋斗终生梦寐以求的共和国。他们所孜孜以求的制度改革并不成功，或者说貌似成功了却又很快走了样。

中国的问题不是只靠制度就可以解决，主要的问题还是出在人的思想意识和文化观念上。所以，要改变中国落后的状况，不仅要进行器物上、体制上的革命，同时还得进行文化上的革命，即改造国民性。制度不是空泛的制度，是要落实到具体的个体上，个体的认同和践行决定了制度是悬空还是落地。

鲁迅说过中国以后主要的问题还是改造国民性，否则无论是民主共和，还是其他什么，招牌虽换，货色照旧。制度的变化缺少了国民思想观念支撑，不能取得根本性的变化。改造国民性的实质，就是改变国民已有的传统文化观念，为他们构筑一个新的现代化的思想观念大厦，也就是从思想意识文化观念上解决现代化的问题，解决改造人的问题，从而实现现代化。所以在此背景下进行的白话文运动既不是单纯的语言形式的变革，也不同于晚清的白话文运动，而是渗透了西方现代文化意识，从一开始就注定要与思想变革联系在一起的语体变革。

语言学界将五四以前的白话称为古白话。有学者将古白话分为八类，即敦煌文献、禅宗语录和宋儒语录、诗词曲、文集、史籍、笔记小说、白话小说、会话书。五四以前，文言势力强盛，是高雅和话语权的代表，但也经常出现文白混杂的现象。

传统文人也没有明确划清文白边界的意识，一般是怎样方便就怎样写，混用文言因此比纯粹的白话还更常见些。清朝是少数民族建立的全国政权，汉语不是满族人的母语，所以文言白话相杂的情况更多些。连皇上批阅的奏折，常见"知道了"的批语。如果批示的对象为八旗近臣，文本的白话程度则更高。

晚清时白话报刊的大量出现也促进白话文的进一步的普及。白话一开始就有启蒙和去蔽的作用。康有为的弟子陈荣衮说，大抵今日变法，以开民智为先，开民智莫如改革文言。《大公报》主编英敛之也说过，如今中国兴办新政的地方太多，第一就是先得开通民智。人民不认字的太多，不得不将就对付，应付的方法就是提倡白话文。此处白话文被用作发布新政之便利工具，便于信息的及时传输送达。

之后整个社会对白话的呼声越来越高，白话文的数量也越来越多。人们开始拒绝拗口难懂的文言，主张言文合一，言文合一的背后是对精致的统治阶层文化的拒绝，是对语言实用性的追求。但这个阶段，人们还只是初步意识到白话在于大众对接时的通俗易懂简单有效，并未大张旗鼓地将文言和白话对立起来。改良派宣传变法维新、提倡开发民智之后，两者逐渐呈对立之势。如黄遵宪宣称我手写我口，裘廷梁认为白话为维新之本，发出崇白话而废文言的口号。梁启超创制了平易畅达，杂以俚语、韵语及外国语法的新文体，介于文言和白话之间。最后终于迎来的白话文运动，真正将文言作为旧的意识形态和思想观念与白话对立起来。

五四的白话文运动既不同于民间口语,也不同于古代白话,而是本着反对传统的思想观念,传播西方现代思想观念的语言形式的变革,寄予着思想观念的革新,期望以一种崭新的观念和意识陶冶锻造一种新的人性。这是一种从语言入手,改变思维,塑造新人性的思路。周作人在《思想革命》中说,中国人如不洗心革面地改悔,将旧有的荒谬思想弃去,无论用古文或白话文,都说不出好东西来。

卡西尔认为人其实是语言的动物。人从刚刚降世,就处在一定的语言环境中,这些语言以其能指和所指为我们创制了一个符号的世界。人们对外界的理解和把握都通过这些符号进行,所以不可避免地受到这些符号的暗示和明示,对外界事物形成一定的认知和反馈。思想是对这些认知和反馈的体系化、逻辑化和进一步的深化。所以语言在主体和思想之间的浸润弥合,对主体思想观念的形成至关重要。

五四的白话文运动具有冲刷人们思想观念的作用。五四白话的思维方式和很多术语、概念、范畴来自于西方,这些新入的语言和词汇在人们的使用过程中潜移默化地塑造和改变了积淀在人们心中的传统文化意识,而人们的现代文化意识又加快了五四白话向现代汉语的发展。

比如民主一开始被称为德谟克拉西,科学被称为赛恩斯,共产主义被称为康敏尼,小资产阶级被称为小布尔乔亚,有的还沿用至今,如迷思,沙发,咖啡。一方面是语言词汇的强势而入,伴随语词而入的是西方的各种思想、学说、文化意识。

其中科学和民主最为瞩目。这两种思想所包含的基本法则、精神、理念,都是中国传统文化所缺乏的,也在有效地动摇和消解着人们的传统文化观念,控制和引导着新文化运动的发展和建设方向。科学是指发现、积累并公认的普遍真理或普遍定理的运用,以及已经系统化和公式化了的知识。科学是对已知世界通过大众可理解的数据计算、文字解释、语言说明、形象展示的一种总结、归纳和认证。

就文学实践来说,胡适也认识到语言与思想的密不可分的关系。他非常重视文学的思想革命,认识到语言和思想的密不可分的关系。整部中国文学史都说明了中古以后的语言工具已经不够用,它不能充分表达当时人的思想和观念,所以人们必须要选择一个新的工具。文学改良八事中有五事是纯语言问题,其他三事涉及文学的内容,即胡适本人所说的精神革命。

新文学运动对于中国文化、政治、思想、学术的影响巨大而深远,它改变了中国人的思想和思维方式,整个中国社会、文化、政治都深受其影响而发生了现代转型。科学和民主,本身也是白话文,是近代引进的日式汉语,是五四时期对中国传统价值观冲击最大的两个思想观念,时至今日,依然是我们在转型期、现代化中追求的理想理念。

四、白话文运动的影响

文言不仅是一种语言表达的形式,更是一种思想观念的呈现。民国初期,很多人依然坚持用文言撰写专著、论文和书信。但更多的人，尤其是青年学子，已经倾向用白话文表达个人意志。陈独秀、胡适、刘半农、钱玄同、鲁迅等人借助白话文运动，确实摧毁了传统的伦理价值，提倡了新道德、新文学、新伦理、新价值。白话文运动的直接结果，是打破文言一统文坛的局面，文言的式微无法逆转。伴随着文言的消亡，文言后面代表的正统文学观念和价值体系更加衰落。从这个角度讲当然是成功的。

随着时代的发展，古文的阅读、理解和写作已经成为一个问题，这就造成了古文的逐渐消亡。新文化运动同仁还有古文的积淀，能够指导学生阅读古文，古文对他们而言从来不困难。但几代人过后，古文已经不再成为精英写作的方式，中国传统的文脉断绝。文脉代表着一种文化的传承，一种思想的延续，传统文化思想中固然有糟粕，但也有精华，有时糟粕与精华掺杂在一起。是否像打倒孔家店一样，完全否定文言的作用，本身需要细致的学术谈论。

当中国大多数人面对古文像对待另外一门古老的外语时，这不可不视为一种失落。古文的美感通过阅读可以获得，但只有涵咏其间，用同样的文体形式表达出来，才会真正有所得。只要文言失去主导地位，文言的消失也就成为早晚的事情，哪怕在高校精英阶层也是如此。这种消失成为无可奈何的事情，也有现代学者反思，当年全盘否定文言存在很大的偏颇，正面作用不容忽视，负面作用也不容忽视。当然，还是以正面的积极意义为主。

新文化运动时期，白话文在文学作品和一般学术著作的范围内取得了合法的正统地位。胡适的《尝试集》虽说艺术价值不高,但却具有较高的历史价值,体现了旧式文人在向新式文人转变中的纠结和蹒跚,体现了先驱者们破旧立新、勇于探索的自由开拓精神。这些诗歌文字简单,但却蕴含着旧文学所没有的自由气息,是中国现代新诗的起点。对于诗体改革的主张,一派是钱玄同、胡适提倡的自由体;另一派是宗白华、闻一多提倡的格律体。这两派对新诗的形式,都做了认真的探索。

没有白话文运动,很难想象会产生新月派诗人,很难想象会产生徐志摩的《再别康桥》;没有白话文运动,很难想象郭沫若的异军突起,很难想象戴望舒《雨巷》那种清丽哀婉的情调。白话诗歌的发展,让普通人能够充分表达自己的情感,不再像各种古诗一样遵循一样的格式和格律。古诗只有经过专业的训练才可以写成,白话诗歌则在短时间内就可以学会,并且能发挥自己的特色。当然,白话诗歌是否有一定格律,是否可以完全毫无章法,这个也在一定讨论中。

白话不仅成为文学的正宗,还成了通用的书面语,对于散文、应用文、诗歌等文体也有影响。要有话说方才说话,要说我自己的话,别说别人的话,选用最普通的常用字,多义字只用最普通常用的一义,不许用倒装移置的句法。不必再让文辞富丽华美,言必学古文,言必称古人,以古人作文方法为依归,不敢越雷池一步。

白话文运动的成就还体现在白话文的写作实践上。白话以其表达得明白、清晰、准确很快让中国现代文坛别开生面,在表现新思想、批判旧思想上发挥巨大的影响,新文化同仁的文章风格各有不同,在文学、散文、小说、诗歌等创作上别开生面、各有特色。文学研究会和创造社的成立、发展和繁荣,更是带动白话文创作出现一个高峰。一批新式文人、新式作家成为文学报刊的投稿者,获得了广大读者的喜爱。

同时,白话文替代文言文使得教育得以普及。白话文的倡导者在新旧交替之际,顺应时势,制定了一套既符合白话文,又不失传统文言精华的语法、语义标准。这一点是否能够完全达到,完全继承文言精华,都存疑。毕竟文言与白话是两种完全不同的话语体系,文言源自中国传统,白话的源流一方面来自中国传统,一方面来自欧美文学。两者背后有不同的思想倾向和价值认同,完全对接不可能,只能说有限度地继承。

1919年4月,胡适、钱玄同、刘复、朱希祖、周作人、马裕藻等六名教授在国语统一筹备会第一次大会上,他们提出了《方案》,要求政府颁布通行",。;:?!—()《》"等标点。1920年,北洋政府教育部要求小学一、二年级自当年秋季始,要用白话文取代文言文,随后又废除小学文言文教科书,白话文被定为国语。自此,白话文在文言之争中取得胜利。

白话文在与文言文斗争的过程中,已经取得了优势地位,但在内部也出现了分裂。这种分裂在新文化运动初期就已经初露萌芽,只是在面对文言的共同敌人时,显得不那么突出。随着文言衰落,白话文内部的分裂逐渐拉大,政治与文学之间的关系究竟如何看待,这在后世有很多分歧,不但表现在新月派和创造社、文学研究会之间的不同,也表现在陈独秀与胡适之间的不同。

一部分人认为文学与政治无关,具有独立性;一部分人认为文学应该为政治服务，不为政治服务的文学没有价值。这些分歧都有一个共同的源头或初始，那就是陈独秀与胡适在树起文学改良大旗时，两者就有无法弥合的分歧。伴随着新文化运动内部的分裂，这种分歧逐渐拉大，最后出现根本的决裂。这种决裂伴随着中国政治的发展，对文学发展产生了重大影响，只有符合某种价值理念的文学在某一个时代才会蓬勃发展，不同的时代有不同的表现。

按照胡适的论述，文学改良运动由他发起，陈独秀、钱玄同、刘半农等人群起响应。刘半农也说，胡适提倡于前，陈独秀赞同于后。这一点多多少少夸大了个人的作用，忽略了社会发展的客观因素以及其他人的主观努力。胡适的作用不容忽视，但他不是振臂一呼、应者云集的英雄，白话文运动也不是凭空产生。正是以往的涓涓细流，才汇成江河，胡适、陈独秀等人是时代的弄潮儿，引导这个潮流向自己期望的方向发展。

陈独秀的赞同不是毫无条件，也不是毫无商量。他赞成胡适的原因更多的来自向传统文言开火，才存异求同。胡适也说，陈独秀是一个老革命党，起初对于自己的八事有些怀疑。两者都坚持进化论，认为文言必然灭亡，白话必然兴起。但是二人之间的基点并不相同。胡适立足文学艺术，把文学改良看作异常纯粹的文化变革和思想革新；陈独秀则着眼于社会改造，把文学革命视为政治革命的先声。

《文学改良刍议》有改造追求，但从始至终没有脱离学术讨论的范畴，他的矛头是文言文以及后面代表的儒家伦理观点。情感和思想也很重要，没有这两种事物，文学如同无灵魂无脑筋的美人，虽有浓妆艳抹的外观，亦无足观。情感和思想到底是什么，胡适并没有明确界定。在另一篇文章《建设的文学革命论》，胡适还谈到了工具和方法等具体问题，把文学改良定义在文学和语言的形式改良。并且把自己的看法总结为十个大字，即国语的文学和文学的国语，侧重文学的自身建设和自身规律，并没有把文学改良与救国救民联系在一起。

陈独秀则不然，大肆抨击古典文学的弊端，还用了革命、政治、国民等政治话语。文学本身是陈独秀关注的内容，但重点在于其后面的伦理价值和社会建构。文学革命从来不是陈独秀的终极目的，改良政治、启蒙国民才是根本目的，侧重文学的社会功用而非文学的自身建设。文学为谁而作，文学为谁而发，这是一个问题，而且是个非常重要的问题。

他关注文学中蕴含的思想性也远远大于内容和形式，不但较早使用写实主义（即现实主义）这一词，而且把写实主义与救亡图存联系在一起。他认为写实主义能救治中国政治上、道德上、学术上、思想上的一切黑暗，引导中国走向民主与科学。他看中的是现实主义文学中的严谨创作态度与细致描写手法，并以此做武器，改造旧中国的顽疾。

胡适和陈独秀分别代表了两种不同的文化类型。胡适坚持自由主义，崇尚个人自由，反对参与任何形式的党派，也反对以救亡绑架启蒙。他总是说，一个自由国家不是由一群奴隶建造的，坚持个人自由就是对国家最大的贡献，无论国家遭受外敌入侵还是安享太平，均应如此。他像西方社会那种政教分离而发展出来的独立知识分子，具有独立人格，一以贯之。对社会上的各种主义和方针都存疑,即使是自己提出某种主张,他也仅是当作一种看法,允许他人辩驳和反对。所以他把文学改良始终限制在文学本身,远离政治旋涡的侵扰。

陈独秀则完全持相反的态度,先是崇尚法国式的民主自由,后来转向苏维埃俄国式的社会主义。重视党派的社会功用和激烈的群众运动,并且在共产国际的指导下,缔造了中国共产党。他认为政治与学术从来不分,文学改良是社会改造的一环,不可或缺,必须从属于整个社会改造。

至于胡适坚持的学术讨论,陈独秀认为完全没有必要,因为自己的主张完全正确,不容辩驳,不容置疑。自己认为的错误观点,只能被坚决地打倒,不应再给生存的空间。《新青年》内部同人原来有不谈政治的约定,但后来被打破。陈独秀不愿意只注重学术思想艺文的改造,倾向把文学改良纳入到整个社会改造体系中,并且作为改造的先声和先导。

问题与主义之争发生后,胡适与陈独秀、李大钊的分歧公开化,政治信仰和学术信仰发生根本对立,从此不可能再在一个战壕并肩作战。文学革命的联盟分道扬镳,预示着中国新文学不可避免地走向分化。一派以胡适为代表,为艺术而艺术,重视文学艺术本身,反对把文学工具化;一派以陈独秀为代表,为社会改造而文学,重视文学的社会功用和实际价值。

两派学者各有继承者,在不同时期此消彼长的情况也不尽相同。有名声、有地位的人士有不同选择,青年学子更是根据个人的学术倾向和政治倾向有所追随。前一派被新月派等文人继承，明确倡导文学与政治完全分离。后一派被文学研究会继承，成为左翼文学和毛泽东文艺思想的先导。鲁迅对林语堂、陈西滢等人的批判，与左翼文学走得很近，矛盾、郭沫若、巴金、老舍、曹禺等人的崛起，都可以看作后一种文学观念的发展。

文学一旦成为政治的附庸，将失去文学的美感，成为宣传的武器和工具。当大部分作家必须按照某种理论、坚持某种立场进行文学创作，将堵塞创作源泉，失去创作动力。文化荒漠的产生其来有自，这不但是对文学的摧残，也是对政治的亵渎。陈独秀当年的文学革命观念隐含着这种倾向，是这种思维逻辑的初始阶段。

白话文运动初始时期的分歧，直接造成了两种文学观念。当胡适坚持的文学观念在改革开放后重新成为文学的主流，历史好像又走回起点。文学本身有自己的独立性，过分追求其社会功用和社会效果，将使得文学发展失去动力。文学的发展必须遵从内在的发展规律，无论是白话文，还是文言文。

文言的式微有客观的原因，更有主观因素，尤其是遭到新文化运动革命式话语体系的摧毁。刘半农、钱玄同的双簧何尝正大光明，总归还是文人的小伎俩。林纾的愤恨、无奈、落寞和反击也是被迫，何尝是自己主动招惹。当文言渐渐退出舞台，白话文成为主导，革命式的话语体系依然发挥作用。这不可不说是历史的遗憾，有其因必有其果，以彼之道，还施彼身，当事者也没有什么好抱怨的。只是中国在这场巨变中得失相间，好坏参半，走了太多弯路。

第八章 联省自治思潮

联省自治又称为省宪运动或联邦主义运动，是近代中国追求联邦制的一种思潮。晚清以来，地方势力的坐大使得地方保护主义抬头。袁世凯的倒行逆施让集权主义与专制独裁结合到一起，中央集权成为罪恶的代名词。军阀割据、党派纷争不能解决中国的统一问题，在国外民族自决意识和国内联邦思想的双重影响下，乱世中国催生出了联省自治。其主张者希望限制中央权力，倡导地方分权，重新实现国家整合的联邦主义大行其道。这个高潮与五四运动基本处于同一时期，与之有一定相关性，同样是探寻民主转型的一次有益尝试。

联省自治包含三个层次，即各省自治、联省自治和组织联邦政府。首先由各省自行制定省宪，组织省政府，实行自治，然后各省选派代表，制定一部全国性质的联省宪法，组织联邦共和国，最终实现国家统一。湖南、四川、广东、浙江等省掀起轰轰烈烈的联省自治运动，有人真诚信仰，有人当作工具。西方的联邦主义在中国始终没有取得成功，很快被大革命的浪潮吞没。

一、地方分权的兴起与变异

联邦主义的核心是分权与自治，中央和各级地方之间要有清晰的权力界定，这是西方的舶来品，并非原产于中国。西方自古希腊开始，就注重中央与地方的分权，也注重政府如何实现公平与正义。近代以来的西方民主政治，催生了一系列宪政思想，发扬了源于古希腊的一些民主原则。

美国作为世界上第一个较有影响力的联邦制国家，带给其他国家不一样的思考。中央和地方的各级政府具有同样的法律效力，依靠联邦宪法确定彼此的权限，中间的过程有过波折、有过反复、有过倒退，但最终确定了联邦主义，这是人类文明的进步。从此，与单一制不同的联邦制传播到全世界，影响到全世界，成为很多国家效仿的模本。一部分中国人也试图在中国推行联邦制，开创一种新的民主政治制度。

中央和地方分权，共同组成联邦制，这在古代中国完全不可想象。秦朝建立大一统的中央集权制度后，君临天下，万世一系，天下者君王一人之天下，天下之事无论大小皆决于上，成为中央集权的思想基础。政治架构乃至整个朝廷都是皇帝一人一系一家的私有，并不存在任何分权的可能。地方从属中央，省、道、府、厅、州、郡、县服从朝廷，中央对地方有完全的行政权、司法权、军事权、财政权，成为几乎不可更易的历史传统。

大一统理念之下，中央采取内重外轻、强干弱枝的统治策略，中央是内、是主，地方是外、是枝，不允许地方有单独的自主意识，一切以中央政策为旨归。所有地方行政的权力架构都由中央政府设计，地方几乎没有任何置喙的权力。当某一个地方势力强大时，则被冠之以藩镇割据、尾大不掉，认为那只是中央权力下移带来的恶果，不是政治常态。最后的结果不过是藩镇被消灭，或藩镇入主中央，恢复以往的政治传统。

清朝前中期，中央在地方采取督抚分寄制，总督和巡抚完全听命中央，代表中央在地方行使各种权力。这一政治传统随着太平天国的兴起有所改变，地方督抚获得了原来属于中央的部分军事权、财政权、行政权和司法权，同时汉族督抚的数量猛增，清朝中枢的权力受到挑战。内忧外患日益加重，督抚在国家事务中发挥的作用越来越大，八国联军侵华时东南督抚甚至联合互保，采取与中央完全不一致的外交政策。中央权威和权力下降，省域意识随之增长。先进知识分子致力于建立近代民族国家，来自欧美的联邦主义成为一种国家建构的观念性选择。

《辛丑条约》签订后，清朝施行新政，其中一个重要的政治改革就是地方自治。地方自治是现代民主政治的重要体现，地方事务关系到每个人的切身利害，容易吸引地方群众参与地方事务，获得地方乡绅的普遍认同。1908年，清朝颁布《各省谘议局章程》和《谘议局议员选举章程》，要求各省督抚速办，限定一年办齐。省谘议局陆续建立，地方自治进入实质阶段，大量具有新思想和宪政知识的新式知识分子进入谘议局，成为合法的民意代表，壮大了地方声势，同时也让一部分异议分子登上国内政治舞台。

各省谘议局是未来地方议会的雏形，享有不完全的监督权和立法权，属于过渡性质，与地方督抚的职权和地位不能相提并论，遇到与督抚有争执的议案，还要上呈中央裁决。即便如此，谘议局还是发挥了重要作用，议员们踊跃发言，提案一个接一个，大部分提案得到了督抚的尊重。与此同时，府、厅、州、县、乡、区的自治次第展开。地方督抚在一些问题上与当地谘议局有矛盾，但出于对新政的支持还是尽量尊重。

载沣执掌军国大权后，致力于有步骤地推行新政，还想借改革收回下移的各种权力。国会请愿运动开始后，大部分督抚支持速开国会和设立内阁，造成了地方督抚、乡绅、官僚对中央很疏离，本来就很脆弱的中央和地方关系更加微妙。武昌起义后，南方各省闻风响应，谘议局纷纷表态支持革命，清朝政府土崩瓦解。这都表明清末中央和地方的权力调整以失败告终，地方坐大的趋势不可扭转。

各省形成了各自为政、互不统属且名目混乱的地方政府，政局糜烂不堪。筹建南京临时政府过程中，各省作为参与主体，拥有了对中央决策的投票权。各省代表代行参议院的职能，选出代表起草中华民国临时约法草案，又选出审查员审查这份草案。孙中山以临时大总统的名义颁布具有宪法性质的《中华民国临时约法》。《临时政府组织大纲》、总统选举和民意代表组成仿效美国，具有浓厚的联邦制特色。

传统中央政治权威骤然失去，新的政治权威无法填充这个空白，国家渐渐失去正常的运转机能。同盟会内部意见分歧很大，孙中山的政治理念还在转变中。宋教仁主张中央集权，理由是各省独立以来，中央权威降低，不矫正弊端，将成分裂态势。胡汉民主张地方分权，理由是中国地大，交通不便，清末就是因为集权中央，才造成政治危机，内重外轻，中央有权而无责，地方有责而无权，不合时宜，中国有千百年专制传统，不可不防。两种意见均有一定道理，各有一定支持者。

大多数省份革命后形成实质自治，对于中央的命令不完全遵从，各省掌权者也不想放弃来之不易的权力，紧紧攥住军队指挥权、财政截留权和官员任命权。建立在分散地方势力基础上的南京临时政府具有强烈的联邦制特色，对地方的约束明显下降。孙中山下台前，又改总统制为内阁制，目的在于约束未来接任总统的袁世凯。因人设法，因人设事，让本来就混乱的政局增加变数。

袁世凯接任大总统后，不得不暂时默许很多省份半独立。作为晚清遗留下的最后一个军事强人，袁世凯内心完全赞同中央集权，对地方半独立无法容忍。加之党派利益冲突，与同盟会等革命政党的利益诉求背道而驰，整个民国初年呈现中央与地方角力的态势。袁世凯想通过收归地方权力、任命地方官员实现权力集中，遭到地方极大反弹。

二次革命中，袁世凯罢免了属于国民党体系的地方都督，派遣北洋军深入长江流域，占领了辛亥革命时期未曾占领的地方，这一方面加强了中央集权，一方面也让赤裸裸的军事斗争走上前台。军事上斗争不过，国民党的议员们希望通过法律来限制袁，于是有了《天坛宪法草案》。

这个宪法草案所追求的是责任内阁制和地方分权，削弱大总统的权力，根本没有承认北洋集团的现实地位，与袁世凯崇信的总统制和中央集权完全相背离。袁世凯始终认为，共和主义、民生主义、地方权力过大危害了国家，让国家走上错误的道路，这是国民党为了约束自己采取的手段，根本目的在于夺权。

政权稍微稳固后，袁世凯开始调整一系列政策。这些政策一方面呈现的是中央集权，一方面呈现的是反民主反宪政，如推广报刊审查制度，解散地方议会甚至是国会，颁布具有独裁性质的《中华民国约法》。晚清以来的地方自治虽然不尽完美，却也在有序进行中，即使是经过辛亥革命和二次革命，依然没有打乱正常的发展路径。袁世凯取消了代表地方民众声音的议会，虚省置道，让地方绝对服从中央，对地方自治伤害甚大，导致地方普遍反感中央。

袁世凯拥有绝对的权力，甚至有指认接班人的权力。他依然不满意，直至走向被时代唾弃的独裁称帝，政体由表面的民主共和制倒退为实质的封建君主制。帝制传统在政治上已经不具备合法性，民主是不可抗拒的历史潮流。很多人都想推翻袁世凯，打破中国的政局死结。西南军阀原本就半独立，北洋政府默认这种政治现状，给反袁提供了根据地。像以前一样，地方声明独立，公开否认中央权威，历史好像走入了一个怪圈。当云南、贵州、广西、广东、四川、湖南等省宣布独立，北洋内部也出现分歧，袁世凯枭雄末路，随之而亡的还有更加衰微的中央权威。

袁世凯推行专制复辟，不仅没有让单一制国家建制成为共识,反而强化了地方主义,西南军阀的护国运动为地方割据提供了道义上的支持。中央集权一时间成了专制独裁的代名词,巨大的宪政挫折让主张宪政的人们对中央集权产生强烈的警惕心和排斥感。脆弱的国家连表面的统一也维持不住,四分五裂,混乱不堪。既然中央集权已经成为一个负面词汇,事实上的分裂不可避免,那么不如转向联邦主义,通过省宪运动来实现国家的和平统一。

当时的李大钊还是一个信仰西方宪政的民主主义者,发表《省制与宪法》,认为中国的省与联邦制国家的邦类似,主张省制应该规定于宪法,以保证省的特殊地位。他首先考察了中国省制的渊源,认为省制肇始于内官,扩张及于外官;行省制度原是临时派遣之职,递嬗变化以固着于地方。中国历史上,外重内轻的倾向多,内重外轻的倾向少。自秦朝废封建、行郡县,实行中央集权,中央与地方总有联络之枢介在其间,这些派遣官总是渐渐变成定职,递演递嬗的结果是省制形成,晚清督抚的职权大于联邦制的地方首长。

李大钊承认,自秦以来,封建与郡县之争未曾断绝,统一、联邦之辩则自今日起,二者理或有同,势则相异。联邦与统一绝非背道而驰,联邦同样是达到统一的捷径,无论古今中外,分权都优于集权,联邦主义与分权自治不甚相异。李大钊推崇护国运动中《云南宣言》的精神,认为省地位的确定合于《云南宣言》,省制宜规定于宪法,问题只是讨论省制规定宪法的纲领和程序。不仅于此,李大钊还设计了省制宪法大纲,第一条就是施行省制之各省,均为自治体。从这些主张看出,李大钊的言论明显带有当时的历史痕迹,袁世凯的帝制自为激活了蛰伏潜在的分权观念，一片反袁声浪中，倡导地方分权和反对中央集权的思想成为学界讨论的重点。

袁世凯死后，黎元洪签署、段祺瑞副署，发布大总统令，表态遵循民国初年颁布的《临时约法》，直到新宪法制定为止，同时宣布1913年颁布的大总统选举法依然有效。旧国会恢复后，冯国璋被选为副总统，段祺瑞被重新任命为国务总理，北洋分裂的趋势已经不可逆转，以梁启超为首领的研究系想通过与段祺瑞和地方督军合作，增强话语权。制定新宪法过程中，议会以《天坛宪法草案》为谈论基础，省制问题成为讨论焦点。

主张省制问题写入宪法的议员认为，民国成立以来，各种法制不完备，中央与地方隔阂很大，中央责怪地方跋扈，地方责怪中央专制，如果省制入宪，中央和地方皆有遵守；省制入宪在世界上已成惯例，无论是单一制还是联邦制，都是如此；清末和民初在地方设置民意机关，没有这些机关，辛亥革命和倒袁是否成功都是未知；中国的孱弱在于地方人民无法行使权利，中央对地方关注有限，需要加强地方权力。

反对省制问题写入宪法的议员认为，省制入宪牵扯内容太多，现在制定宪法应该从速，不可拖延；省制问题写入宪法，是否施行存在疑问，不如详细研究，等到时机成熟再行决定；省制写入宪法对国家统一有妨碍，各地方发生纷争，中央受制于地方；省制入宪是采取联邦主义的先声，采取联邦制的国家内各邦自由制定宪法，中国以后也会如此，不合中国实际。两派人争论不休，延宕数日，多次表决均无结果。

最后，国会召开参众两院联席会议，投票表决"省长由大总统自由任命，地方制度加入宪法"议案，距离赞成通过的三分之二仅差四票。段祺瑞为了增大责任内阁的权力，抵制总统集权和将省制写入宪法，效法袁世凯当年阻挠国会运作的手法，唆使督军团对国会横加指责。等到国会被非法解散，这个问题也没有得到解决。国家宪法始终未制定出来，让很多人有了焦虑感，开始寻找新的方向，既然国家层面的宪法一时无法完成，不如从地方入手，先制定省一级的自治法，再循序渐进制定国家层面的宪法。

段祺瑞和黎元洪的斗争逐渐激烈，先有了府院之争，接着张勋复辟，共和政体再一次被推翻。张勋倒台后，段祺瑞拒绝恢复约法，促使孙中山南下广东，开展护法运动，南北纷争再次开始。北洋内部派系林立，直皖奉三派争斗不休，中国陷入天下大乱。

军阀割据一方，各有一支私有的军队，控制着一省或数省、一县或数县，形成了大大小小的封建王国。在各自的地盘中，军阀肆意收取税收，扩充军队，任命官吏，高度自治。这些军队除吴佩孚、陈炯明等个别军阀外，大部分军纪涣散，肆意扰民，穷兵黩武，荼毒生灵，部分军人还以土匪流民充之。军阀征战不休，小战天天有，大战三六九，人民困苦不堪。

中国呈现南北分裂的态势，一段时间内同时存在两个中央政府。特别是1917年秋天，南北战火重开，兵连祸结，没有休止。北洋系内部征战不休，但始终没有放弃统一南方的努力，段祺瑞派曹锟、吴佩孚、张敬尧等人率军南进，湖南、四川、江西、福建等地再次成为战场，战争呈现焦灼。

第二年冬天，徐世昌就任北京政府的大总统，提倡偃武修文，通告各省督军约束各自军队，不可再增募。熊希龄、张謇、王宠惠等社会名流也发电，提倡南北和谈。更有一些社会人士，提出废督裁军。这些都停留在纸面上，单纯的口号不能改变任何事情，仅获得一点舆论支持。

南方的中央政府不能约束南方，北方的中央政府不能约束北方，南北双方又在无休止的互攻，和谈几次触礁，整个中国接近一种无政府状态。很多地方不再寄希望于中央权威的建立，而是倾向保境安民，实现地方自主。湖南驱张运动成功的一个重要口号就是湘人治湘；四川军阀刘湘、熊克武等人也提出川人治川的口号。张謇作为当时的社会名流和状元实业家，在南通召开乡人自治会议。类似的事情和口号不胜枚举。

新文化运动提倡民主的风潮对社会也有一定影响，尤其是五四运动提升了民众的政治参与热情。国民制宪运动和地方自治蓬勃兴起，受到提倡和欢迎。1919年，李大钊发表《联邦主义与世界组织》，指出数千年以来，中国人最怕的两个东西，一个是民主主义，一个是联邦主义，这些都是只见半面，不见全体。

李大钊认为，联邦主义不仅能够保证地方、国家、民族的个性自由，使之不受他方侵犯，而且能够完成他们的共性，结成一种平等的组织，达到互助的目的。不但不是分裂的种子，而且是适于复杂、广大、殊异、驳杂生活关系的新组织。对中国而言，非行联邦主义，不能改造一个新中国。因为中国自改造共和以来，南北的冲突总是不断，各省对于中央也是不肯服从，蒙藏边域不是说自主，就是说自治。

对于联邦制,李大钊保持一种天然的乐观主义精神。他断言现在的世界已是联邦的世界,将来的联邦必是世界的联邦。美国总统威尔逊提议的国际大联盟是进一步的组织,是世界联邦的初步,将来全世界人类组织一个人类的联合,打破种界和国界,组成真正的世界联邦。这些主张既是李大钊前几年思想的发展,也是时代背景的反映。

中国部分学人认为第一次世界大战是公理战胜强权的结果,普遍相信公理世界已经实现,因而和平主义、世界主义、联邦主义广泛兴起。威尔逊十四条的发布,更是让中国部分学人似乎看到了世界和平的曙光,也看到了弱小民族的希望。这一乐观情绪带来了一些盲目的看法,使得李大钊等人对联邦制的认知非常肤浅,远不如他对中国省制的分析深刻。

同一时期,陈独秀也发表关于联邦主义的文章,认为国家的出路应当从地方自治与同业联合入手,真正实现民治主义。等到陈独秀接受马克思主义后,开始用唯物史观和阶级斗争进行分析国内政治,对联省自治的态度逐渐倒退。他认为,各省自治完全建立在军阀割据基础上,不关心民众实际生活的需要,联省自治其名,联督割据其实,武人乱权是中国唯一的乱源。必须集中全国民主主义分子组成强大的政党,对内倾覆封建军阀,建设全国统一的民主政府,对外反抗国际帝国主义,使中国成为真正的独立国家,这才是扶危安乱的唯一方法。

针对陈独秀的观点,胡适撰写专文《联省自治与军阀割据——答陈独秀》,表示反对。他认为,用集权形式的政治组织,勉强施行于最不适合极权政治的中国,这是军阀割据的原因。联省自治可以充分发挥地方的潜力，和军阀作战，是打倒军阀的一个重要武器。中国不适合单一制国家组织，军阀割据是武力统一美梦的恶果，裁制军阀的武器在于增加地方权限。

胡适在另外一篇文章还提到，在督军独大的时代，中央有权而无力，地方有潜力而无权，要改变现状，必须迁就现状，先从容易的一方下手，承认地方实权，充分发展地方的潜力，最终消灭军阀。他还在一篇文章中说，打倒军阀割据的第一步是建设省自治之上的联邦自治国家，反抗这个旗帜，没有不失败的。胡适与陈独秀的分歧在于政治观点的分歧，一个强调先组党，一个强调建设联邦国家，二人主张渐行渐远，代表着新文化阵营对于联邦主义的分化越来越大。

就全国政治形势而言，联省自治的风潮还在发展壮大。1920年，各省团体争取自治的通电和请愿运动较之以往增了许多，充斥报纸期刊。代表江苏、安徽、北京等十三个省市的各省区自治联合会在北京成立，另一个由直隶、山东、河南等十四个省代表组成的自治运动同志会也在北京从事活动，上海的旅沪各省区自治联合会也出现。一些倡导地方自治的刊物逐渐开办，成为地方自治和省宪运动的舆论阵地。

一时间，联省自治成为流行风潮，似乎每个省区都有主张的人群和团体，各地军阀尤其是处于南北纷争地区的军阀看准政治行情，大力提倡联省自治，希望借此保护自己，扩展地盘。当然在这个大风潮下，我们不能怀疑少数军阀有着个人的理想与坚持，并不是完全把联省自治当作手段或工具。

二、湖南省宪运动的发起

民国初年,一系列乱象让中国的先进知识分子有了另一种思考,既然中央权威已经衰微,北洋军阀政府不能实现国家的长治久安,不如通过地方自治谋求民主宪政和最终统一。省是连接中央和中下级地方政府的纽带,无论是自上而下还是自下而上,省自治都是关键。袁世凯去世后,没有哪个政治人物再有实力和威望一统江山,各省相对独立,为省宪运动提供了良机。中国的联邦主义带有浓厚的中国特色,也深深打上了当时的历史烙印。

省宪运动首先发生在湖南,与当时的政治格局有直接关系。介于南北军阀之间的湖南历来是兵家必争之地,战争的创伤尤其严重,人民改变现状的愿望尤其强烈。自民国开始,北洋政府前后三次派将领入主湖南,为祸甚大,一部分湘籍知识分子、士绅官僚、兵丁将佐渴望改变湖南人不能主宰自己命运的局面。

早期驱张运动中,周震麟等国民党人士就大力支持谭延闿,劝导其实行湖南自治。毛泽东等五四青年,也宣传湖南保境自治,自办教育,自兴产业,自筑铁路,发挥湖南人之精神,造一种湖南文明于湖南领域之内。谭延闿顺应人民要求和时代风潮,以湘军总司令兼湖南督军的名义发表"祃电",宣布湘人自决,废除地方督军制,实行地方自治。此时的南方护法军政府日益解体,无法获得有效支持,北方的徐世昌把湖南解释成是个别人的问题，不属于南北战争，这都给湖南自治提供了稳定的外部环境。

谭延闿的主张得到湘籍官僚熊希龄的响应。熊希龄是清末立宪派，主张地方自治和宪政民主，民国初年曾一度担任内阁总理，是研究系的名流。他公开发表电文，建议谭延闿不必等到国会制定省自治法，应由省议会、教育会、商会联合动议，选出代表制定，提交全省人民投票表决。各省自行制定自治法的举动，后来被各省仿效，打破了西方联邦主义由上到下的思路。熊希龄还请梁启超草拟了一份湖南省自治法大纲，主张间接选举和直接选举相结合，省长间接选举产生，省议会由直接选举的议员组成，会同各界举荐备选省长三人，交由中央任命。

湖南各界以及旅居他乡的湘籍精英纷纷主张自治，声势颇为壮大。一直以来鼓吹联省自治的李剑农虽然不认为谭延闿有真正的诚意施行地方自治，但也积极响应。他是湖南学界的重要人物，经常在报刊发表文章，鼓吹联省自治，扮演重要角色。促成湖南自治的一些要角，如赵恒惕、林支宇、周震麟等人，本来就属于国民党系统。舆论起来后，张继、吴稚晖、章太炎等与国民党有千丝万缕联系的人抵达长沙，实际支持湖南自治。

其中，章太炎的一些言论尤为当时人注意。他是民国元勋，以才学享誉一时，在光复会和同盟会中堪称元老。经历过袁世凯称帝，章太炎坚定反对中央集权，认为中央集权只会造成腐败、堕落、祸害和独裁。他不但批评袁世凯、段祺瑞等北洋系，也批评民国元年的临时约法背离各省独立的事实，认为无论谁主持中央政权，都是权位之争。他希望北京的政治重心地位应该下降，分散到各个地方，各省有效地实行地方自治，才能减少政争。

章太炎对湖南自治始终保持最大的兴趣，为此还专门写了一份《联省自治建议书》，表明自己的极端地方主义的立场，主张只需一个虚设的中央政府，外交问题都要地方副署。这是对袁世凯未经国会签署"二十一条"和段祺瑞未经国会签署"西原借款"的反对，表达了对现实政治和外交的极端不满。整个学说自成一说，却也是书生论政，处处显现着偏执和偏见，并无实际操作性。

张继早年在长沙任教，与黄兴、宋教仁、周震麟、谭延闿等人有交情。他来到长沙协助谭延闿实行自治，是为了摆脱南北军阀的控制，找寻另外一条改革之路。他认为中国的衰弱在于吃了中央集权的亏，打破中央集权，实行省自治天经地义；联省自治成功后，中央只有对外的权，不能以中央的权威强制地方；湖南省宪法采用美国联邦制和瑞士联邦制均无不可，只是不要太迁就他省；宪法的好与坏，全在于湖南地方适用与否。吴稚晖是无政府主义者，也是省宪运动的倡导者。他对省宪运动并无理论上的建设，只是以感性的笔法阐释了民国以来政治上的倒行逆施，希望通过湖南制宪有所转变。另外，蔡元培等人对湖南省宪运动也表态支持，均有一定论述。

在社会各界支持下，谭延闿决定将自治运动扩展，1920年9月，"祃电"发表五十多天后，谭延闿邀约商、绅、官、学各界领袖，在湘军司令部召开第一次官绅大会，三十余人参会。大家都赞成自治，只是对程序问题分歧很大。经过激烈讨论，最终决定由省政府推（指）定十人，省议会推定十一人组成起草委员会。其后有团体反对官绅包办，湖南省议会以此为借口致函省政府，表示拒绝派员参加。

谭延闿做事圆滑，对任何政事都是若即若离，顺势接受省议会决议，将省宪草案的制定工作委托给省议会。省议会随后推定十一人为理事，负责研究自治草案，其余议员也纷纷发言。至此，省政府与省议会合办机制改为省议会全权负责，由谭延闿等少数人提倡转变为一场普遍的社会运动，由官绅制宪转变为全民制宪。

学界言人人殊，报馆各有看法，议员各持己见，过分在意省自治草案由谁起草，增加了纷争。正在各方争吵不休时，湘军内部发生政变。湘军合力驱张后，内部分为谭延闿、赵恒惕、程潜三派。谭延闿掌权后，子弟部属占据要津，引起湖南省内尤其是湘军其他派系的不满。

湖南省内财政不统一，军饷拖欠已久，很多将领认为打天下就应该坐天下，权力欲望极大，鼓动士兵闹饷和哗变。打着"清君侧、除宵小"旗帜反谭活动此起彼伏，局面愈发不可收拾。文的方面受议会和乡绅掣肘，武的方面遭大小将领反叛，谭延闿心灰意冷，宣布废除督军，还政于民，将湘军总司令一职让与赵恒惕，主持会议公推林支宇为临时省长，然后黯然离湘去沪。

赵恒惕主政湖南后，赶紧主持军事会议，把闹事主犯清理出湖南军界，地方秩序很快安定下来。同时，省议会举行会议，正式推选林支宇为临时省长。赵恒惕做事果决，较谭延闿更有魄力和担当,宣布继续推行湖南自治。并设置筹备处,改为由省政府聘请专门学者,负责拟定宪法草案,再由各县议会推选审查员从事审查和修改,最后由全省公民直接投票公决,打破以前众言纷纭、争吵不休的状态。因为湖南政局的急剧变化,很多人对省宪运动依然保持观望。为了打消观望者的忧虑,赵恒惕接连发表公开电文,言明自己继续制宪和联省自治的决心,部分省区的督军也通电响应,从而获得了国人的赞誉。

赵恒惕是军阀中联邦制的代表人物,他对联省自治并不是完全当作工具来使用,而是在内心之中有一定的价值认同。他认为,中国本来是单一制国家,但是因为地广民稠,气殊俗异,纯粹单一制难以治理。如果将各省强拟与美德等国的邦州,不免削足适履,无法适应中国现实。

他认为,由历史而观察,由事实而严谨,斟酌先例,审度国情,只有建立联邦制之单一国,才可以保证对内对外,运用裕如。疆土虽大,中央无鞭长莫及之忧;事权虽分,地方无强权割据之虑。所谓联邦制之单一国,或者联邦化之单一国,赵恒惕指的是中央与各省政府各有事权,由国家宪法确定。

相对于其他军阀,赵恒惕联省自治的主张极其有学理性和逻辑性,完全不像出自一个手握兵权的军阀之手。他认为联邦和单一两个名词,都是描述政制的状词,不是指称国体的状词。采用联邦制与单一制,与国家统一与否没有关系。人民印象中,单一制是统一国家而联邦制是无数国家联合体,是对联邦制的误解。主权是国家最尊贵的要素,为不可分之物，表现在宪法里。无论单一制国家还是联邦制国家，都只有一个主权。联邦制下的分权，不是对主权的分割，也不是将无数主权集合、并立而成联邦国家。

无论是联邦制还是单一制，下面的地方政府同样受宪法支配，不能说联邦制下的地方政府就容易分裂。单一制国家中，中央政府受权于宪法而地方受权于中央政府，地方政府与宪法是一种间接关系；联邦制国家中，中央政府与地方政府同样受权于宪法，地方政府与宪法是一种直接关系。联邦制下的分权，是宪法把各种事权分别赋予中央和地方，在宪法上的地位是平等的。

联邦制的采用，赵恒惕认为一般由于两个原因。第一个原因是国民既含有地方情感，志在分立、自治，具有离心力特征，又含有国家情感，志在统一、合并，具有向心力特征。两种情感互相矛盾，只有联邦制才可以调和融洽。第二个原因是地方团体和势力久已存在，中央政权只能在法理上进行节制，效果甚微。联邦制国家用宪法规定中央和地方团体的事权范围，才能恢复中央的部分实权，确定地方的部分事权。军阀割据的情况下，很难裁撤军队，不如采用联邦制，由宪法确定军权所在和军队数量，由中央组织裁兵委员会，依据最公平正当的办法，裁汰和整编全国军队，使之统一完整。

从上述引述可以看出，赵恒惕多是从理论上论证中国实行联省自治的合理性，具有极强的逻辑性。以往学者多从割据自保的态度分析赵恒惕，其实并不准确，也不客观。赵恒惕内心认同联省自治，希望借由各省自治实现国家和平统一。军阀的身份不容改变，也不容否认，但并不能因为军阀就否定其政治倾向和政治态度。湖南开中国省宪运动风气之先,固然有主客观各种因素,赵恒惕个人的政治追求和价值认同也不容否定。

就具体措施来讲,赵恒惕按照湘中、湘西、湘南三路的区划聘请三位主任,共同筹备整个省宪制定,同时征询意见,聘请李剑农、王正廷、蒋方震等十三人为省宪起草委员。经过一个月的努力,专家们制定了包括省宪法草案及运作机构、议员选举的六种草案,李剑农作为代表送交筹备处,三位主任正式公告。按照之前的方案,各县依照大小推选出一百五十多名审查员,组成审查委员会,负责宪法审查并提出修正案。

因为审查员的地方主义、个人主义与省宪运动的矛盾,修正案一个接一个,分歧愈来愈多,一个省议员的分配名额问题就迁延了几个月,关于行政架构的讨论更加复杂。一些审查员害怕个人独裁,提出省长采取会议制,即由省政务委员七人组成省政务院,互选一人为院长,其他政务委员兼任一厅,各有专责,所有公文与命令都要由省政务委员共同署名,负共同责任。

另一些人觉得这种方式会让院长和省长处于行政上的弱势,无法开展政务,提出采取美国总统制一样的省长制,赋予省长极大的权力。两派人争执不休,互有否定,讨论毫无结果。两方僵持之下,熊希龄出面邀请赵恒惕、审查员和筹备主任等一百六十余人,举行谈话会,几番协调后才劝退了主张合议制的审查员,最后由审查会将省长制通过。核心问题解决后,细节问题还有很多,一直拖到1921年秋天,还没有审查完毕。

恰好此时,湘军援鄂战争失败,两湖巡阅使吴佩孚打得湘军丢盔卸甲,南下占了岳阳,这让坚持联省自治的人感受到了危机。如果北洋军再往南打,湖南省宪运动的成果将完全丧失,湘人治湘的愿望成为不可能。经过梁启超等人的斡旋,加之北洋内部派系矛盾,吴佩孚也没有消灭赵恒惕的企图,战争暂时停止。最后在英国领事的调解下,双方在洞庭湖的英国军舰上签订停战协议。

这对湖南各团体震动很大,在他们看来,停战协定是城下之盟,如果湖南内部再争执不休,省宪运动将胎死腹中。仓促之下,审查员们完成了省宪法的审查和修正。接下来的全民公决,更是开创了中国近代民主的一个先例,以绝对多数的赞成票通过了省宪法,并且于1922年元旦正式公布施行。为了让公民认识省宪运动的意义,宪法条文被大写游街宣导,各衙门公署开放庆祝三天。

既然有了宪法,就要按照宪法行事,时局纷纷扰扰,省外势力随时侵入,加紧行宪是当务之急。于是成立了以原省议会议长彭兆璜为所长的全省选举事务所,赵恒惕为总监督,限期三个月完成第一届省议会的选举。议员名额按照人口比例选举,每县保证选举一人,人口在二十万人以上时增选议员一名,按人口递增,省议员任期三年,每年开常会二次,会期由省议会自行决定。

议员竞选资格有诸多规定,比如国内外专科学校毕业,担任省内职务一段时间,这些规定都决定了士绅阶层成为整个选举政治的主要参与者和中坚力量。议员选举过程基本按照宪法进行，也有很多不尽如人意之处，毕竟选举制度刚刚引入，国人比较陌生。湖南没有明确的党派参与选举，却有政治派系主导这场选举，谭延闿、赵恒惕、林支宇三人为主要人物，底下各有一群人支持。最后，共选举议员一百六十四人，组成省议会。

依照省宪法，省议会选举结束后应该进行省长选举，可是拖延了几个月，仍不见动静，省议会和各团体开始请愿。于是仍请彭兆璜为省长选举事务所所长，开始选举程序。首先由省议会推选谭延闿、赵恒惕、林支宇等七位候选人，交由全省县议员投票决定，赵恒惕以压倒性票数当选湖南行宪以来的第一任省长。接下来又进行省务院的选举，分别确定内务司长、财政司长、教育司长、实业司长、交涉司长、司法司长、军事司长和省务院院长，加上高等审判厅厅长、检察厅厅长、审计院院长以及民选省长，共同组成了行宪政府。

划分省权和国权，区隔中央和地方的权力，这是民主政治的方向，也是联邦主义的内在精神，符合世界民主发展的潮流。湖南行宪在一定程度上发挥了自治功能，体现了民主与民治，如拓展道路、节制资本、筹建湖南大学。同时，显示出地方精英改变军阀割据、武人专权，以宪政谋求人民幸福的美好愿望。湖南局部落实行宪，为国人参与民主政治提供了机会，提升了民主素养，为未来的民主建设提供了历史借鉴。

但总体来讲，并未改变政治黑暗、军事独裁和实业不振的现实。省议会本想严格执行军费不得超过总预算百分之三十，教育经费不得少于百分之三十的原则，无奈军阀割据的局面无法改变，赵恒惕能在湖南行宪靠的还是军事实力。在省务院院长李剑农等人的斡旋下，议会才将军费增加到百分之五十，这不可不算一种讽刺。

减免赋税本来是省宪运动的一个初衷，湖南连年混战，水旱灾害频仍，人民生活困苦不堪，纷纷要求废除苛捐杂税。省议会迅速通过决议，却成了空头支票，省政府并未履行。另外，省议会有解散省务院的权力，立法机构权力过大，却又停留在纸上，三权分立无法有效实施。省宪法规定非经过省议会决议和省政府允许，外省军队永远不可以驻扎或通过本省。

三、其他省区的响应

湖南大张旗鼓地宣传省宪运动，带动了其他省区的自治，也在一定程度上影响了国内政局发展。1921年5月，北洋政府为了应付各省自治风潮，召开地方行政会议，电邀各省议会和行政长官派代表到京，共商地方事务。这都说明地方自治运动已经如火如荼，省议会具有民意基础，很多地方长官也有意推行自治，北洋政府不得不正视。一些政党对联省自治也表示好感，国民党的陈炯明、褚辅成等人积极倡导，中国共产党在二大决议中也曾有筹建中华联邦共和国的决议。

到1923年，多个省区跟进湖南宣布行宪自治。这些省区包括江西、广西、贵州、湖北、安徽、福建、云南、陕西，多数由地方当局主导，只有湖北由在野人士主导。各省宣布自治后，接着进入省宪运动，大体包括筹备、制宪、审查、表决、公布、实施、调整等阶段。大多数省区没有走完程序，四川制定省宪后，就没有了下文，广东、浙江的省宪经讨审查，没有进入表决。其他省份或者刚开始筹备，甚至没有进入筹备，就偃旗息鼓。

四川在辛亥革命后一直处于半独立的状态，政权由川籍军人和乡绅掌握，与中央政权很疏离，并且一再表现出反中央干涉的倾向。无论是都督尹昌衡明确反对中央官制命令，还是熊克武率领川军参加二次革命，都让袁世凯头疼不已。为了减少自称帝的阻力，袁世凯派遣嫡系将领陈宧率北洋军进入四川，开启客军驻川的先例。

陈宧在地方缺乏根基，处处受川籍乡绅和军人掣肘，后来不得已背叛故主，宣布四川独立。蔡锷领导护国军一路北上，更是让滇军和黔军驻川成为事实，使得四川由外省军队混合掌控。由于派系和省域观念，客军背后各有支持的势力，川军也纷纷投靠外省势力，纷争不断，不但川军内部打来打去，客军之间也是战斗不断。无休止的战争中，川军的数量迅速扩充，战斗力增强，渐渐掌握了未来的主动权。

1920年春季，川军总司令熊克武喊出川人治川的口号，号召共同驱逐滇军和黔军。川军主要将领之间存在巨大的利益纷争，但在共同驱逐外人这一点，却有高度一致性。这年10月，川军合力把盘踞五年的滇军赶出四川。此时正逢谭延闿率领湘人驱除张敬尧，喊出"湘人自治"口号，促使川军主要将领发表"川人治川"的联合声明，表示他们既未和北京的北洋政府有任何协定，也未和广州的护法军政府有任何联络。

以后川籍将领应该以四项原则作为努力方向。这四项原则分别是，本省不得驻扎外省军队；省财政独立，不受外来势力干涉；不得容留外省政权机关，妨碍川人自治；若有违反者，三千万川人共击之。这个声明禁绝外人干涉川人自治，希望川人不受外省势力左右，尤其是第三条，明显针对广州护法军政府，因为旧国会议员有迁川的动议。

外省军队与本地人非亲非故，剥削搜刮毫无顾忌，不像本省军队出身乡里，多少还有些收敛。地方人士希望本省军队驻扎，而不希望外省军队驻扎，就在于外省军队较之本省军队更加可恶，这也是湖南人驱逐张敬尧、四川人驱逐唐继尧的原因。合力把川南的黔军赶出四川后，刘湘、刘成勋、杨森等川军主要将领又发一封联合声明，向成都的刘存厚和熊克武提出四川自治的主张，限期五天内答复。

刘存厚此时还和北京政府有联系，处于观望状态，熊克武马上做出反应，通电解除被中央授予的职务。徐世昌不甘心失去对四川的影响，重申刘存厚为四川督军，熊克武为四川省省长，刘湘为重庆护军使，遭到川人的反对。此后政局纷纷扰扰，直到1921年6月，川军主要将领推选刘湘为川军总司令兼四川省省长，四川才实现表面的统一。

自从熊克武提出"川人治川"后，省内很多团体积极响应，省议会作为省内最高民意机构，也发表声明主张川省自治。各个地方纷纷成立自治组织，宣传自治主张。省议会甚至做出了四川独立自治的决议，宣布在中华民国合法政府未成立以前，四川省完全独立；不介入南北政争，各种官吏不受南北政府任命；废除督军及类似督军的制度；全省裁军，军费最多不能超过年度预算的四分之一；省长民选，初步实现民治。其后,各县推举代表齐聚重庆,成立四川自治联合会,公布实现自治的十二项原则。

自治团体像雨后春笋一样,在各个地方纷纷成立,提出自己的自治主张,甚至还有人自行制定省宪法草案。总体看来,这些团体组织上很涣散,没有严密的组织体系,缺乏具体的行动计划,很难形成一股强大的力量,很多自治团体依附各自为政的军阀,名为主张自治,实为军阀的应声虫。

刘湘掌握四川军政大权后,未与省议会咨商,就宣布筹备制宪,引起省议会的通电谴责。省议会先行选出四川省宪筹备员,其后军阀混战再起,省宪法制定被延宕,一年后才正式成立筹备处。经过紧锣密鼓的筹备,终于完成一部《四川省宪法草案》。不幸的是,川军援鄂战争失败,省内大战又起,四川重回几年前悲惨的境地。制宪会议再一次被无限期拖延,其后无果而终。

浙江省位于东南沿海,得"五口通商"风气之先,西方民主宪政思想传入较早。清末,浙江籍留日学生创办《浙江潮》,注重省籍意识的培养和地方自治的宣传。乡绅利用民众的地方保护意识,与列强争取沪杭甬铁路的修建,强化了省域观念。浙江省谘议局成立后,地方精英有了名正言顺的政治舞台,重视地方利益,很多政策都与中央唱反调,有明显的反中央集权痕迹。辛亥革命后,浙江最早提出制定自治法,充满了地方分权的意味。

民国初期,浙江地区领导人更迭频繁,浙江人为了免于兵灾,几次喊出浙人治浙的口号,倡导地方自治。1921年,在全国联省自治风潮之下,旅居上海的浙江人张静庐、童一心等创办《新浙江》，公开提出民主与自治，打倒军阀统治。同年，浙江省地方精英齐聚杭州市教育会礼堂，召开浙江省宪法期成会，主张人民自制宪法，自选省长。

浙江省督军卢永祥不是本地人，不合浙人治浙的要求，内心并不赞成自治。但是，自己出身的皖系已经倒台，此时处处受掌控中央政权的直系威胁，内心颇不自安。几番权衡利弊，卢永祥发表"豪电"，提出各省自治是安内攘外的好办法，浙江省应该自治。这对浙江省自治运动鼓舞很大，浙江籍的社会名流纷纷支持。章太炎表示愿意赴杭州参加宪法起草工作，钱能训竭力支持省议会拥有立法权，神圣不容干预。乡绅纷纷组织自治团体，从事自治宣传和联络。

按照宪法制定的起草、审查和公民复决三个阶段，首先由省议会推定五十五人组成浙江省省宪起草委员会，王正廷为委员长。宪法草案制定完毕，又由各地县议会和各法团派出代表，组成宪法议会。卢永祥到场致辞，阐明在统一无望和国宪无期的背景下，只能采取由地方自治进而实现统一的办法。宪法会议经过三个阶段，通过了这部宪法，然后公示于众，随后又制定附属法十五种，配合宪法实施。

为了增强社会公信力，也促使宪法尽快上路，宪法会议又决议成立一个宪法执行委员会，选举蔡元培、黄郛、卢永祥、沈金鉴等九人为执行委员，褚辅成、阮性存等九人为候补执行委员。因为执行委员与候补执行委员均为九人，所以这部宪法被称为《九九宪法》。蔡元培、黄郛等人具有社会名望，却未曾到浙江视事，卢永祥、沈金鉴等地方实力派因循拖延，并无真心推行，其他热心人士不具备政治实力，《九九宪法》未曾一日实施。

《九九宪法》比湖南省的宪法公布更早，却处处沿袭，因为王正廷本身就是湖南省宪法起草的主要成员，湖南省公布过程较慢。这部宪法规定省长经由民选，军人当选者必须解除军职，这都是本着浙人治浙的方针，防止军人专权，体现了民主宪政原则。卢永祥籍贯山东，出身北洋，以军事实力做后盾才做了浙江督军，怎能接受民选甚至退出军界。他表面支持，暗地里百般阻挠，最后甚至利用浙江省自治团体的分裂，借口部分人对此宪法不满，宣布这部宪法不能代表民意，将《九九宪法》束之高阁。

这时，浙江省又发生了省议会纠纷，第二届省议会届满，第三届省议会需要选举，究竟由哪一届省议会主导制宪分歧很大。加上派系和利益纠葛，地方势力彼此攻讦不断。等到第三届议员改选完毕，省议会以《九九宪法》未经全省选民投票公决为由，认定是草案，不能算定案。同时鼓励省民拟提宪法草案，陆续收到一百余部宪法草案。

新成立的浙江省宪法审查会开始审查，两个月后终于归纳合并为三种宪法草案，分别写于红、黄、白三色纸上，所以被称为《三色宪法草案》。较之《九九宪法》，《三色宪法草案》的地方自治意味更浓，甚至多了一些地方保护主义。明确规定除外交、国防、国家财政关于政府统一的必要事项外，均由省制定法规执行。

卢永祥忙于应付接下来可能的战争，对其他非军事事项没有兴趣，全民公决无人主持，《三色宪法草案》又被搁浅。地方乡绅为了让浙江免于兵灾，试图联合浙江各法团宣告浙江自治，阮性存等人又制定出另一个版本的《浙江省自治大纲》和《临时议会法》，最后再行修改，由省议会通过《省自治会议法》，正式公布于众。这已经是省宪法的第三个版本，最终还是被战争搁浅。

接下来的江浙战争中，卢永祥败北，不得不宣布下野，临走时声言浙事还于浙人，不过做了顺水人情，毫无实际意义。孙传芳以闽浙联军总司令的名义，占据浙江，斩断了地方自治之路。其后卢永祥再起，在张作霖的支持下沿津浦路南下，誓言再夺浙江。孙传芳再以五省联军总司令的名义，保境东南，竟然把奉军势力驱除江浙，自己成了东南地区的军事强人。崇尚武力征伐的孙传芳对地方自治毫无兴趣，也不允许地方人士有异议。浙江乡绅几次组织自治会或维持会，均被孙传芳解散。

浙江省自治与省宪运动断断续续持续数年，前后三次产生宪法草案，每次昙花一现，给人无限的希望，最终都无疾而终，转瞬即逝。这一方面源自卢永祥、孙传芳等军事强人以武立足，对文治毫无兴趣，偶尔发言支持，也是作为工具，并非内心遵从；另一方面源自浙江本地人尚文治不尚武功，较之他省富于法律知识和民主素养，在乱世却无处施展。北洋军阀势力强盛时，浙江人受外省势力压迫，无从实现自治。等到北洋势力衰微时，国民革命军又凯歌北进，一路攻入浙江，自治被革命的浪潮席卷，早已不那么重要。

广东联省自治和陈炯明关系最大，陈炯明热心地方建设，是联省自治的一面旗帜。1909 年 11 月，陈炯明向广东省谘议局提出《筹办城镇乡地方自治议草》，建议从省到镇乡迅速建立自治筹办机构，专门研究城乡自治办法，培训地方自治干部，推行地方自治事宜。广东谘议局讨论时，有议员认为这是小事，官为办理即可。陈炯明斥为大谬，指出自治是立宪的重要方面，如果这是小事，不知道何为大事。可见陈炯明的自治思想早已有之，只是戎马倥偬，乱世难得一方净土，无法实践自治理想。

1916年，陈炯明以广东都督兼共和军总司令的名义在惠州誓师讨袁，檄文中声明与国人共同建设联邦政府，表明了自己倾向美国式联邦主义。1918年12月，陈炯明率领援闽粤军进驻福建漳州地区，坚持以闽治闽，以民治民，并且两次请辞广州军政府颁发的福建省省长任命，表示自己不敢视省长为筹佣之具。

主政漳州期间，陈炯明积极推行地方自治，发展教育，招聘人才，推广新文化，革除旧习俗，整顿市政，修建马路，建设公园，使得闽西南成为一个健全独立的自治区。偏居一隅的漳州一时间名声大振，具有了现代化的色彩，俨然成为国民党的另一个根据地。胡汉民、汪精卫、居正、邹鲁等人到漳州参观访问，国内外的报纸也是一片赞美，陈炯明成为地方自治的标志人物。

护国战争后，广东被陆荣廷占据，桂系予取予求，广东地方人士多次提出粤人治粤，号召驱逐桂军。1920年秋，陈炯明率领粤军返回广东，再次打出粤人治粤的旗号。在各地民军的协助下，终于把桂军驱逐，终结了桂系多年掌控广东的历史。此时，广东赋税自给自足，省内政治相对统一，没有强敌入侵，民众民主热情高涨，自治传统没有断绝，最适合实行地方自治。省议会是地方主义的大本营，部分议员对陈炯明颇有好感。10月，陈炯明被省议会选为广东省省长，随后发表《告广东父老兄弟文》，表明自己坚决走地方主义路线。第二年初，省议会选举其外甥钟声为议长，再次明确支持地方自治。

陈炯明认为，广东护法军政府不具备法统，议员人数不足，护法二字也不足以号召民众，与其执着于一个不合法的中央政府，不如联省自治，获得南方各省的支持和同情，徐图改变整个中国；地方自治要循序而进，由村里到乡镇，再推广到县和省，最后组成联省政府。这部分主张与赵恒惕、唐继尧、卢永祥等省外势力遥相呼应，获得吴稚晖、汪精卫、张继、褚辅成等国民党高层的支持。

陈炯明信奉联省自治甚笃，到1922年1月，主持、主导或授意制定了《广东省暂行县自治条例》《广东省暂行县长选举条例》《广东全省教育委员会组织法》《广东省自治根本法》《广东省宪法之通过草案》等多项有关地方自治的法案和条例。这些自治法案参酌了湖南省宪法，也参照了其他国家的自治法规，重视民选县长，倡导实用，排除公民总投票。在强力人物的主导下，广东自治展开得有声有色。

联省自治的最后一个阶段是召开全国性的会议，制定宪法。几个省区兴起省宪运动后，国是会议的召开也在酝酿中。1921年10月，以上海总商会为主导的全国商会联合会在上海召开会议，邀请全国各省教育会加入，组成联席会议，通过执行委员会组织法草案、国是会议案等，并通电各省议会、各省区农会、银行工会、律师工会、商会等团体，征求意见。国是会议案阐明组织目的和理由,在于发挥主权在民宗旨,实行国民自决,发起全国公团组织代表会议,以息争而定国是。具体代表由公团选出,各有名额,满、蒙古、回、藏也有适当名额。很快就收到二十一个省区和四个华侨团体的响应。

本来定于1922年元旦开议,因为直奉大战造成交通堵塞,直到5月才开幕。开始时法定人数不足,只能开座谈会。后来代表陆陆续续到来,正式开议。又聘请章太炎、张君劢等七人与会,由张君劢执笔起草。张君劢很快地草拟出甲、乙两种国宪,甲种取总统制,乙种取委员制,两种草案在国家结构上均取联邦制,即建立一个联省政府,体现联邦主义的精神。

8月,国是会议发出通电,对草案和相关事项予以说明,阐明国是会议的正当性和联省自治的合理性,并谴责北洋军阀政府的中央集权和武力统一,国会违背民意,与军阀沆瀣一气。国是会议结束后,各省人员回省倡导,加强联络。国是会议获得了舆论的同情,却没有取得实际的效果,除了一纸国宪并无根本改变。直系在直奉战争取得胜利,再次操纵国会召开宪法审议会,宪法成为军阀手中的橡皮图章,国民自决、公团组织的形式不复存在。政治话语权还是掌握在胜利的军阀手里,武人掌权依然是联省自治最大的障碍,知识分子手中的一支笔永远比不过军阀手中的几条枪。

联省自治兴起的一个重要原因,是国人反感军阀专制,把省宪运动作为一种可能的解决方案。部分军阀为了自保,也响应这个政治风潮,倡导地方自治。这就产生一个悖论,被反对者通过反对者的方案行事,获得了政治利益,联省自治没有解决问题,反而加剧了问题,抑或说让问题固化。

北洋军南进的态势始终没有变,南方革命党北伐的初衷也没有变,湖南、四川、江西等省的政局发展始终交织着南北纷争。一省的命运从属于国家民族的整体发展,整个中国的发展方向也决定了各省的最终命运。蓬勃发展的联省自治潜藏着危机,赵恒惕、陈炯明等人的理想与整个中国政局的发展方向并不一致。

四、省宪运动的失败及原因

中国习惯于大一统的思维模式,无论是民主还是专制,都是希望从中央层面打开统一之窗。联省自治是民主宪政的一种方式,始终有反对的声音,而且仅在一段时间内成为时代的最强音,其兴也勃焉,其亡也忽焉,根基不牢固。省宪运动过程复杂,牵扯层面甚多,从长远看不合中国政治发展主流。国共合作后,国民大革命蓬勃展开,成为新的时代最强音,革命实践着大一统的武统梦,从南向北席卷整个中国,最后终结了联省自治。

省宪运动内受本省军阀割据的掣肘,外受革命势力和他省军阀的侵扰,随时有覆灭的可能。湖南一省的行宪同样受到民初政治的影响,正是内部纷争和外部势力侵入的双重作用,尤其是内部政争的失利者引入外部势力,给湖南省宪带来毁灭性的打击。

辛亥革命后,湖南始终存在着尖锐的内部纷争,谁掌控军队谁就成为主导者,失利者退出政坛。省宪运动伴随着谭延闿和赵恒惕之间的矛盾,他们的兴衰浮沉决定着湖南省宪运动的发展。谭延闿出身官僚世家,高中科举,成为职业官僚,处世圆滑世故。他本来没有自己的嫡系军队,所以重点扶植在广西发迹的湖南人赵恒惕,两人在一段时间内结成政治同盟。赵恒惕出身军校,倾心共和,辅佐谭延闿整顿湖南。

二人性格迥异,为政为人颇有不同,在省宪运动中渐行渐远。谭延闿被自治风潮裹挟,内心对省宪运动并无多少认同,所以在省宪运动初期,看不见几次他赞成的身影,却时时感觉他反对的力量。谭延闿离湘驻沪后,一直关注湖南政局,策动自己所属的派系与赵恒惕和林支宇等人争权。赵恒惕则不同,出生军界,却有民主之风,做事讲究程序正义,对于宪政民政还有一定认同。孙中山与陈炯明交恶后,谭延闿曾希望赵恒惕出兵援助孙中山,遭到赵恒惕的委婉拒绝,因为赵恒惕认同陈炯明的理念。

谭延闿本来就对孙中山有好感,投靠后为了换取政治支持,重新执掌湖南,动员湘军旧部脱离赵恒惕的领导,引起湘军内部分裂,湖南人自戕的悲剧再次重演。赵恒惕一方面发表演说,表示省宪法是保障湖南自治的公器,破坏者即为公敌;另一方面整军经武,准备讨伐南来之敌。

唐生智等湘军将领通电,表示誓死护宪。谭延闿不甘示弱,分兵三路进攻长沙。护宪战争仅持续三个月,谭延闿率领余部退回广东。湖南遭受兵灾,株洲、湘潭、衡阳等地成为战场,长沙全城闭市,湘军在湘江两岸互攻,动摇了湖南上下对省宪运动的执着和信仰。

吴佩孚趁机在湖南边境耀武扬威，赵恒惕为了避免兵戎相见，只得修改省宪法相应条款，以换取省宪法的维持。整个修宪过程在刀兵的胁迫下进行，违背了自治初衷。有些调整是技术层面，比如议员数量和产生方式，有些调整是根本改变，比如权力向省长集中，省长可以连任，必须取得中央政府的任命，具有内阁制特色的省务院分量降低。

此时，川军熊克武部途经湖南边境，湘军程潜部引导孙中山的势力反攻湖南，加上原来虎视眈眈的北洋吴佩孚部，湖南三面受敌。为了摆脱困局，赵恒惕又走上扶植私人武装的军阀老路，唐生智等实力派将领趁势崛起。无奈养虎遗患，唐生智势力坐大，成为新一代军政首领，重新上演逼宫的戏码。

1926年，唐生智竟然私自率军北上，在衡山一代设置防线。赵恒惕赶紧派人谈判，表示自己绝无竞选下届省长之意，请唐生智以合法手续，来省城主持大局。唐生智假惺惺地说自己毫无逼宫之意，请老长官来衡阳检阅部队。虚伪的政治语言听听就行，终究还是看政治实力的此消彼长。赵恒惕大势已去，认准唐生智有异志，只得任命其为内务司长兼省务院院长，代行省长职务，自己再向省议会提出辞呈，决意引退。湖南进入唐生智主政时期，自治运动仅剩口号和形式。

联省自治作为一种建立在分权和限权基础上的宪政思潮，目的在于通过制定省宪法，推行省自治，消灭军阀割据，改变中国四分五裂的状况，最终实现和平统一。这与中国的大一统思潮和革命思潮存在一定矛盾，在广东表现得尤为明显。孙中山和陈炯明曾是政治同盟，后来渐行渐远，最终兵戎相见,表面上看是权力之争,实质上却是理念之争,二人代表着武力统一的革命主义与和平统一的联邦主义之间的根本不同。

兴中会成立时,孙中山明确提出创立合众政府,合众即联邦主义,以美国为范本,像美利坚合众国一样。孙中山在辛亥革命初期也曾公开表示,中国各省地理、气候、习俗、人口差异很大,政治上施行大一统可能不太适宜,如果用美国式的联邦主义,各省拥有一定的自主权,中央专管军事、外交、财政,可能更适合中国的发展。

时局的发展实在出乎意料,地方割据、军阀混战产生了明显的分离主义,地方不听中央调遣,即使是革命党掌控的地盘都不服从党的领导,让孙中山对联邦主义产生极大怀疑。二次革命后,孙中山的心中始终怀抱着一个武力统一的中国梦,基本摒弃联邦主义。面对风起云涌的联省自治,孙中山也有一定的敷衍,但这并不是来自内心,而是策略的选择。当谋求中国和平统一的努力失败后,孙中山看到各地军阀纷纷以自治做遮羞布和挡箭牌,对联省自治越来越反感。

孙中山南下护法,举步维艰,西南军阀各怀鬼胎,即使是自己革命政党的军队多半都在观望,只有少数军队坚定地站在自己一边。打造一支完全听从党指挥的军队,再依靠这支军队统一中国,是孙中山的革命理想,陈炯明及其统属的粤军成为重点扶植的对象。1920年,孙中山在上海以中国国民党总理的身份,委任陈炯明为广东省省长兼粤军总司令。

孙中山认为,中国一省太大,有独立的能力和潜质,如果实行省自治,很容易导致割据分裂,联省自治不如实行中央和地方分权。分县自治有很多好处,地域范围小,选民容易辨认,关系到切身利益,人民比较关心,也容易监督,也不能脱离中央独立。在省自治和县自治之间,孙中山倾向县自治。他说自己主张地方自治,但是在现有条件下,联邦制离心力太大,会导致国家四分五裂。中国是一个统一的国家,这一点深深印在历史意识中,联邦制将削弱这种意识。

但是,陈炯明的政治观念本来就与孙中山不同,驱逐桂军后完全转向联省自治,更看重省议会选举自己为广东省省长。他认为粤人治粤的目的已经达到,以后应该保境安民,不应该出省作战,对外只能联合湖南赵恒惕、福建李厚基、浙江卢永祥、云南唐继尧等人共同实践联省自治。这就造成了广东省内出现对立的两派,一派以陈炯明为首,致力于省内自治、建立联邦,实践和平主义;一派以孙中山为领袖,主张重建军政府,开非常国会,选非常总统,消灭军阀,武力统一中国,实践三民主义。

开始时,孙陈二人还能互相容忍,但是随着矛盾越来越多,二人已经不能站在同一条船上。陈炯明主张实行广东自治,建立模范的新广东,认为武力统一摆脱不了以毒攻毒的传统政治模式,只有联乡治区,联区治县,联县治省,联省治国,才可以实现和平统一,收回民治之权。但是这种理想与广东政局发展不在一个方向,北洋政府武力统一南方的方针始终没有变,孙中山的武统梦得到了越来越多人的认同。

孙中山罢免了陈炯明的职务,两方矛盾不可调和,最终发展到陈炯明炮击永丰舰,二人的仇杀刀刀见骨。客观地讲,自从粤军回粤驱逐桂系后,外省客军大部分被赶走,广东实现内部统一，省政府的权力可推行到全省，财政得到整顿，又有大量海外侨胞的汇款，具备实行自治的条件。陈炯明对各项建设和改革极为用心，真诚实践个人理想，兴办学校、禁绝毒品、裁汰冗员、扶植地方选举不遗余力。

1924年，国民党一大宣言发表，其中有关于联省自治的批评。孙中山等人认为，联省自治所坚持的分权于各省，改变中央权力过重的主张，不符合中国现实。北洋的中央政府的权力不是法律赋予，也不被人民承认，是军阀攘夺而得。不考虑消灭大军阀的暴力，却想借助各省小军阀之力削弱中央政府，结果必然是中国分裂，小军阀各占一省，大军阀把持中央，根本谈不上自治。真正的自治，必待中国全体独立以后，始能有成。

在国民党的政纲中，孙中山等人明确坚持中央与地方采取均权主义，凡事务有全国一致性质者，划归中央，有因地制宜性质者，划归地方，不偏于中央集权制或地方分权制，更不是联省自治；各省人民可以自定宪法，自选省长，但省宪不得与国宪抵触，省长一方面为本省自治的监督，一方面受中央指挥；确定县为自治单位。

将均权主义写入国民党政纲，表明国民党完全否定了联省自治和中央集权，在大一统的历史传统中寻找一种更合理的政治制度，在中央集权和地方分权之间找到一个平衡点。政治纲领决定用人策略，孙中山甚至把部下对待联省自治的态度，作为检验部下忠诚度的重要指标。陈炯明作为孙中山的部属，也是联省自治坚定的支持者和实践者，与孙中山的矛盾无法和解。

孙陈交恶后，有人劝陈炯明写信向孙中山表示悔过，陈炯明严词拒绝，说这不是个人权力之争和意气之争，而是理念之争和路线之争，无法妥协。孙中山转变思路，一改以往依靠地方实力派的套路，提出联俄、联共、扶助农工三大政策，欢迎苏联政治顾问鲍罗廷和军事顾问加伦来广州，接纳中国共产党以个人身份加入国民党，开办黄埔军校，组建对党忠诚的学生军，同时收编地方军阀部队，纳入到整个政府的指挥体系。

两方实力很快发生对比，陈炯明带领余部来到广东东部。即便如此，陈炯明还是在辖区内实施地方自治，不改初衷。两次东征下来，余部被彻底消灭，陈炯明南下香港，致力于整合洪门和中国致公党，失去了主导广东政局发展的力量。至此，联邦主义在广东失去任何可能，完全让位于大一统的集权主义建国方略。

1926年7月，蒋介石在广州誓师北伐。唐生智在长沙响应北伐，被任命为国民革命军第八军军长兼北伐军中路前敌总指挥。没过几天，宪法被废除，省议会被解散，湖南联省自治销声匿迹。1927年2月，北伐军攻占杭州，浙江省议会办公场所变成了国民党浙江省党部，省宪运动和自治运动成为历史的陈迹。江西、福建、湖北、安徽等地的命运与湖南、浙江类似，云南、贵州、四川等地重归地方军阀统治，联省自治不再是时髦的口号。

二十世纪初期，很多政治人物都曾倡导联省自治，希望由地方自治带动整个民主宪政的发展，消灭军阀割据，实现国家的长治久安。这些人物按照动机和目的的不同大体分为两类,一类人以陈炯明为代表,怀揣着理想和抱负,真正信奉联省自治,尊崇民主宪政的基本价值,把联省自治当作目的,致力于在中国建设一个民有、民治、民享的社会;另一类人以谭延闿、卢永祥为代表,把联省自治当作手段,希望借此保存个人实力,巩固个人地盘,谋取个人利益,获取更大范围的统治权。两类人影响了联省自治的发展,第一类人始终坚守,战败下台在所不惜,第二类人半途转向,让本来就艰难的联省自治半路夭折。

联省自治运动在近代中国产生,并不是历史的偶然,它来自于中国人对民主政治的追求,也与中央和地方的非规范化有关。当国家糜烂不堪,政治混乱黑暗,大一统的理念无法满足政治需求时,省宪运动自然成为一种选择。1920年到1926年,国内几个省区陆续发生省宪运动,开始制定省宪法,实现民选省长,在此基础上联省自治,这源自对中央集权和军阀割据的反动。

联省自治运动一度成为中国宪政思潮的热点,湖南、浙江、广东、四川、云南制定出省宪法,其他如广西、湖北、江苏、江西、山西、陕西等省区也在积极酝酿。其中,以湖南、广东、四川三省的省宪运动较有成果,三省分别制定了省宪法,湖南还在一定程度上实践了行宪主张,浙江的省宪法三起三落,广东一个省区内两种路线的斗争,都折射了当时复杂的政治现实。

省宪运动在夹缝中生存,不能消灭军阀割据,也无法实现国家和平统一,甚至在一定程度上成为军阀的保护伞。联省自治在某些时候发出最强的声音,却不会长久,因为依然无法解决地方主义带来的国家乱局。大一统始终是中国的政治主流，兵强马壮者决定国家命运。如何实现国家的统一？和平手段走不通，很多人又转向武力，革命成为时代潮流，加入革命队伍成为青年学子的理想。五四运动以后，激进的社会思潮一个接一个，人们似乎对社会变革越来越没有耐心，总想一步到位解决所有的问题，激进的革命压缩了联省自治为代表的宪政民主空间。

近代革命有很多成果，也有很多不幸，其中一个不幸就是革命政党和领导人放弃或搁置了原来的民主程序，趋向集权独裁，每每想攫取中央政府的权力，全面推行自己的主张，这与法国大革命犯了同样的错误，从而造成了革命思潮愈发激进。北洋军阀以武立国，靠的就是军事实力做后盾，这是革命党经常批评的内容，不幸批评者成为自己最讨厌的那类人。包括孙中山在内的很多革命党人都有一个武统梦，这种观念根深蒂固，与北洋军阀的手段选择并无区别。

中国共产党二大提出的"自由联邦制"主张，并不存在实现的可能，很大程度上仅是机械地照搬苏维埃俄国的一些经验。以党的组织性和纪律性实现军权、政权、财权的统一，是国共两党的共同特征，这一点并无本质区别。只是中国共产党贯彻真正的组织性和纪律性，有效率有成效；国民党的纪律流于形式，组织涣散，党中有党，派中有派，派系林立，内斗甚于外斗，无法贯彻领袖意志。

来源于苏维埃俄国的政治革新主张为革命提供了新规则、新范式和新动力。当革命成为社会主流话语体系，任何形式的宪政民主都只存在形式，不可能有实质内容，最后可能连形式都很难具备，被革命浪潮席卷。联邦主义或是联省自治，只是民主思潮中的一朵浪花，本来就与中国传统相悖，又与革命现实相离，不可避免地成为历史陈迹。或许在未来的中国道路建设中，能够提供一定的历史思考。

新文化运动倡导民主，一定程度上推动了联省自治思潮风行一时。随着新文化运动的深入，陈独秀、李大钊与胡适等人对中国是否实现联邦制，存在的分歧越来越大。一个倾向于建立强而有力的政党，一次性解决所有问题；一个倾向于联省自治，培养历史潜力，打倒军阀，逐层逐步解决个别问题。国共两党和多数军阀都是大一统观念的继承者和实践者，与地方分权完全相悖，导致联省自治不可避免地走向失败。作为一次民主转型的尝试，联省自治推动了中国地方阶层的政治参与，丰富了地方民主的经验，为如何保持中央与地方、国家权力与人民权力之间的平衡，提供了历史借鉴。

第九章　妇女解放思潮

五四知识分子在女性人格独立、婚姻自由、参政议政、经济独立、废除娼妓、教育平等、节制生育方面，尖锐地批判男权主义，改变了中国人对女性的传统认知模式。随着马克思主义和激进民族主义的传播，妇女运动出现分流，一部分人坚持原来的个人主义，一部分人走向了唤醒大众政治、倡导民族和阶级意识的集体主义。

中国共产党坚持阶级分析的观点，认为包括女性在内的人的地位由阶级性质决定，反映本阶级的特殊要求和利益。胡适等人认为，应该培养女性的个人独立意识，让她们从事正当的职业，拥有独立的经济收入和社会地位。关于妇女解放运动，太多人带着盲目乐观的心态，忽略了其中的复杂性。鲁迅提出"娜拉走后会怎样"的时代命题，并给出了悲观的答案，解释了妇女运动涉及政治、经济、思想、文化等诸多复杂因素，并非革命式的出走就可以一蹴而就，体现了思想的敏锐性和时代的前瞻性。

一、女性主义的先声

法国哲学家波伏娃为了提倡女权主义，撰写了经典著作《第二性》。她认为男性与女性开始出现的时候并没有处在性别区分的对立面，从人类起源上讲，生理上的优势使得男性处于高位，女性具有生养抚育的特征，使得男性在某种程度依赖女性。氏族、部族、部落的生活通过女性得以扩大，女性是群体的灵魂，于是进入到了母系氏族社会。随着生产力的提升和农牧业的发展，天生具有优势的男性不但征服了大自然，也征服了自己，摆脱女性树立权威，于是进入到了父系氏族社会。

当家庭和私有制无可争议地成为社会基础时，男人成为绝对的主体，女性成为他者，被完全异化。这种状态不是永恒的，随着社会经济的变化，女性将实现自己的转变。从波伏娃的论述可以看出，男性和女性之间的地位变化体现了社会性，当社会生产和思想文化发展到一定程度时，女性的地位必然有所提升，中西方均是如此。

在中国几千年的传统封建礼教制度下，三从四德、男尊女卑、贞孝节烈成为约定俗成的社会规则，很少人提出质疑。妇女深受父权、族权、夫权、神权四大绳索的束缚，生活在社会底层，经历着比男人更悲催的生活。这在心灵和肉体上，都是一种折磨。比如，五代以后的女子必须裹脚，让女子只能在一隅之地活动，这不是美的体现，是对女子的极端摧残，是对人性的一种泯灭。

程朱理学强调存天理、灭人欲，女子要从一而终，不可改嫁。多少女子在丈夫死后，不能也不愿拥有第二段婚姻。明代开始大规模地开始兴建贞节牌坊，明太祖还专门下诏，规定民间寡妇三十岁以前夫亡守制，五十岁以后不改节者旌表门闾，免除本家差役。从此，中华大地上多了无数当街横跨的贞节牌坊，这些牌坊像它的主人一样，孤独地立于街头村口，仿佛临风控诉她们孤苦空寂的一生。

《大清会典》规定，妇女贞烈观表现突出的可以予以旌表，具体包括丧夫后守节不嫁的节妇，未婚夫死守节不嫁的贞女，未婚夫死而自尽的贞烈，夫死而自尽的烈妇，遇强暴拒辱且未被奸污的烈女。一处处贞节牌坊，一次次旌表彰显，无不浸透着妇女无尽的血和泪。

为了自己的名声、家族的荣誉和地方的政绩，妇女成为历史的牺牲者，乡亲族人甚至还强迫女子殉夫，甚至是父祖胁迫子女。各地造假风气盛行，很多贞节牌坊成为笑谈。甚至还有传闻，贞节牌坊造好了，贞妇却跟造牌坊的石匠跑了，更是让封建礼教的虚伪性暴露无遗。

近代中国，太平天国开启了妇女解放的先声，打破了程朱理学对女性的桎梏。洪秀全在《原道醒世训》中写道，天下多男子，尽是兄弟之辈，天下多女子，尽是姊妹之群。他宣传天下的人都是兄弟姐妹，人与人应该平等，男与女也应该平等，女子成为革命宣传的对象。

起义后，太平军中专门组建女营，和男子一样冲锋陷阵。定都天京后，《天朝田亩制度》确立按人口分配土地的原则，女人与男人的权利一样，并无差异。同时，设立女官制度，强迫女子放足，组织妇女劳动，废除买卖婚姻，还开科取士，录取了女状元。

可是，太平天国对女性的重视存在先天的缺陷，即缺乏对女性主义的认知，仅是在具体层面与传统不一样。战时阶段，为了尽可能地发挥太平天国将士的战力，所以设立女军，等到了天京，依然施行那种战时军事主义，实行男女分管，否定家庭的合理性。这不符合社会发展的规律，女性被禁锢在女营也不是她们的最终出路。

同一时期，处在金字塔顶端的诸王却享受着女色，选妃纳妃不遗余力。

总体而言，太平天国的妇女解放运动还停留在传统的藩篱中，虽然带有西方基督教千年王国和中国大同世界的痕迹，但并没有摆脱传统的束缚，最终又归向传统。女性短暂地得到了解放，却无法得到有效的保障，最终陷入了比清朝妇女还不如的境地。

西方资本主义进入中国后，极大地改变了中国的社会结构，男耕女织的小农经济逐渐解体，女子走向社会成为历史的必然，妇女解放的呼声随之兴起。现代生活方式的兴起，也让妇女解放成为现实，部分女性不仅拥有家庭身份，也有社会身份，成为新的工人、雇员、商人。同时，西方关于妇女解放的思想进入中国，极大地改变了传统士人的认识。一批先进的知识分子也在考虑，如何解决妇女受压迫的问题。

在中国，真正以西方先进思想开始妇女解放运动要从维新派开始，康有为最早在广东建立不缠足会，号召女性放足，尊重女性的天然生理，不再扼杀人的天性，并且身体力行不给自己的女儿缠足。这在当时属于破天荒，招致顽固势力的一片骂声，但是康有为不改初衷。

除了不缠足，康有为还提出一系列男女平等的思想，比如女子享有与男子一样的受教育权利，从生理和心理上进行论证。植根于思想深处的人权观念和平等思想，对打破封建礼教的束缚和摧残，促进女性个人的觉醒和妇女解放运动的兴起，具有极大的启蒙作用。但是，康有为处处借孔子的招牌行事，把孔子打造成一个主张男女平等的圣人，造成思想与实际的不契合。

梁启超受教于康有为，同为维新变法和保皇运动的核心人物，不但接续其师的不缠足运动，而且大力提倡女学。他认为，欲强国必由女学，美国最强就是因为女学最盛，英法德日等次之是因为女学次盛，印度、波斯、土耳其等国家侥幸存在是因为女学衰、母教失、无生众、智民少，中国积贫积弱的根本原因在于妇女未受教育。

梁启超认为，女性要有职业，有了职业就会有独立的经济地位，国家民族才能强盛。以往统治阶级对妇女的压迫非常严重，只有兴办女学，才可以让女子心胸开阔，目光远大，具有新思想、新文化和新道德。母教乃治天下之本，家庭教育中母教对子女的影响至关重要。想改变几千年的颓风，拯救国家民族命运，必须提升妇女地位，倡导妇女解放运动。

维新派人士经元善为了培养女子教育和妇女解放运动的骨干分子，把开女学堂看成是挽救祖国危亡的灵丹妙药，积极兴办女子院校。他在上海连续四次邀请包括女性在内的各方人士来讨论，从校舍建筑到学校管理，从课程设置到教学理念，从教材书籍到考试考核，都充分酝酿。康同薇作为康有为的长女，从小受父亲影响，此时已长大成人，筹备会上援笔立论，文思敏捷，获得与会者的一致赞扬。请求拨发官款失败后，经元善鼓励民间捐款捐物，暂时解决了资金问题。

1898年5月，中国第一所女学堂在上海创办，迈出了妇女解放运动的重要一步，同时也招致朝野的非议。很多官僚士绅认为女子上学与程朱理学相悖，属于大逆不道，一部分赞助者闻风退却，女学兴办举步维艰。1900年，经元善因为反对朝廷立储遭到通缉，逃到澳门，女学堂随之停办。虽然中国第一个女学堂存在仅一年多，却是戊戌变法的硕果，代表着先进知识人的不俗眼光和不懈努力。

维新派借用西方的天赋人权和人人平等思想，痛斥封建礼教对女性的摧残，把妇女解放和救亡图存结合在一起，具有强烈的时代使命感和浓浓的爱国主义精神，开启了近代妇女解放的先声。当然，这个时期的妇女解放运动也有很多局限性。西方的民主自由是维新派的一个思想来源，儒家学说依然是他们宣传妇女解放的护身符。

女学堂旋兴旋灭，妇女无法获得独立的经济地位和社会地位，主要充当的还是相夫教子的家庭角色。女性的解放应该从自身着手，从内心认识到个体的独立性，此时的妇女解放运动完全由男性发动，女性对于自己的角色转变模模糊糊，缺乏明确的自我认知。

进入二十世纪，在革命派的推动下，妇女解放运动走上一个新台阶。国内出现专门介绍西方女权主义书籍的翻译著作，提升了整个妇女解放运动的理论水准。作为把西方女权理论直接介绍到中国的第一人，马君武翻译了斯宾塞的《女权篇》，摘译了穆勒所著《女人压制论》一书的要旨，还转写了第三国际关于男女享有平等权利的宣言和主张。与女权思想转自日本不同，马君武把西方的女权主义理论著作翻译到中国，国人阅读到了西方文本，引起晚清思想界非常大的震动。

革命派兴起尤其是同盟会建立后，革命浪潮蓬勃兴起，妇女解放运动进入新阶段。革命派大张旗鼓地宣传女权主义，运动重心也由国内转移到国外，专门探讨女性问题刊物在海外蓬勃兴起。孙中山作为民主革命的先行者，在革命的斗争实践中，始终重视妇女问题。

他认为，妇女只有掌握文化科技知识，才可以改善自己的经济地位和政治地位，与男性处于同一水平线上，保证自己的独立人格。无论是兴中会还是同盟会，从一开始建立就注重吸收女会员。孙中山让何香凝在日本留学生中物色女性志士，广泛结交，只要自愿参加，无论厨子、丫鬟、老妈、用人，一律接受。对于女性参加者，孙中山给予特别关注，一一记之于日记簿，派人招聘录用。

在孙中山等革命领袖的倡导下，一些知识女性感慨祖国的危急存亡，坚定地投身于革命洪流，积极组织革命小团体。中国第一个近代化的妇女组织是共爱会，由留学日本的女学生成立，以具有现代国家思想、尽力女国民职责为宗旨。会员们编写女国民歌，宣传女国民思想，积极投身到拒俄运动、抵制美货运动、收回利权运动中。还有部分会员参加暗杀行动，运送武器，在第一线冲锋陷阵。但是，因为缺乏统帅型的领袖和长久的革命热情,共爱会很快名存实亡。

　　漂洋过海、负笈东瀛的女子中,产生了一批具有现代知识素养的革命先驱,何香凝、秋瑾、唐群英等人都是代表。何香凝出生在香港一个大地产商家庭,从小就叛逆,有反对封建礼教的意识,长大后与志同道合的廖仲恺结婚,然后东渡日本入女子学校就读。感慨于女权不振,何香凝在日本发表《警告我同胞姊妹》,号召女子应该和男子一样,在帝国主义侵略之下尽保卫国家的义务,同时鼓励姊妹们冲破闺阁,走向社会。同盟会成立,她成为同盟会的元老之一。

　　秋瑾出身官宦世家,早年随做官的父祖旅居厦门、漳州、绍兴、台湾,对资本主义的入侵有一定认识。因为从小喜欢舞枪弄棒,阅读武侠小说和历史著作,秋瑾身上带有奔放不羁、豪放纵情的特征。后来愤恨丈夫身上的纨绔习气,毅然冲出夫家大门,几次失败犹不悔,最终与丈夫彻底决裂,只身一人来到日本。作为杰出的革命家,同时也是妇女解放运动的实践者和宣传者,秋瑾以自己的行动为妇女解放树立了一面旗帜,成为时代的楷模。

　　秋瑾控诉封建礼教对女性的压迫,认为三从四德、从一而终是一派胡言,女子在家庭中的地位极低,所受的折磨最重。从娘胎一出生,就遭到人们的冷眼歧视,尤其遇到重男轻女的家庭,女孩子还有被溺毙的危险。出嫁前,不能享受与男子一样的权利,也没有能力继承父母的遗产。出嫁后,好似牢头增了一个罪囚,南美洲增了一个奴隶,只要有错,都要归到媳妇身上。父母之命和媒妁之言让两个根本不认识的人硬生生地结合在一起,男尊女卑的社会现实和家庭现实,让女子步入悲惨的深渊。

如何达到男女平权，秋瑾提出自立、学艺、合群。女子在思想上要独立自主，高撞自由钟，树立自由旗，革除奴隶性，抖擞英雄姿，才能冲破金枷玉锁、锦绳绣带，呼吸自由空气，获得真正的人格独立。除了精神上的独立，还要实现经济上的独立，接受良好的教育，人人有职业，没有坐享其成之人，才可以对得起自己、家庭和国家。女子们要组织起来，结成团体，这样才有力量。

秋瑾把在日本的女留学生集合起来，重组并改造原来的共爱会，确立联络同情、互换智识、固结团体、振兴女学、恢复女权为宗旨。为了加强战斗力，秋瑾创办《白话》《中国女报》等刊物，同时撰写《敬告姊妹们》《精卫石》《敬告中国二万万女同胞》等文章，朝气蓬勃地开展妇女解放运动。秋瑾的一生如短暂的流星，一闪而过，但其耀眼的光芒中照亮了妇女解放的道路，具有不可磨灭的贡献。

晚清时期，革命派宣传妇女解放运动，基本上以西方的天赋人权为思想武器，完全抛弃了儒家学说，论证女子天生就有和男子一样的权利。同样是人，同样享受天赋人权，任何人不可随意剥夺。女权不是超越男权，也不是反对男权，而是与男权一样，属于民权的一部分。女性要有参政议政权、婚姻自主权、财产继承权，同时也要承担所有国民都要承担的义务。这个时期的女权主义带有浓厚的民主特征，很大程度上来自女性本身的自主意识，是民主革命的一部分。

辛亥革命成功后，孙中山等革命党人坚持原来的理念，把妇女解放提上日程。他以临时大总统的名义，下令禁止买卖人口，废除已有的买卖契约，这在一定程度上保护了妇女的人身权利。临时政府内政部通饬各省劝禁妇女缠足，有违背禁令者，给家属以相当惩罚。

中华民国的建立鼓励了妇女参政，政界出现很多女性身影，孙中山对此表示充分肯定，认为这是民权兴盛的表现。在同盟会等革命团体内部，并非所有的领导人都赞成妇女解放运动，也并非所有的领导人都发自心底的尊信，有些人即使提倡，也是当作工具。孙中山从心里真正信仰，纳女权入民权，力排众议，坚持提升妇女地位。辛亥革命推翻了清政府，结束了两千多年的封建帝制，在妇女解放运动方面做出贡献，但并没有完成反帝反封建的任务。袁世凯上台后，掀起一股尊孔复辟的反动逆流，使得本来顺利发展的妇女解放运动出现波折。

1913年9月，袁世凯发布《注重德育整饬学风令》，称民国以来，学校管理松弛，蔑视学规，傲慢师长，都是因为宣传自由平等之说。第二年，袁世凯颁布《治安警察条例》，规定女子与未成年人、剥夺公权的人一样，不得加入政治组织，不得参加政治集会。与此同时，袁世凯还坚持男女分开读书，规定小学校施行双轨制，女子需要按照另一上学轨道逐级完成学业，这就否定了民国以来为广大民众设置的学制，剥夺了男女的教育平等权。

从内心讲，袁世凯并不赞成女子像男子一样接受教育，他认为女子就应该在家当好贤妻良母。竞于仕途是官僚的事，竞于市场是商人的事，竞于精勤是士人的事，国家大事和地方事务与女子无关，女子的事就是做个女人，竞于家政。既然女子只能在家，就没有必要接受科学教育。

袁世凯政府一时又不能完全取消女子学校，只好进行整顿，加强学校教育中关于家政的部分。在女子学校中，女子除了学习男子所学各科外，加课家事、园艺、缝纫，数学减去三角法，手工以编物、刺绣、摘棉、造花为主，体操免课兵式。这些家政内容为造就贤妻良母而服务，体现了国家教育思想的倒退，没有给予女子和男子一样的地位。

同时，女校学生禁止读新书、看新报，禁止学生会见男性宾客，即使是自己的兄弟也不行。学生请假要有家长信据，出入学校要坐轿，禁止打电话，信件也要检查。学校本来是寻求新知、获得知识、提倡自由的场所，经过袁世凯这么一搞，变成了一个禁锢女性的场所，与时代发展完全背离。整体大环境变坏的情况下，女子学校数量逐渐减少，女子在校生数量逐年下降，很多学校被迫关闭，原来办学的教育者也失去了热情。

为了宣扬封建礼教，袁世凯又把贞节烈女那一套摆上台面，甚至成为国家褒奖的重点。1914年，《褒扬条例》规定贞节烈女可以获得大总统授予的匾额题字和金质、银质奖章，地方政府要极力宣传。各地的贞节牌坊不但没有少，反而多了起来，封建思想又戕害了一批无辜女子。她们或者自杀殉夫，成了荒烟蔓草间的孤魂野鬼；或者誓死不嫁，成了古案青灯旁的孤冷女子。袁世凯死后，黎元洪、段祺瑞、冯国璋等人掌握中央政权，延续原来的错误认识，并没有多少实质性改变。

上有所好，下必甚焉。一些报刊甚至专门列专栏，连篇累牍地报道，专门褒奖各地呈报上来的贞节烈女。在此社会氛围下，敢于冲破传统束缚，追求婚姻自由的人越来越少，甚至还有女议员因为自己女儿自由结婚将其杀害，历史好像倒退到了晚清时期。辛亥革命带来的社会变迁，有一些进步，并没有实质改变，革命派构建的中国家庭新伦理并没有持续多久，很多理论没有付诸实践，袁世凯等人又开了历史的倒车。

近代西方民权主义和女权主义的思潮进入中国，促进了中国妇女解放运动的兴起和发展。康有为、梁启超、孙中山等人都曾做出重大贡献，秋瑾等人作为妇女解放运动的旗帜，更是鼓舞了无数女性解放自己，实现个人的自由。妇女解放运动是民权主义兴起的一个表现，与民权主义的兴盛相始终。

孙中山讲，世界潮流，浩浩荡荡，顺之则昌，逆之则亡。妇女解放运动也是世界大势之一。当民权主义在中国扎根，天赋人权、男女平等的思想在中国扎根，就不会允许再开历史的倒车。北洋军阀政府所采取的一部分政策，违背了妇女解放运动的发展趋势，逆历史潮流而动，必然遭到历史的批判。

二、妇女解放的各个层面

中国社会经济的转变，尤其是资本主义生产方式的进入，改变了中国以往的社会结构，也改变了男性和女性之间的关系。女性需要走出家门，成为公共领域的一分子，家庭地位和社会地位都发生巨大的变化。五四新文化运动作为划时代的思想启蒙运动,是中国社会经济转变在文化领域的呈现。

五四运动时期,妇女解放作为社会问题的一个重要方面,成为社会舆论的讨论重点。新文化运动的倡导者认为,要在中国建立一个真正的民主共和国,必须提倡德先生和赛先生,深入宣传民主、科学、自由、平等,彻底批判传统的旧道德、旧文化、旧思想、旧文明、旧伦理,建立现代意义上的新道德、新文化、新思想、新文明、新伦理。

就关注妇女解放运动的报刊来看,最早出名的还是《新青年》。《妇女杂志》是专门为女性创办的刊物,在五四运动高潮时期相当保守,被批评为专说一些叫女子当男子奴隶的话。即使是《新青年》创刊后的两三年,也没有超越梁启超的女权启蒙话语体系,直到1918年才正式提出女性的主体性问题,即明确提出我是我自己的主张。1921年,《妇女杂志》主编换为章锡琛后,坚持五四精神,立场和观念发生重大转变,成为妇女解放的一面旗帜。

伴随着妇女解放运动的深入,当时绝大多数报纸都刊载谈论文章,很多报刊还进行专门性的讨论。比如,《新青年》关于贞操问题和易卜生主义的讨论,《妇女杂志》关于婚姻自由是什么和新型道德的讨论,《民国日报》副刊《妇女评论》关于自由离婚的讨论,《晨报》副刊关于爱情定则的讨论,《星期日》有妇女问题的专门讨论。

参与讨论的人员众多,阵容庞大,涵盖多个阶层,既有资产阶级革命派,也有激进的民主主义者,包括胡适、鲁迅、蔡元培、邵力子等人,更有早期的马克思主义者,包括李大钊、陈独秀、李达、李汉俊、陈望道等人。涉及领域非常广泛,涵盖伦理道德、男女平等、经济独立、婚姻自由、恋爱自由、废娼运动、节制生育、人格独立、阶级解放、男女同校等。

各种思潮涌入中国，出现了实验主义、马克思主义、无政府主义、基尔特社会主义、法国式民主主义等，成为新文化运动倡导者宣传的思想。各种人物、各种思想、各种理论层出不穷，均可畅所欲言，形成一幅多元并进的妇女解放图画。就具体内容而言，大致包括以下六个方面。

第一，批判三纲，倡导人格独立。作为传统伦理道德的代表，君为臣纲、父为子纲、夫为妻纲共同组成的三纲，要求为臣、为子、为妻的必须绝对服从于君、父、夫，同时也要求君、父、夫为臣、子、妻做出表率。它反映了传统社会中君臣、父子、夫妇之间一种特殊的道德关系，遭到了新文化运动的猛烈批判。

陈独秀早在《青年杂志》创刊号中，就将女性的解放和推翻男尊女卑的旧礼教结合起来，号召青年男女追求独立自主的人格，摆脱旧道德和旧礼教的束缚。这在当时有一定开创意义，打破了传统对女性地位的认识。封建伦理纲常和宗法制度扼杀了人的独立思考精神和主观能动性，造成了中国近代社会的相对落后。新文化运动批判旧伦理，是为了建立新伦理，实现个人的人格独立和个性解放。三纲是男尊女卑、男权主义的体现，女性受到的压迫极深，所以亟须解放。

陈独秀指出，儒家三纲之说是中国两千多年封建社会道德政治的根本，所谓的名教和礼教都是拥护三纲以别尊卑、明贵贱。君为臣纲让民众成为君主的附庸品，失去独立自主的人格；父为子纲让子女成为父亲的附庸品，失去了独立自主的人格；夫为妻纲让妻子成为丈夫的附庸品，失去了独立自主的人格。

天下的男女为臣、为子、为妻，不曾有独立自主之人，都是三纲之说造成的恶果。传统宗法社会下的奴隶道德在于强调片面的义务，于是有了君主虐待臣下、父亲虐待子女、婆婆虐待媳妇，施之者认为是当然的权利，受之者也认为理所应当，这完全荒谬到了极致。

鲁迅在《狂人日记》中，把整个中国历史看作是一个吃人的历史，直指其残忍与荒唐。吴虞被胡适称为只手打倒孔家店的老英雄，与鲁迅有同样的思维，认为孔二先生的礼教讲到极点，就是杀人吃人，残酷至极，讲礼教就是吃人，孝的根本精神是维护专制和不平等，专为君亲长上而设，利于尊贵长上，不利于卑贱之人。

李大钊在《战后之妇人问题》指出，现代民主的精神是凡在一个共同场域生活的人，无论他是什么种族、什么属性、什么阶级、什么地域，都能在政治上、经济上、教育上获得均等的机会，发展他们的个性，享有他们的权利。妇女参政本是由此而来，因为妇女与男子虽然属性不同，在社会上却同男子一样有自己的地位，在生活上有自己的要求，在法律上有自己的权利，岂能甘愿在男子的脚下受践踏。

李大钊还以马克思主义为武器，揭示了女性受压迫的社会根源和经济根源，要求推翻男权专制，使男女共同享有平等自由。他指出，妇女解放与民主有很大关系，有了妇女解放，真正的民主才可以实现，没有妇女解放的民主不是真正的民主，如要实现真正的民主，必须要求妇女解放。

李大钊认为，以往中国人的一切社会活动，都不允许妇女参加，男女的界限很严，以致形成男权专制。不单男子对于妇女专制，男子之间也是相互专制，生活的内容冷酷无情，干燥无味，平和、优美、博爱的精神没有机会呈现。若要真正的民主在中国完成，必须实现妇女解放，使妇女的平和、美爱的精神，感化男子的专暴，变专制的社会为民主的社会。

男女平等是中国近代伦理思想和中国婚姻伦理嬗变的主要内容，也是新文化诸位先贤努力的目标。陈独秀、李大钊、吴虞、胡适等人以民主和科学为武器，反对旧伦理和旧礼教对女性的束缚，呼唤和倡导女性的人格独立和个性解放，促进了社会新伦理的建立。对三纲的批判和对人格独立的倡导，动摇了传统婚姻伦理和价值观念的根基，促进了个人本位主义对家族本位主义的取代，从而使得婚姻自由、个性解放和男女平等成为可能。

第二，提倡男女同校，坚持男女教育权平等。民国初期延续晚清的学制，只有初等小学可以男女同校同班，高等小学可以同校，但需另编班级，中学和大学严禁男女同校，这些措施本是不得已的行为，学制制定者并不是从内心坚持男女享有平等的教育权。大学是男人的专属、女人的禁地，中国人自办的大学中没有真正的女子大学，只有女子高等师范，教会大学也只有北京协和女大、南京金陵女大、福州华南女大三所。

罗家伦在一篇文章中详细论述了男女同校的理由。为了谋求人类的共同发展、男女间正常的交往和建立真正良好的婚姻，就要施行共同教育，男女共同教育可以提高女子的地位。中国妇女知识落后,要谋求妇女解放,同样需要实行男女共同教育。周炳琳发表《开放大学与妇女地位》指出,妇女若有高等教育的机会,可以使妇女知道男子并不是了不得,妇女也不见得低于男子。有了这个觉悟,完成教育平等,自然会争取别的平等。

李达在《妇女解放论》也有类似见解。他认为应该把女子当成一个人来看,既然男女平等,就应该男女同校,自幼稚园到小学,从中学到学校,都应该同校。若说男女不宜同校,这便使男子因噎废食的恶劣根性,不把女子当人看待。男女同校不是要求女性变成男性,而是撤去过去社会中妇人生活中的不自然和人为的障壁。

作为中国著名的教育家、中华民国第一任教育部长、在任的北京大学校长蔡元培,始终以开明著称,注重男女教育权的平等。1919 年 3 月,蔡元培在北京青年会发表《贫儿院和贫儿教育的关系》,指出国人不允许男女之间有朋友关系,似乎承认男女之间只有恋爱关系,所以严格防范,很多时候又防范不到,所以常闹笑话。欧美人承认男女之间的交际,与单纯男子和单纯女子各自在一起相处一样。男子在交际上特别尊重女子,断不敢有任何轻率的举动。所以,改良中国的男女关系必须要有一个养成习惯的地方,学校就是最好的场所。外国的小学和大学都是男女同校,美国的多数中学也是男女同校。

北京大学男女同校之事,由两位女学生最早提出。邓春兰 1919 年考入北京女子高等师范,有感于女子不能进入北京大学,于是给蔡元培写信,呼吁大学开女禁。蔡元培答记者提问时表示，因为教育部所定规程对于大学生并无限于男子的规定，如果北京大学明年招生时，有程度相合的女学生尽可报考，成绩合格尽可录取。实际上为男女同校开了绿灯，客观上鼓励了女生报考北京大学。

在此风潮之下，北京另一位女学生王兰在新学期申请进入北大旁听，得到北大代理教务长陶孟和的同意，于是进入哲学系一年级旁听。邓春兰与另外七名女生也被获准旁听，不久转为正式学生。这九名女生进入北大，打破了男女学生不能同时进入大学的禁忌，开创了中国大学男女同校的先例。同年秋季，北大又招收二十八名女学生。

北大肇开风气后，全国各地的公立私立高校纷纷仿效。据统计，1922年到1923年全国女大学生共有八百八十七人，占大学生比重百分之二多一些。虽然数量还有待提高，但确实是教育史上的巨大突破，女子无才便是德的观念遭到相当程度的摧毁。虽然还有很多卫道士反对男女同学同校甚至同桌，认为有伤风化，但已经不占主流。男女享有同样的大学教育权，代表着男女平等教育权的实现，打破了男女授受不亲的礼教束缚，开阔了人们的视野，启迪了人们的思想，促进教育走向现代化、平民化和普及化。

中学是进入大学的必经阶段，女子要进入大学，要有相当的学识才能被录取。民国初期的女子中学数量少、质量差，经费师资完全不能和男校相比。大学开放女禁后，中学男女同校随之提上日程。蔡元培公开呼吁，教育界的胆子要放大，试试中学男女合校也好。社会上公开倡导男女同校的声音越来越大，虽然北洋政府还没有明确承认中学男女同校，但大学和小学已经实现有限的同校,中学合校和男女同校已经势不可当。

女性进入高校,就要求女性与男性一样承担改造社会的重任,与男性一样在社会上展开竞争,大学教育内容的改革成为讨论重点。胡适指出,为了让女子获得更多的知识,必须把课程进行改革,使女师学生课程与大学预科相衔接,使高等师范的课程与大学预科相等。根据女子身体相对柔弱的特点,大学开始重视女子体育。蔡元培把发展女子体育放在教育的首位,坚决反对缠足、禁锢深闺和家政学习,提倡女子放足,参加体育运动。

除了正规的大学教育,平民教育、贫民教育、女子职业教育也在蓬勃兴起,这些都贯穿了男女平等和妇女解放运动的思想,对后世影响深远。我们现在部分男女的教育体系由五四男女无差别的单轨制教育思想发端,是五四运动的成果,反过来又促进了民主、科学、自由、平等的传播。一代代新女性从大学产生,成为社会的中坚力量,引领社会风气,改变了中国的社会面貌和时代风气。

第三,贬斥男女大防,反对封建节烈。传统伦理观念中,男女授受不亲,严于男女之别,讲究男女之大防。男女不可自由交往,也不可自由接触,如果有接触,一定会出现苟合、外遇、私奔等不道德的事情。规定男女各有自己的生活轨道,交集不可过密,关系不可太紧,这种思想从根本上讲是为了防淫,防止两性间的道德堕落。

受传统伦理观念的愚昧教化,一般人对待男女两性出现了一种扭曲思想,似乎男人与女人接触,哪怕是轻微的必要的接触,也是怀着不可告人的目的。两性之间神秘不可解,总是伴随着想象中的肮脏龌龊和猥琐不堪。正如阿Q看来,几是尼姑一定和和尚私通,一个女人在外面走一定是想引诱野男人,一男一女在那里说话一定是有勾当。

鲁迅深刻挖掘了这种两性关系的阴暗和愚昧,指出这种变态心理的造成代表着旧礼教禁锢的罪恶。清规戒律越是细密,越是增加了人们性心理的压抑和变态。一见短袖子,立刻想到白胳膊,立刻想到裸体,立刻想到生殖器,立刻想到性交,立刻想到杂交,立刻想到私生子。国人心理不正经,倒自以为正经地禁止男女同学同校和模特上台。鲁迅的论点深刻,带有个人独特的视角,揭示出传统礼教男女之大防的荒谬可笑。

沈雁冰曾发表《男女社交公开问题管见》,客观地指出男女社交与道德无关,处处严明男女之大防本是一种反常,必须扭转为正常的状态。男女同样为人,便该做同样的事情,男人可到的地方女人也可以到。男女正常交往才是正常的行为,是人的天性的自然反应,是每个人天生的权利,把男女正常社交与伦理道德区别开来的想法,击中了传统婚姻以义合的要害。

传统社会中,有女子为了表明自己的节烈,甚至因为被男人无意碰到手臂,就割断手臂,这种过激的行为是男女授受不亲的直接反映。民国初期,褒奖贞节烈女的习俗依然盛行,连政府都在极力表扬,各地贞节牌坊还在兴建,传统贞节观念依然束缚人们的思想。打破男女之大防,鼓励男女自然交往,必然要求女性摆脱传统节烈观的束缚。鲁迅、周作人、胡适等人先后发表文章，对从一而终、男女大防的封建节烈观予以猛烈批判。

鲁迅在《我之节烈观》提出，视节烈为美德的传统观念是戕害妇女的畸形道德，节烈既非人人应做，又非人人能做，既不利己，又不利人，对人类社会没有一点儿好处。卫道士将世风日下、世道浇漓、国将不国归罪于妇女的不贞不烈，毫无理由。男子仅将女子当作物品以及愚民、制民、御民策略的需要，逼人受苦、逼人受死的所谓节烈真不是人间应有的事情。要抹去虚伪的伦理脸谱，必须废弃传统的贞烈观，去掉这种害人害己的混乱行为。

胡适发表《贞操问题》，逐条批驳北洋军阀的褒扬条例。他认为贞操问题中，最无道理的是为未婚夫守节和殉节，妇人殉夫最正当的理由只能是爱情，不应该是贞操。贞操是夫妇相待的一种态度，夫妇之间爱情深了，无论谁生谁死，无论生时死后，都不忍把这爱情移于别人，这便是贞操。

夫妻之间若没有恩爱，就没有贞操可言。不问夫妻之间有无永恒不变的爱情，不问做丈夫的是否配受妻子的贞操，只顾主张做妻子的替丈夫守节，不合人情公理，是忍心害理的贞操论。为了青史留名，鼓励无知儿女做烈女，等同于故意杀人，实在是荒谬绝伦。褒扬烈妇烈女杀身殉夫，残忍野蛮，毫无存在的必要。

胡适还指出，中国几千年男尊女卑的传统从来不把女子当人，只有孝女、贤女、烈女、贞女、节妇、慈母，却没有一个真正的女人，做妻子的完全是家庭中的一个奴隶。男子公然嫖妓和纳妾，可以多妻再婚，却要求妻妾为他们守贞守节，完全违背常理。至于女子被强暴奸污，更没有自杀的理由，这就好像一个人无意间砍伤了自己的手指，或是不小心被毒蛇咬了一口。社会上应该怜惜她们，不应该轻视她们，一个男子娶了一个被污的女子，和娶了一个处女，没有本质区别。程朱理学所强调的"饿死事小，失节事大"，更是本末倒置，陈腐不堪。

第四，提倡一夫一妻，反对卖淫嫖娼和纳妾。五四知识人倡导建立新型的家庭伦理关系，提倡一夫一妻，反对违背理性婚姻家庭原则的卖淫嫖娼和纳妾。一夫一妻制要求夫妻双方彼此忠诚，不可背弃对方，无论是感情上还是生理上，都不允许有越轨行为。一妻多妾制是历史上客观存在的一种制度，有着深刻的历史背景，也会随着经济生活和思想文化的转变而改变。

在中国古代，男人可以三妻四妾，地位越高、家庭越富足，娶的老婆越多，妻妾成群，成为有钱人、有权人的生活常态。妾以及妾生子女在家庭中的地位很低，不能享有妻以及妻生子女的地位，妻妾争宠、子女暗斗在大家族很常见。曹雪芹在《红楼梦》中对这个问题有过深刻的描写，赵姨娘、平儿、尤二姐等几个妾以及他们的子女在贾府内的命运都不如正室。

五四新文化运动时期，辜鸿铭用茶壶与茶杯来比喻妻妾制度，不顾时空背景，更是荒谬至极，完全违背了社会伦理和家庭伦理。鲁迅在《新青年》发表一篇《我们现在怎样做父亲》，尖锐地批评传统的纳妾制度。他认为无后为大并不是多妻主义的护身符，一夫一妻最为合理，多妻主义让人堕落，与延续家族的目的完全相反。

沈钧儒发表文章反问，既然伦理是中国家庭最根本的根据，妾算哪一类人呢？有妾的人家往往不论上下，妾的亲生子女有时不认亲母，直使家庭心理永远处于混乱迷惑的状态。一夫一妻家庭的爱情最浓厚，家庭多了妾，父子、夫妇之间永远有隔阂，妾与妾的子女之间各有各的意思，伤了人类根本的爱。男性对妻妾有重重卑屈的行为，难免失掉人格信用。有妾的家庭教育儿童，绝无和谐的可能，给社会增添了很多不良少年。所以纳妾这件事有害无益，绝对不可行。

还有学者指出，做妾的既是身藏金屋，也是处在家庭监狱中，与锁在笼中的鸟一样不自由，一样有悲惨的命运，同是被人玩弄，受人束缚，像在监狱中过无期徒刑一般，一旦失宠，无异被判了死刑。这样的分析当然略显粗疏和生硬，却代表了当时社会反对纳妾的一种极端声音。纳妾现象的产生固然有历史原因和文化心理因素，随着帝制的推翻和新文化运动的兴起，必然走向末路，只是消失过程的快慢而已。五四知识分子大体思路是想早些废除这种不合理的制度，所以才有很多略显偏执和绝对的言论。

娼妓在中国由来已久，相传春秋时管仲设女闾三百，开创了公娼制度。相比于公娼，中国的私娼更为发达，几乎在各个朝代的各个时期都很兴盛，无论是在盛世还是在末世。娼妓在古代从来不是问题，文人雅士流连瓦肆楼台，似乎是平常之事。民国以来，社会道德权威削弱，工商业兴盛发达，娼妓业随之繁荣，淫风日炽，一双玉臂千人枕，一点朱唇万人尝，这是病态社会的一种呈现。

五四运动兴起后，伴随着妇女运动的兴起，废娼舆论兴起,逐渐成为一种群众运动。1918年年初,北京大学进德会成立,会约包括不得嫖娼。上海公共租界各团体组成代表团,请求租界工部局组织专门委员会,先下功夫做调查,再设法禁绝娼妓,工部局未应允。外国传教士和牧师纷纷倡议废娼,促成上海成立救济娼妓的机关。李大钊在《每周评论》发表《废娼问题》,公开呼吁为了尊重人道、公共卫生、恋爱生活,保障法律上的人身自由,保持社会上妇女的地位,必须废除娼妓制度,希望中国主持正义的男子和自觉的女子联合起来,发起一场大运动,彻底解决娼妓和婢妾问题。

在各方压力下,上海租界工部局最终提出报告,规定公共租界的妓院领取执照,每年抽取五分之一,期于五年之内禁绝娼妓,即年实施。这个规定主要从关心外国人的健康出发,带有严重的民族歧视,不太注重中国妓女的人格独立和自身解放。尽管有这些不足,五四时期的废娼运动正式开始依然是从租界工部局开始。上海倡之于先,广东继之于后,各方人士次第响应,废娼运动遍及全国。

1921年9月,广东青年会发起旨在废娼的贞洁运动,成立领导机构贞洁大运动会,各个团体风起响应,成为全省舆论的重心。第二年3月,贞洁大运动会决定举行各界公民废娼大游行,邀请各界参加,同时收集本省及国内外的不洁图片和调查,专门举办展览会,定期组织参观讲演。4月,广州各界近两万人正式游行,标志着五四时期废娼运动高潮的到来。各地议会也纷纷提案,敦促地方废除娼妓,同时有众议员向国会提出废娼议案。

虽然声势很大,获得了舆论的同情,也唤醒了部分妓女的独立人格意识,甚至有妓女参与游行,表明自己脱离苦海、奔向自由的决心和意志。但总体而言,五四时期的废娼运动主要还停留在舆论阶段,正如当时的人所形容的那样,是一场笔墨运动。租界工部局的政策已经发布,妓女问题却无法解决,持照上岗和自主营业的妓女随处可见。马克思主义者认为,私有制的存在是妓女生成的经济基础,只能停留在表面论述。混乱的民国无法根除娼妓,五四时期的废娼运动总体是失败的。

第五,提倡自由恋爱,反对包办婚姻。在中国古代,婚姻基本是靠父母之命和媒妁之言,包办是婚姻的主要存在形式。男女双方结婚之前没有感情基础,而且涉及门第、地位和钱财等方面,婚后幸福的家庭不多。包办婚姻甚至是买卖婚姻给青年男女带来很大的伤害,影响整个家族和乡里。

即使到了民国,中国主流的婚姻观念中还是以包办为主,没有经过父母之命、媒妁之言的婚姻属于大逆不道,亲族父母都感觉很耻辱。徐悲鸿与蒋碧薇相恋,不顾双方家庭的反对,毅然出走结成婚姻。蒋碧薇的父亲作为乡里有头有脸的士绅,甚至谎称女儿暴病而亡,在家中设置灵堂,为之发丧。

五四时期是社会文化、习俗、观念急剧变化的时代,新文化运动不但是思想革命,也是伦理革命。陈独秀、李大钊、胡适、鲁迅等人反对包办婚姻和男尊女卑,倡导男女平等和自由恋爱,极大地冲击了传统婚姻观。鲁迅在一篇文章中,曾引述一位青年的来信。那位青年认为自己的婚姻完全是父母强加的,全凭他们主张,他们的一句戏言成了自己的百年盟约。仿佛两个牲口听着主人的命运,硬生生地在一起生活,至于爱情是何物完全不知。

周作人更是在《重来》极端地写道，我们死鬼的祖先不明白男女结婚的意义，认为专门为父母或圣贤而结婚，一切都按照他们的意志结合，当事人不能参与。结婚应该是青年男女自己的事情，其他人一点儿都不能干涉，也不配插嘴。张闻天在《生命的急流》中认为，男女按照个人意愿恋爱和结婚，本是天公地道，却被认为是野合，有伤风化。

正当人们热烈讨论恋爱自由和婚姻平等时，长沙发生了一幕惨剧。新娘赵五贞为了反抗包办婚姻、不甘受人摆布，在迎亲的花轿中自刎身亡。此事引起五四知识分子的高度重视。毛泽东发文指出，我国因数千年不正当的礼教习俗，女子在各个方面都毫无地位，一切都和男子分做两样，个人不得幸福。高喊女子解放之时，竟然还发生被逼杀身之事，可见社会罪恶的顽固程度。

赵五贞事件过去后，长沙又发生了女青年李欣淑反抗包办婚姻而毅然出走的事件。李欣淑登报声明，决计尊重自己的人格，积极同环境做斗争，向光明的人生大道前进。

天津的郭隆真也是反对包办婚姻的代表人物，整个过程体现了过人的勇气和智慧。她反感男方的一再胁迫，身着学生装，一路坐上卷起帘子的亮轿，不用人扶，也不用人搀，大大方方走进庆典，向来往宾客发表演讲，揭露包办婚姻的罪恶，宣传自由恋爱的好处，然后毅然离开夫家，返回学校。这些举动在当时被认为是破天荒，但却得到了五四知识分子的极力赞扬。面对包办婚姻，赵五贞与李欣淑、郭隆真代表着两种不同的反抗思路，一为宁死不屈，一为奔向自由。其实，大部分青年男女采取的还是默认、顺从、随遇而安。

倡导恋爱自由和婚姻自由，自然面对离婚的问题，如何离婚以及怎样离婚也被讨论。传统婚姻中没有正式的离婚仪式，只有休妻的习惯，即男子因为所谓的七出理由把妻妾撵回家，女性毫无反抗的权利。女子对男子要从一而终，男子对女子可以随意处置，二者的地位和权力完全不对等。这显然违背男女平等、婚姻自由的原则，遭到很多人的批判。陈望道提出，既然要自由结婚，就要允许自由离婚，未结婚时要自由，结了婚依然要自由。有些人所讲的自由离婚导致爱情无保障，全无道理。

爱情是人类永恒的话题，也是一个美好的成人童话。柏拉图在《会饮篇》的双性同体神话中写道，人是被宙斯分成单性别的两半，这预示着人终生都在追寻属于自己的另一半，让人生拥有一个本该就存在的完美。古往今来关于情与爱、灵与肉、性与色的探讨不计其数，爱恋痴狂以及建立在这基础上的婚姻家庭，成为无数哲学家、文学家、历史学家、心理学家诠释的主题。

男女两性的自由恋爱是婚姻的第一要素，必须先有恋爱，方可结为夫妻，彼此永久恋爱，方可结为永久的夫妻。结婚是爱的结晶，是爱人类、爱社会、爱国家、爱世界的种子，自由恋爱是婚姻关系的基础，是夫妻和家庭关系的核心。没有恋爱的夫妇是可悲的，即使白头偕老，也是不可取的。

没有爱情的夫妇关系，都不是正当的夫妇关系，只能说是异性的强迫同居。若在爱情之外寻找夫妻间道德和人格的义务，则是缘木求鱼。人类两性间的爱情，有一个情在其中发挥作用，所以女人不是以色事人，男子也不是以色取人，纵使年老色衰，爱情已经永恒。

鲁迅、胡适、郭沫若等五四先贤极力倡导婚姻自由，促进了整个婚姻观念的变革和女性解放运动的层次。但他们个人的命运却不尽如人意。胡适接受了母亲包办的妻子江冬秀，不敢有一丝一毫的反抗意识，甚至在给母亲写信时，还要小心翼翼地回复，表明自己在母亲的安排下，一定是心甘情愿和绝对幸福的。短暂的家庭生活后，胡适与曹佩声有了婚外情，导致曹佩声一生未婚，江冬秀的埋怨和鄙视贯穿一生。至于韦莲司与胡适的感情，也是两人一生的纠结。

鲁迅无奈承认母亲的包办婚姻，同样接受了母亲送来的礼物，与朱安成了一辈子名存实亡的夫妻，开始了半生的家庭悲剧。至于郭沫若，答应了包办婚姻却在几天后远走天涯，留下新婚妻子张琼华在家乡守了一辈子活寡。孰是孰非，孰对孰错，孰轻孰重，包办婚姻带来的历史悲剧沉痛而压抑，太多的知识分子在其中挣扎。如果说男性还可以有所选择，那么被包办的女性则是历史最大的悲剧和失语者。

第六，发动妇女，参加社会运动。席卷全国的五四运动，不仅包括男性成员参加，也包括女性成员参加，女性成员中既有工商学工阶层，也有处于社会底层的妓女、舞女和歌女。北京女高师的学生最早做出反应，她们在五四那天晚上，得知男学生被捕，不顾学校禁令，冲出学校到监狱外示威。1919年5月7日，北京女高师联合北京十几所女校代表，致电巴黎和会中国与会代表，表达坚决反对签字的决心。北京女界联合会成立后，女学生作为一个独立的社会群体，与男学生一样成为学生运动的主体。

五四运动发生后，消息迅速传遍全国，各地纷纷响应。女学生作为一支主力军，参与运动的热情丝毫不比男学生逊色，成为各地妇女解放运动的先驱，呈现出起点高、定位高、目标准的特点，从一开始就受到男性社会的关注。天津、上海、安徽等地的女学生不甘示弱，积极参加斗争，场面蔚为壮观。

天津女界一直支持北京的五四爱国运动，与男学生一起上街抗议，营救被捕学生。在直隶第一女子师范学院的倡议下，于5月27日成立了天津女界爱国同志会，参加者有女教师、女职员、女学生、宗教团体中的女性成员以及一部分思想开化的家庭妇女，是一个比较广泛的妇女群众组织，刘清扬、郭隆真、邓颖超等人是其中的领导骨干。

上海妇女在五四运动中同样很活跃，5月11日，由十二所女校组成的上海学生联合会正式成立，各校成立了学联分会。5月16日，上海学联举行中等以上学校的总罢课誓师大会，其后又组织两万人参加追悼大会，悼念五四游行中受伤致死的学生。女学生一律身着白衣白裤，增添了大会肃穆气氛。除了学生和老师，上海一部分上层知识女性也纷纷成立团体，共同发声。甚至有部分妓女、舞女和歌女走上街头，发动募捐，声援学生爱国运动。

在安徽，最早投入五四爱国运动的是安庆和芜湖的女学生。5月6日，安庆各校学生代表在安徽公立法政专门学校召开紧急会议，包括安庆一女师、安庆女职、培源女校都派出代表。会议主席报告了北京五四运动的经过和学生被打被捕的情况，学生异常悲痛，当场决议5月8日集合安庆各校学生举行示威游行。随后，安徽各地学生纷纷行动，多次集会示威。在整个运动中，安徽女学生的行动自觉、勇敢、毫不退缩，与男学生并肩作战，开创了安徽妇女解放的新纪元，持续推动安徽地区的反帝爱国运动。

五四运动的中心转入上海后，工人阶级成为运动的主体，广大女工和男工一样登上历史舞台。部分工厂无法控制男工出外游行，但绝对禁止女工外出，遭到女工的反抗。部分女工在厂外男工的帮助下，砸开厂门，走上街头，实现男女联合罢工。无论是在民族工商业，还是在帝国主义兴办的工厂，均发生这种罢工。作为中国的劳工阶层，女工以其独有的风姿活跃在历史舞台，冲出厂门，积极投入到反帝反封建的革命斗争中。

五四时期的妇女解放运动是一个合力的结果，既有陈独秀、李大钊等人的努力，也有胡适、蔡元培等人的心血，既有五四知识分子的奋斗，也有社会其他阶层的贡献。部分先贤还身体力行，践行自己的妇女解放、男女平等思想，远的如蔡元培登报征婚，近的如郭隆真婚庆演讲，都是典范。邵力子作为开明人士，面对儿子国外留学不幸身亡，没有约束儿媳在家，而是支持儿媳外出求学，后来又坚定地支持她改嫁，并且亲自当证婚人。

五四运动和五四精神客观上推动了妇女解放运动的高潮，太多人抱着盲目乐观的态度看待这件事情，似乎只要振臂一呼，就会应者云集。事实真是如此吗？答案是否定的。妇女解放运动取得了诸多成果，给后世带来了深远影响。可以毫不夸张地说，中国的现代性讨论多半和五四相关。

但是，复杂的中国现状并不是几篇文章、几句口号、几次风潮就可以完全改变的。西风在东方总是唱着悲伤的歌曲，中国自身的独特性在一定程度上制约了西方民主思想的传播。况且，新文化运动诸人本身就有理念的分歧，随着时间的流逝越来越大，以至于发生问题与主义之争，一部分人坚持原来的民主价值和个人解放，一部分人走向集体主义和阶级解放。妇女解放运动从此不再是合力，而是彼此反感、彼此排斥、彼此批判、彼此否定。

三、娜拉走后怎么办

女性独立的话题涉及婚姻自由、男女平等，是对男权主义的反叛。从反抗父权和夫权到追求恋爱自由，从进入婚姻围城到夫妻关系的调整，从旧家庭伦理观念的批判到新家庭伦理的建构，都是重点谈论的内容。处在新旧交替的时代，本来就很复杂的家庭伦理关系增添了太多变数，青年男女的婚后生活并没有像五四知识分子想象的那样一帆风顺。

冲破传统家庭束缚的青年人走入新的家庭，可能获得的并不是自由平等，婚姻城堡的痛苦和无奈随处可见，琐碎的生活和残酷的现实还是让有情人终成无情人。青年男女冲破传统枷锁，走出去会怎样，美好的结局带来的一定是美好的结局吗？这些都不是一两句口号所能解决的。娜拉出走会怎样，成为一个社会问题，折射着整个妇女解放运动的复杂性和曲折性。

挪威剧作家易卜生以浓烈的叛逆情绪著称，其创作的戏剧与人性、婚姻、家庭、社会相关。《玩偶之家》作为其社会问题剧的代表作,又被译为《傀儡之家》《娜拉》《傀儡家庭》,所呈现的是婚姻自由、男女平等,所揭示的是独立自由、人性真实、个性独立。这些内容不但在西方掀起讨论,在东方也引起讨论,具有世界性的普遍意义。

　　娜拉是一个有三个孩子的母亲,有着少女般的纯真、热情与可爱。她生活在家庭收入富足和社会地位尊崇的所谓幸福中。当逐渐发现丈夫海尔茂的虚伪、自私以及视自己为玩偶后,娜拉不再像以前那么天真和单纯,而是要求个性独立、精神自由,沉痛诉说自己原来屈辱的生活,显示出觉醒后的成熟和深沉。当海尔茂搬出家庭、婚姻、道德、宗教、法律、责任、正义、公平、情感等观念约束和威胁娜拉时,娜拉强调个人正确而社会不正确,然后毫不犹豫地出走。

　　易卜生在戏剧中宣传的是一种人的精神反叛,当叛逆的精灵娜拉摔响家庭的大门,摆脱海尔茂玩偶的地位,象征着发自心底的追求自由。娜拉毅然离家出走,到哪里去成为一个疑问,这既是一个旧问题的结束,也是一个新问题的开始。

　　易卜生只提出疑问,没有给出答案,这正是戏剧的魅力所在。如果易卜生指出娜拉走后的情形,为娜拉找寻一条安身立命的生存之路,在艺术上将显得庸鄙拙劣,有狗尾续貂之嫌,无法带给人无限的思考。妇女解放运动本身就是一个深刻的社会问题,不仅仅关系到女性在家庭的地位,更关系到女性在整个社会的地位。

　　当然,也有学者认为易卜生的贡献在于反抗,不在建设,娜拉走后涉及女性重建,不会因为走出去就万事大吉,走出去如何适应接下来的生活更为关键。普列汉诺夫睿智而深刻地指出，只有易卜生能够引导读者走出市侩的埃及，但他不知道哪里是极乐净土，他甚至想不需要任何允约的土地，因为所有的问题都在人内心的解放，这意味摩西注定在荒野没有出路地流浪。

娜拉的出走完全适应了二十世纪初中国反封建斗争的需要，易卜生旗帜鲜明的反叛精神给中国人提供了思想动力。作为一个追求个性解放、人格独立和男女平等的新女性形象，娜拉出走成了中国现代女性走出传统家庭、奔向新生活的精神偶像，鼓舞了一代五四新青年的集体反抗。经过五四知识分子的摇旗呐喊，更是让娜拉的出走成为一个社会运动。中国女性纷纷步娜拉后尘，走出家门，反抗家庭专制，追求自由平等。

鲁迅留日期间就开始关注易卜生的剧作及其思想，在《摩罗诗力说》和《文化偏至论》中对易卜生的戏剧有过评析，但并不系统。胡适留学美国时，观赏和阅读过易卜生的戏剧，有过思想的触动。伴随着西方戏剧大量传入中国和新文化运动的兴起，易卜生的戏剧被更多知识人关注，其反叛现有家庭和社会伦理的态度被更多人欣赏。这些都为知识分子后来的探讨分析和模仿创作提供了基础。

1918年，《新青年》还专门出了易卜生专号，成为宣传易卜生主义的一个文化事件。胡适写了专文《易卜生主义》，罗家伦翻译《娜拉》，袁振英作《易卜生传》，还有两篇翻译自易卜生的剧作。胡适比较全面地介绍了易卜生的思想，倡导自己一贯坚持的个人主义和个性解放，抨击中国传统家庭制度，提倡建立新型的家庭伦理和家庭关系。

他认为易卜生的人生观是一种写实主义，易卜生不是艺术家，而是社会改革家，从中摘取了易卜生对家庭黑暗方面的揭露和批判，以及对独立人格的呼唤和个性解放的宣扬，忽略了其对西方制度的抨击和对社会主义、浪漫主义精神的美好期待。这样的理解带有明显的个人倾向，并没有完全遵从易卜生的原意。

西方探讨《玩偶之家》较为全面和深刻，包括娜拉出走的原因，有无必要离开家庭，娜拉抛弃家庭有无过错，娜拉是否有充分的母爱，以及娜拉的丈夫海尔茂、好友兰克大夫，都在讨论之列。对娜拉的出走，并非一片赞扬之声，而且随着时间的推移评价越来越低。与西方探讨的重点不同，五四知识分子更关注其打碎家庭枷锁的一面，把其当作冲破夫权和父权、抵抗包办婚姻的学习典范，忽略其在夫家是否幸福、是否疼爱三个子女等问题。他们对娜拉不吝赞美之辞，似乎娜拉出走意味着一切美好的开始，宣告旧制度和旧家庭的完全罪恶。

经过《新青年》的提倡，易卜生的戏剧在中国得到了更广泛的传播，娜拉是独立于家庭、儿女和丈夫的个体，具有自尊自重的性格和男女平等的思想，为一代青年树立了榜样，她的那句"我的神圣职责是对自己负责"带来了不一样的冲击，成为新的时代口号和行动指南。娜拉出走作为新青年解决家庭矛盾的方式，为新青年走出旧家庭、挑战旧道德、创立新道德、组建新家庭做出表率，从而推动了自由恋爱，为按照个人意愿组建家庭提供了范本。

五四知识分子从娜拉出走获得了灵感，创作出多个中国版的娜拉。从西方语境到东方语境的转换，娜拉已经有所变化，更带有中国特色。对于娜拉离家出走的理解以及中国新女性形象的理解和塑造，与其说是对娜拉本身的理解，倒不如说是五四知识分子对女性解放形象的一种想象，尤其是男作家出于反封建和反传统的需要，重构家庭关系所需要的一种理想新人典型。娜拉的个性独立和精神解放在中国成了自由恋爱的代名词，通过娜拉出走表达强烈的恋爱自由和婚姻自由成为五四新文学的一个主旋律。

1919年，胡适写过一部《终身大事》，自称"游戏的喜剧"，同年发表在《新青年》。这是中国较早的一部白话剧作，描写了一个中国式娜拉田亚梅的起伏人生。留学东洋的田亚梅与在留学期间认识的陈先生相爱，母亲因为观音菩萨的签诗和算命先生的据命直言，认定八字不合而反对，父亲又以同姓结婚触犯祠规也表示反对。为了与爱人共同追求恋爱自由和幸福生活，田亚梅毅然决然地不顾世俗规矩与封建迷信，从父权制家庭出走。她临走说的"这是孩儿的终身大事，孩儿应该自己决断"，也呼应了娜拉离家时的那句"我的神圣职责是对自己负责"。

作为中国第一个娜拉式的艺术形象，田亚梅那强烈的社会责任感、与整个旧家庭不妥协的抗争精神和高扬的自由主义价值理念，在社会上赢得一片赞誉。《终身大事》一上映，就获得满堂彩，引起广泛的社会反响，同时也推动了新戏剧和新文学的蓬勃发展。郭沫若、熊佛西、欧阳予倩、鲁迅等男作家和冯沅君、凌淑华、庐隐等女作家创作了大量离家出走的小说和戏剧。

他们认为，娜拉出走这把叛逆之火祛除了几千年的思想桎梏，也烧毁了几千年的封建枷锁，出走后的生活美妙多彩，不再像原来那么晦暗无助。客观地讲，娜拉出走是《玩偶之家》的高潮，不是《玩偶之家》的全部。激烈挣扎后终于实现痛苦的转变，娜拉走出门外，不可能在寥无人烟的荒原生活，生活还要继续，又一个新的问题出现，那就是娜拉走后会怎样。关于娜拉的想象和推崇是否有利于新女性形象的建立，是否推动整个中国社会的家庭伦理关系重建，必须得到深刻的讨论。

对自由的追求和人性的探索，始终是鲁迅的思想核心。从青年时代起，鲁迅依靠敏锐的观察力对人性有深刻的认识，自由始终是他思想的出发点和归着点。五四运动一个重要的贡献是唤起了人性，人的觉醒成为时代的主体。鲁迅的写作是连贯的，观察是细腻的，思考也是深刻的。无论是对社会黑暗的揭露，还是对虚伪文化的批判，都呈现着与其他知识人不同的特色。

1923年12月，鲁迅在北京女子高等学校文艺会上做了一个主题为"娜拉走后这样"的演讲，后来被修订发表，成为鲁迅演讲文稿中较早的一篇。这篇演讲词是中国妇女解放运动的经典性文献，经历了时间的洗涤，依然显得那么深刻。它所触及的社会问题，带有鲁迅独特的视角，给娜拉式出走蒙上了一层悲剧色彩。

鲁迅以易卜生的终点作为起点，重新重视娜拉走后这个经常被忽略的重要问题。娜拉走后究竟会有什么样的结果？究竟会走向什么样的命运？鲁迅给出了悲观的答案。他提出五次设问,又做出五次试答,从社会经济问题的角度对女性的出路和个人自由的归宿做出了预测,娜拉走后不是堕落,就是回来。女子在社会经济上的不独立和在整个男权社会处于弱势,导致娜拉只会得到这两种结果。堕落是对个人追求的背叛,回来更是对个人选择的否定,哪一种都不是好结局,违背了摆脱玩偶地位的初衷。鲁迅在这篇演讲词中说到,人最大的痛苦在于梦醒后无路可走,带着无尽的感伤。

1925年,鲁迅发表了小说《伤逝》,重新诠释了娜拉出走后的悲惨命运,这有别于其他出走类叙事模式。当时的大多数作品都是一种浪漫主义,洋溢着生活的乐观精神。青年男女冲破封建枷锁,追求个性解放和恋爱自由,往往以自主婚姻的实现作为最终结局。王子与公主自此过上美好的生活,青年男女的爱情也得到了彻底的实现。

《伤逝》却不同,它是一出彻彻底底的悲剧,一点儿也不圆满,充满着无限的悲伤与绝望,这种绝望不但是对男权社会的认知,更是对人性的洞察。涓生与子君相爱,来自家庭和社会的压力随之而来。他们一起谈论娜拉,一起谈论易卜生,出走家庭的心已经生成。子君的态度尤其坚决,面对父辈的反对,她像娜拉一样,掷地有声地说出"我是我自己的,谁也没有干涉我的权利"。带着坚定的信念,他们终于冲破层层阻碍结合在一起,实现了婚姻自主的理想。

但是,真正的悲剧发生在娜拉走后,也就是涓生和子君结合在一起,他们婚后的幸福和安宁并没有持续多久。涓生被解雇,整个家庭的生计出现问题,尝试其他职业也没有成功。子君不再是那个对爱情充满无限憧憬的女生,琐碎的家庭生活让她不再上进,被柴米油盐酱醋茶磨去了棱角,变成了一个目光短浅甚至有些庸俗的家庭主妇,甚至有些心甘情愿地靠丈夫养活。软弱无助的涓生充满对生活的无奈,最后又回归旧家庭,结果造成子君的被抛弃和死亡,他自己也在悔恨与无爱的世俗世界中去世。

子君从父权制家庭走出来,勇敢地争取到了属于自己的权利,实现了自己一段时间的梦想,但仅仅是为了反对具体事件而进行反对,没有把反抗旧的家庭伦理内化成文化心理和价值规范。从逃离男权到独立成家,子君还是回归旧有的三从四德伦理,认为自己是涓生的,早已没有个性独立。在一个短暂而虚幻的乌托邦中,子君因袭了传统内在的价值体系和伦理观念,涓生同样如此。

鲁迅对于娜拉的认知远远超越同时代人,也超越了具体的时代,这反映出他对妇女解放运动的见解更为深邃、独到。妇女解放绝不仅是一个出走就能解决的问题,出走之后面对的不是一片没有人烟的荒原。人生活在社会中,逃脱不掉复杂的社会关系。出走是改变原有社会关系的一种方式,不是唯一方式。鲁迅深刻的思考带着一种天生的悲观主义,给娜拉出走蒙上了一层阴影。

社会经济因素当然是限制娜拉走后的重要因素,但不是唯一因素,保持个性的独立和自由才是根本因素。整个社会充满着浓浓的男权主义,很容易让出走后的女性认为自己属于丈夫,这不过是从父权到夫权的一个转变,并不是对男权主义的根本反叛;也很容易让男性认为自己是整个家庭的主宰,承担起家庭的大部分重担甚至全部重担,这是另一种夫权的呈现,同样不是对男权主义的根本反叛。

几十年前,易卜生也曾对妇女地位和命运做过一些评述,可以看作他对娜拉走后会怎样这个命题的回复。他写道,妇女在所处的时代无法保持住自己的本来面目,因为这个社会纯粹就是个男权社会,一切法律由男人制定,现行制度总是从男性的观点裁判女性。

回溯整个五四时期,现代作家对于娜拉式出走的想象和建构有着鲜明的中国特色,很大程度上存在着摘取片段的倾向,并没有对易卜生的整个思想以及妇女解放的社会背景做出足够的分析。中国的娜拉是一个失掉性别特色的形象,无论是在男作家笔下,还是在女作家笔下,看不到女性独特的社会地位和心理需要,仅是作为一种社会改良的榜样进行宣传。即使是在鲁迅的《伤逝》中,涓生扮演的是一种启蒙者、宣传者、拯救者的角色,子君扮演的是被启蒙者、被宣传者、被拯救者的角色,二者的地位本身就不平等。这也可以说是一种男权主义的残存,亦可说是男权主义在启蒙过程中的呈现。

娜拉实现了个人觉醒,并不一定非要抛弃原有的家庭,与原有的社会关系做一个彻底的切割。在旧有的家庭中,实现个人的独立与自由,依然可以完成。这便是后来欧美学者讨论的重点,走为上策并不一定完全解决问题,相反可能使问题更为复杂,结局更为不妙。

大部分人关注的仅是一个毫不迟疑的反叛,似乎与过去切割得干干净净,才能表明自己的个性独立。娜拉的形象被引入中国,是一种中西文化的错位。两性关系是个复杂的社会命题，中国的两性关系尤其复杂，父权和夫权是男权主义的一种呈现，在整个男权主义不变的社会伦理体系下，如何更细腻地处理两性关系，实现妇女解放，必须得到更深层次的探讨。

四、从个体到阶级的跨越

新女性出现的过程，有过成功的典范，更多的则是失败的案例。启蒙使女性独立，让她们有了独立自由的个性，但社会没有给她们预留足够的空间。整个社会的氛围并不适合新女性的生成，仅在某些小环境中有存在的空间。很多女性有心无力，无法彻底实现自己的理想抱负。所以鲁迅才说娜拉走后，要么堕落，要么回归，无论哪一种都是悲剧。妇女解放运动不是孤立的，是整个社会改造的一环，与其他环节有机结合在一起。

新女性的生成，需要整个社会背景的改变，不然大部分新女性将走向毁灭。她们接受新思想，走出家庭，奔向社会，在新式的学校里接受现代理念。但整个社会还是充斥了封建理念和男权主义，她们不得不面对，也必须面对。包办婚姻、经济问题的困扰、父权和夫权的制约，都可能摧毁所谓的新女性。

她们是否如《红楼梦》里的大观园一样，拥有了女儿国般短暂的美好，像一朵朵从污泥生长出来的莲花，却最终要归于肮脏的荣国府，都在两可之间。这就凸显了整个五四运动的关键点，革旧之后如何创新，如何建立一个新社会和新制度才是关键。

李超出生于广西梧州一户殷实的家庭，就读于北京女子高等师范学校。因为父母早亡，又无兄弟，传统习俗决定女子不能继承家业，最后家业由过继到伯父家的哥哥掌管。李超失去了财产继承权，完全仰人鼻息，几番抗争却处处碰壁，最后在贫困交加中死亡。

蔡元培、陈独秀、李大钊、胡适、蒋梦麟等人听说此事，愤恨不已，发起李超女士追悼会。胡适为此还专门写了一篇《李超传》，声讨置人于死地的封建礼教。陈独秀认为，李超的死因固然是那位可恶的过继哥哥，更在于不合理的财产继承权，财产继承是社会问题，不是个人问题。

继承财产固然是实现经济独立的一种方式，并非所有的女子都能依靠这种方式。新文化运动兴起后，社会掀起了开辟女子职业、促进女子就业、实现经济独立的运动。一段时间内，社会上出现了专为女子兴办的储蓄银行、商业所、工业社、加工厂、习艺所，招聘女性雇员，借以解决女子就业。这些实业没有充足的社会资源，也缺乏源源不断的后续资金，很快衰败下去。社会上普遍的不理解，更是让创办者失去了再创业的动力。

在一般工厂，女工和童工受到的剥削比一般男工更严重，同工不同酬、劳动强度太大、劳动环境恶劣、缺乏劳保安全、被任意责骂等现象随处可见。民族企业如此，外国企业同样如此，手工业基本也是这样，很少有例外的。在很多号称公平的外资企业，女性雇员和男性雇员享受的权利也不一样，女性雇员一般是作为一个单纯的个体，而男性雇员却可以被认为后面带有一个家庭，家庭成员享有企业的某些优惠。

女性在实现经济独立和社会平等方面,本身就很困难。仅仅实现了外在的经济独立和内在的精神自由,也不一定在社会上生活得很好,因为中国面临着巨大的民族压迫和阶级压迫,女性受到的压迫尤其严重。正因为如此,鲁迅没有把妇女解放运动简单地归结为经济问题,而是放置在中国社会的大背景下,作为一个总问题的一个方面来考虑。

近代中国的转型包罗万象,是一个系统工程,这样的转型仅靠少数人不可能完成。妇女解放运动作为社会改造的一环,随着新文化运动的分裂也出现了分裂,一部分坚持原来的个人主义,即梁启超、胡适等自由主义者坚持的理念,一部分转向了阶级解放,把妇女解放运动与整个无产阶级、农民阶级的解放结合在一起,即陈独秀、李大钊的社会主义者坚持的理念。换一句话说,一部分实现了从个人主义到阶级解放的跨越,转变了社会改造的方法、理念和路径。

五四运动后,马克思主义的传播与工人运动相结合,中国出现了一批初步具有共产主义思想的知识分子,如陈独秀、李大钊、李达、李汉俊、陈望道、向警予等人。他们不再将眼光停留在批判封建礼教对妇女的压迫,而是突出强调整个私有制度对妇女的压迫。妇女解放运动要想获得彻底的成功,就要消灭私有制度,实现社会主义,实现社会革命。

1920年,《新青年》开辟俄罗斯研究专栏,《每周评论》《东方杂志》等刊物也纷纷介绍苏维埃革命及其影响下的妇女解放运动,详细介绍俄罗斯妇女的改造与解放,尤其是作为劳工阶层的妇女在社会主义生产和建设中发挥的重要作用。李汉俊等人翻译了一批马克思主义妇女解放运动的著作和篇章,拓展了认识范围，提升了认识水平。

陈独秀不但最早提出妇女问题，而且把对封建礼教毒害妇女的批判和对封建伦理道德、封建专制制度联系起来，其批判的力度和深度，远远超过同一时期人。可以毫不夸张地说，陈独秀为妇女解放运动点燃了启蒙的火炬，指引了前进的道路，同时也为妇女解放运动由个人到阶级的转变做出了巨大贡献。他运用马克思主义的观点，分析妇女地位低落的根源在于女子成了男子的私有财产，而不是单纯因为男人。妇女解放的根本道路是彻底摧毁私有制社会，改造不合理的社会制度。

陈独秀还提出，只有社会主义制度才可以真正实现妇女解放，按照妇女的教育、职业、交际讨论问题是不行的，也是不彻底的。妇女受压迫的问题很多，集中到一点是经济不独立，由此造成人格不独立，处处依赖男子，产生无数痛苦的事情。单纯的教育不能解决女子人格独立的问题，只有在社会主义制度下才可以完全实现。做工使女子经济独立，不再从属于他人，在家庭和社会上都有了独立的地位。

陈独秀还运用马克思主义剩余价值理论，指出工厂女工创造的财富都被资本家拿走，不合理的制度造成了这种不合理的现象。妇女只有参加革命运动，投身社会改造，才会实现自身解放。1921年三八妇女节这天，陈独秀发表文章，号召被轻视的中国妇女参加革命，在精神上和身体上解放自己，打破数千年来被人轻视、被人侮辱、被人束缚的一切枷锁。在陈独秀的倡导下，广州共产主义小组创办了《劳动与妇女》这本通俗性刊物，号召广大妇女采取阶级斗争的手段，推翻现行的社会制度，为实现社会主义而奋斗。

李大钊由激进的民主主义者转为具有共产主义思想的知识分子，成为接受马克思主义的无产阶级战士。他的妇女解放运动思想超出同时代大多数人之处，在于较早地接受了马克思主义的阶级斗争学说和唯物史观，从经济上论证女性地位的低下源自经济上的不独立并成为男子的私有财产。他认为，依照马克思主义的唯物史观，社会上法律、政治、伦理等精神构成都是表面，经济构造才是基础，经济组织一旦变动，精神构成随之改变，经济问题一旦解决，政治、法律、家族制度、妇女解放、工人解放等一系列问题都会迎刃而解。

李大钊指出，中国妇女解放运动的根本途径在于彻底摧毁私有制，只要私有制存在，妇女就不可能实现完全彻底的解放，只有社会主义制度才能实现真正的妇女解放。西方号称自由的资本主义国家，并没有实现平民主义和男女平权，因为他们一切的运动、言论、追求都以男子为中心，对人口占一半的女性漠不关心。

只有在社会主义制度之下，大家都做工，男女同工同酬，才可以使女子经济获得独立，社会地位得到提高，不但在家庭中具有独立的人格，在社会中也具有独立的人格。妇女解放彻底解决的方法，一方面要联合全体女性的力量，打破男性专断的枷锁，一方面要联合全世界无产阶级的力量，打破有产阶级专政制度。李大钊认为应该在社会革命中求得妇女自身的解放，自身解放又促进社会革命，从那黑暗的牢狱中打出一道光明来。

向警予作为早期接受马克思主义的女性，出身于一个富商家庭。自幼痛恨封建礼教，不仅拒绝缠足，而且一直坚持在新式学校上学，毕业后任校长。受五四新文化运动的感召，向警予加入新民学会，与蔡和森等人赴法勤工俭学，真诚接受了马克思主义，也收获了爱情。与蔡和森结婚时，仅有一张结婚照，两人并肩而坐，共同捧着一本打开的《资本论》，表示他们矢志不渝的革命理想和真挚爱情。留法期间和回国后，向警予坚持妇女解放，发表文章，参加中国共产党，成为党内少有的女性领导人。

除了在实践上身体力行，号召革命，向警予在理论上也有一定阐述。她认为，妇女解放必须与革命运动相结合，劳动妇女人数众多，所受压迫最重，每天在水深火热中煎熬，从天亮到天黑拼命做工，还赚不来一顿饱饭。为了生存，劳动妇女必须抵制压迫，自动起来作战，争取个人自由和经济独立，不对剥削阶级抱幻想。

同时，向警予还批判资产阶级女权运动的阶级局限性，有力地批评了他们的错误主张和错误理念。她认为不进行社会制度的变革，不革命，任何成功都是昙花一现；不发动下层劳动妇女，就是脱离广大妇女阶层，不知道只有大多数妇女参加才有真正的社会意义。如果女权主义者仅仅是为了当官，为了实现个人的价值，就违背了妇女解放运动的真正要义。经济不独立束缚女性，必须让女性拥有财产，向男子夺权。

马克思主义者总是把妇女运动纳入到团体主义中，实现由个人到阶级的转变。中国共产党成立后，注重发动妇女，把妇女解放纳入到妇女运动中。近代中国的民族国家建构又与世界无产阶级的社会主义运动连接在一起，让妇女运动有了一种国际化、团体化的色彩。

性别、阶级与民族国家、社会主义运动形成了一种复杂的关系,在一定程度上影响了妇女运动的发展趋势。一方面,妇女通过参加革命,在阶级解放与民族解放的旗帜下与男性结成盟友,挣脱传统的枷锁和角色规范,在公共领域获得人生价值和个人解放的实现;另一方面,以阶级解放和民族主义为底色的妇女运动,借重和整合了妇女的社会力量,规定了妇女追求两性平等的界限,从而使得阶级、民族和性别三者之间形成内在的张力。

中国共产党成立初期,在苏俄和共产国际的帮助下制定了妇女解放纲领,把妇女运动纳入到整个阶级解放的进程中。但是由于党员较少,力量薄弱,妇女干部缺乏,只能集中在组建妇女组织、创办刊物、兴办女校等基础工作。慢慢地在革命浪潮之下,中国共产党党内以及党的外围组织成长起来很多妇女运动的领导人,比如向警予、刘清扬、郭隆真、邓颖超等人。1921年,上海女界联合会改组为中华女界联合会,以拥护女子在社会上的政治和经济权利,反抗一切压迫为宗旨,呼吁男女在教育、职业、政治权利、继承权享有平等地位。

1922年,中共二大通过了妇女运动决议,强调运用马克思主义的唯物史观和阶级斗争理论实现妇女的彻底解放,初步奠定了妇女解放的范式。按照中共二大妇女运动决议,各省建立系统的妇女组织,向警予担任第一任妇女部长。同时组织工厂女工举行罢工,号召纱厂、丝厂、纺织厂、香烟厂、面粉厂的女工团结起来,反抗资本家的剥削与压迫,迎来了工人运动的第一次高潮。

1923年,向警予在中共三大上起草妇女运动决议案,提出用党的统一战线指导全国妇女运动,不要轻视小姐、太太或女政客们的妇女解放运动,阶级的色彩不要太浓太骤,使一般人望而生畏。这样既有明确的目标,又讲究斗争的策略性和实效性。

1924年,国民党一大召开,标志着国共合作正式形成。在孙中山、何香凝等人和中共努力下,通过了男女在法律、经济、教育、社会上平等,以促进女权发展的决议,并写入国民党一大宣言。在中央执行委员会设立妇女部,随后又在上海、北京、汉口三个特别区执行部中设立妇女部,国民党各级党部也相继成立妇女部。大量的中共妇女干部进入妇女部,担任领导职务,促进了全国妇女运动的发展。中国共产党的各级党委也在国民党体系外,成立妇女解放协会,共同促进妇女运动的展开。伴随着革命浪潮,妇女解放迎来大发展,加入中国共产党的女性党员逐年增加。

北伐战争中,发动妇女群众支援北伐是中共妇女运动的中心任务之一。广大妇女干部和革命群众承担后方建设和支援工作,以实际行动支援革命。还有很多女性冲锋陷阵,血染疆场。上海工人第三次武装起义中,女工拿起钢枪,勇敢地投入战斗,很多人壮烈牺牲。

妇女解放运动的主要参与者不但包括女工和知识分子,而且由于该运动扩展到广大农村,农村妇女成为另一大力量来源。妇女解放运动推进了北伐的胜利进军,反过来北伐军所到之处又促进了妇女解放运动,二者相辅相成。整体而言,妇女解放运动还是服从整个革命浪潮,依然在男性为主导的话语体系中生存。

这一时期的妇女跻身公共领域，参与轰轰烈烈的国民大革命中，固然与男性革命领导人的启蒙、领导、支持分不开，也与女性领导人自身的成熟和妇女自身的觉醒分不开。中国共产党作为共产国际的一个支部，同时还要与国民党进行合作，迁就国民党的一些政策，这两点共同造成了早期女性革命者与个人家庭生活有冲突，传统社会中的性别观念对中共的组织机制和运作方式有重要影响。这一切都随着国民党清共而改变，国共分裂造成了妇女解放运动的低潮，同时也造成妇女解放运动彻底纳入阶级革命中，基本不考虑两性之间的差异。

　　总体而言，新文化初期，以天下为己任的中国知识分子，在人的解放大前提下，提倡妇女解放运动，在男女平等、婚姻自由、教育普及、经济独立等方面达成共识，从而推动了中国妇女的发展。随着新文化运动的不断深入，原来存在的不同意见逐渐明显，逐渐分流成以陈独秀、李大钊为代表的阶级解放论和以胡适、周作人为代表的个性觉醒论。

　　前者重视妇女的整体解放，与民族主义和阶级斗争联系在一起，认为只有通过阶级斗争，实现社会主义，才可以使妇女运动有一个根本彻底的解决；后者更加关注女性的个性自觉，与自由主义和职业道德联系在一起，认为只有通过观念改革，才能真正确定为人为女的双重自觉意识，才能使广大女性获得真正的自我解放。两种妇女解放运动的思路看似矛盾，其实还是有一定统一的。同是在新文化运动之下产生的思想，统一于人的解放、民主、自由这些时代命题。

　　陈独秀、李大钊、李达等人从一开始就把妇女问题与社会问题联系起来，把劳动妇女与社会主义道路联系在一起。

五四运动中，很多女性对妇女运动的理解，也大体遵循这种思路，认为推翻旧制度、建立新制度，推翻旧社会、建立新社会是妇女解放运动的前提。

与西方女权主义理论相比，阶级解放论既没有妇女参政议政的具体程序化架构，也没有对女性特殊心理和生理结构的考虑，单纯以政治革命和阶级改造为手段，谋求女性与男性的完全一样的生存权。这种认识虽然抓住了根本，但也忽略了其他一些重要问题。缺乏对女性特性认知的前提，把女性等同于男性，这样的认识比较肤浅。

从更深层次的文化心理看，这种认识依然延续了传统社会中的男权主义和男性主导意识，或多或少存在着女性解放由男性包办的心态，没有从观念上确定真正的男女平等意识。当更多的男女知识青年接受了这种带有先天缺陷的认识，认为男女不存在特征差异，必然走向消灭男女之别的偏颇。以后革命运动中，女子像男子一样承担起革命的重任，甚至出现铁姑娘连等称号，更是完全泯灭了男女之间的性别差异。

与简单粗暴、行而有力的阶级解放相比，胡适、周作人等人更加关注女性在文化、观念、心理方面与男性的差别，立足于常识的普及和个性的启蒙，这符合世界的潮流。为人与为女既有联系，也有区别，两者应该相互促进，而不是否定女性与男性之间的天然不同。两者都被当作问题来研究，力求吸收西方先进的女权思想，改造中国人尤其是中国女性的国民性。

西方的女权主义到了中国，产生了很多不契合之处，脱离了中国妇女首要生存权的现实，让妇女解放运动举步维艰。

如果整个社会不改变，女性的改变有限而且脆弱。整个民国时期，发生着太多子君、涓生一样自我解放的悲剧，娜拉走后的结局并不乐观。西方的女权主义在一定程度上成为阶级斗争的工具，或者说成为阶级斗争的先导。

历史的吊诡就在于此，具有长远价值的个性解放不能完全解决当时的社会问题，也缺乏战斗力、凝聚力和实效性。胡适、周作人等人的思想在当时被一些人接受，也被一些人排斥。具有立竿见影效果的阶级解放思潮成为时代的选择，具有极强的革命性和冲击力，成为中国共产党重点着力的方面。

中国的民族压迫和阶级压迫异常严重，中国人始终面临着民族解放和阶级解放的重任，人的解放与整个国家民族的命运联系在一起，造成了一代五四知识人的急迫感。启蒙和救亡本来如车之两轮、鸟之两翼，缺一不可，并进前行，可是最终救亡压倒了启蒙，启蒙的价值被忽视。阶级解放把妇女定义为人，忽略了其女性特征，给妇女解放带来突破的同时，也带来了瓶颈。

到底是坚持个性解放，还是实现从个性解放到阶级解放的跨越，五四知识分子出现了分裂。陈、李等人把妇女解放之路引导到了阶级解放，甚至认为私有制是一切罪恶的根源，只有实现彻底的社会改造，推翻私有制，建立社会主义甚至是共产主义社会，才是正途。可是经历了暴风骤雨般的革命浪潮，无法解决妇女解放的根本问题，私有制几十年后又回归。

妇女解放的社会思潮，又从阶级解放转回个性解放，历史好像绕了一大圈，又回到了起点。五四所面临的问题、所走过的道路依然要重新讨论。

结　语
——现代化的未尽之路

是非成败转头空，青山依旧在，几度夕阳红，这是一种对历史的淡然，更是一种对历史的沉默。轰轰烈烈的五四新文化运动成为历史的灰烬，风起云涌的各种思潮不再唤起人们的激情，当年领袖人物的热情与豪气散之尘嚣。时空转换中，中华大地发生了太多变化，留下了太多成功的经验和失败的教训。不同的时代有不同的评价，不同的地区也有不同的评价，彼此之间千差万别，有时还会发生逆转。无声的历史被人随意剪裁，过往的人物被人随意打扮，这又让人多了一点儿哀婉和感伤。

相比于日本，中国的现代化还是现代时，而非完成时。这就决定了中国的读书人在回溯历史时，总是不能像惯看秋月春风的白发渔樵，古今多少事，都付笑谈中。历史带着无限的沉重、遗憾、唏嘘，绝望之中似乎又有某种希冀，让人无法释怀，似乎总要寻找对过去的某种解释和对未来的某种预期。幸而历史的灰烬中残留着未曾灭尽的火星，星星之火在某一时刻还会形成燎原之势。中国的现代化总是离不开对五四新文化运动的阐释,绕不开思潮的兴起变迁和政治的纷纷扰扰,或许五四新文化运动真的是中国现代化的未尽之路。

一、救亡与启蒙之争

自由主义者认为,五四新文化运动等同于西方的文艺复兴、启蒙运动和宗教改革,使人摆脱愚昧走向理性。革命派却不这样认为,他们更看重阶级解放,漠视个体自由与民主宪政。纷纷扰扰的论争当年即有,延续至今。

启蒙运动兴起于十八世纪的西方,旨在从权威、迷信、偏见和愚昧中释放人的理性,然后运用到政治变革和社会改良中。它是文艺复兴、宗教改革、科学革命和民主宪政的产物,体现了中产阶级的批判精神和自觉意识,孕育了现代思想文化和社会生活的基本内容,促进了人类文明的进步。

在向全世界传播的过程中,启蒙运动一方面通过思想输出的方式进行,一方面借由殖民侵略的扩张展开。绚烂的智慧之花伴随着血与火,伴随着犁与剑,摧毁了落后地区的愚昧与无知,也造成了民族主义在世界高涨。向往西方的文明开化与保持自我的民族主义总是相伴而生,共同影响落后地区的历史进程。强势的西方文明冲击着落后地区的一切思想,清除一切沉疴痼疾。

没有了启蒙思想,人们失去了进步之阶和发展之由;没有了民族主义,人们便失去了自我特征和独有特色。民族主义甚至是民粹主义的幽灵始终潜伏在现代化进程,西方启蒙运动的基本要素在殖民地半殖民地出现了异化和异变。如果说自由、民主、科学等要素是西方现代化的灵魂，那么民族主义就是非西方国家和地区的核心动力。这在很多国家和地区都有体现，只是哪个更强、更有力、更占主导。

没有哪一个国家和地区不存在民族主义，也没有哪一个国家和地区不受西方文明的影响。因为有了民族主义，才会积极引进西方的先进思想来改造落后的状态，试图让西学与传统有个合理的结合；也因为有了民族主义，落后国家的仁人志士会把国家的独立和富强放到第一位，或者是说把西方民主视为手段，而把国家富强视为目的。

目的和手段的地位决然不同，这也就造成了启蒙与革命之间的纠结，也造成了中国的五四新文化运动并没有完成启蒙的运动，而被革命压倒。就中国而言，近代以来面临的入侵已经不是挥舞着马刀、文明相对较低的游牧民族，而是一个具有高度文明的西方话语体系。这个话语体系强势而有力，中国不可能再同化它，时刻担心被吞噬。与西方文明对抗过程中，只有招架之功，毫无还手之力。越来越多的人倾心西方文明，传统的话语权一步步消失。中国人不得不考虑如何接受西方文明，同时也不得不考虑保持自身的文化特色。

洋务运动、太平天国、辛亥革命没有完成启蒙，中国移植了民主宪政，却出现了严重水土不服，民主自由没有成为一种社会常识和社会共识。制度从来只是一个空壳，无论是清末新政，还是民国政府，都是如此。多少人在深夜里无奈地叹息，多少人几经奋斗，换来的却是更大的失落，无情的现实摧毁了太多人的理想，浇灭了太多人的热情。

作为晚清遗留下的最后一个军政强人,袁世凯及其代表的政治势力和背后的思想观念,成为民主科学的绊脚石。孔教运动、读经复古、再兴跪拜之礼,这些渣滓泛滥成灾,像一股泥石流冲刷着中国人最后一点儿健康的体魄。国会、议员、宪法、选举这些旧官僚旧军人本来就讨厌的东西,失去了真正的内涵和存在的空间。当民主的遮羞布被扯掉,露出赤裸裸的权力纷争和专制独裁,中国政治重新陷入黑暗。帝制复辟和孔教运动合流,民国呈现空前严重的秩序危机和政治危机。

如何遏制这种逆流?如何引导中国走到正确的道路上?先进的中国人认为一切问题的根源出在思想上。即中国人的思想没有得到启蒙,依然在愚昧和落后的怪圈中打转,必须经历一场启蒙,改造中国的国民性和整个社会认知观念。新文化运动是一场以欧洲启蒙运动为蓝本的思想改造运动,志在为传统中国开出一条新路,促使中国实现新生。

陈独秀、李大钊、胡适、鲁迅等人均是抱着这样的目的发起、加入和引导这场运动。正是现实世界存在太多的倒行逆施,才催生成了新文化运动这场思想解放的洪流。五四新文化运动承载着启蒙重任,通过引介西方学术思想和社会观念,高举民主、科学、自由、人权的旗帜,促使国人脱离愚昧而达到理性,促使中国实现信仰、知识、政治和思想上的现代化。

但是在启蒙过程中,西方现代化的诸多要素在中国发生了异化。民主、科学、自由、平等、博爱等口号喊得响亮,实际学理层面的探讨并不多。面临严重的内忧外患,中国学人总是感觉社会改造的速度太慢、范围太小、程序太繁，不能毕其功于一役。激进的热情越来越高涨，运动的浪潮一浪高过一浪。以改造国民性、倡导启蒙为目的的新文化运动出现分裂，一部分人最终走向社会改造和革命道路。

陈独秀从向往法国到向往苏俄，表面上看是从一种道路到另一种道路的转变，其实这是一种由激进向另一种激进的递进。胡适倡导文学改良运动，几乎完全否定了文言体系的合理性，这何尝不是一种书斋里的造反？一种话语体系的革命，为了建立新的范式不惜毁掉旧的范式。五四运动又何尝不激进，促使整个社会思潮走向更加激进，罢课、罢工、罢市此起彼伏。

为什么会出现这种情况？因为民族和国家的独立富强是他们追求的目标，而采取哪种道路，采取哪种方式是手段问题。陈独秀讲，不管是学欧美，还是学日本，哪个能救中国，就学哪个便是这种思想的呈现。急切的心理催生了革命的浪潮，一些人在激进的道路上一去不复返。五四运动带来了一批人行为模式的转变，救亡压倒启蒙，革命成为历史的必然选择。

二、未完成的启蒙

新文化运动以西方的民主自由改变中国的理想，是一群大学和都市知识分子的主观意愿。勇气自不待言，理想也毋庸置疑，只是面对这个专制政体行之有年、专制思维根深蒂固的现实中国，结局不免让人感慨。《新青年》中后期动辄发行过万，已经超越绝大多数刊物，但相对于人口众多、幅员广阔的国度，这点儿发行量并不算什么，就好像几盆盐水倒入一个淡水湖，并没有改变湖水的成分。这完全不能与日本福泽谕吉的著作发行量相比，也不能与其深刻的内在学理相比。

欧洲启蒙运动是西方自由主义的产物，源自西方，与中国文化不同源也不同质，两者存在根本区别。中国的启蒙运动面对的是一个专制思维笼罩下的农民社会，多半由阿Q、孔乙己和鲁四老爷组成，并不像西方一样形成了一个成熟的市民社会，具有自由主义和个人主义的传统。这就不可避免地带来了西学的异化和异变，一方面促进了中国革命的发展，深刻改变了中国现状，一方面也让中国的启蒙之路更为艰难、更为狭窄和更为悲剧。

现代化的重要特征是个性解放和自由主义，这是西方启蒙运动的要旨，也是新文化运动同仁引入中国的要义。社会主义尤其是马克思主义从倡导启蒙运动的西方产生，逐渐成为消解启蒙运动的锐利武器。两个阶级的对立，鼓舞无产阶级砸碎束缚在身上的枷锁，武力反抗资本主义制度，实现社会的公平正义，这是马克思主义的精髓。一部新文化运动史，也是自由主义和社会主义融合、分离、对立的历史。

本来马克思主义只有在西方现代化的主流文明结构中才可以找寻自己的发展之路，实现自己的批判意义，完成自己的历史使命。没有西方的启蒙运动以及坚持的一系列原则，就不可能产生马克思主义，也不可能存在任何实现马克思主义的路径。当西方的自由主义和马克思主义先后进入近代中国，在中国出现了与西方完全不同的景象。

如果马克思主义与西方自由主义文明秩序割裂，其批判就成了无源之水、无本之木，更像没有靶子的箭头。中国的马克思主义者不是从自由主义传统中产生，却抛弃了原来信仰的自由主义，也缺乏对自由主义基本的尊重，最后甚至达到一种水火不容、非此即彼、非黑即白的局面。启蒙同样也是马克思主义的重要内容，没有想到却成了批判启蒙、排斥启蒙、否定启蒙的工具，中国的现代化为此付出了沉重的历史代价，改变了整个新文化运动的方向。

历史证明，马克思主义与自由主义存在某种天然的联系，而这不是相互排斥的关系，而是相互依存的关系。马克思主义所强调的从市场经济和人的独立性到人和社会的全面解放，是人类社会的一种演进模式，有着不可忽视的阶段性和层次性。缘于急切改变中国的现状，也缘于对西方文明的局部了解，中国的思想启蒙走了太多弯路。中国现代化呼唤的民主、科学、自由、契约、公民、市场，没来得及在中国扎根，就被排斥，在历史的夹缝中残存苟活和艰难发展。

陈独秀当年创办《新青年》时，想的是启迪民智，引入现代文明。后来带着这份刊物来到北京，召集同道中人共同办刊，开启了一个思想解放的时代，自己也不会想象几年后这份刊物会转变性质。随着新文化运动同仁的分裂，《新青年》刊载大量马克思主义的文章。其后伴随着中国共产党的成立，陈独秀、李大钊等人成为党的开创者和领导者，这份刊物的历史命运发生重大变化。1923年，具有指标意义的《新青年》杂志彻底转变创办宗旨，成为中国共产党的机关刊物。

问题与主义之争，马克思主义与无政府主义论战，科学与人生观论战，各方人士参与其中，为认同的思潮鼓与呼，凸显了中国自由主义、文化保守主义与马克思主义对立冲突的意识形态格局。这标志着新文化运动所倡导的启蒙已经不再是一部分先进知识分子坚守的原则，仅仅成为更少一部分人的价值理念。集体"左"倾，向往一种一劳永逸的改变方式，成为部分知识分子的首选。无论后世对此的评价是好是坏，这都是历史的真实存在。

　　中国的启蒙没有完成历史使命，便已被中途斩断。几乎所有党派和思潮都倡导民主与科学，但是其中的差别已经不可以道里计，很多口号与实质内容相距甚远。可以说，新文化运动的启蒙之路并没有完成，可称之为未完成的启蒙。其后发生的革命、内战和外敌入侵，让中国的启蒙更缺少了生存空间，直到改革开放，启蒙再次进入国人视野，开始了新的历史使命。

　　最近几十年来，对鲁迅和胡适的评价出现了一定变化。鲁迅不再是不可批评、只可推崇的正面形象，很多学者开始客观地探讨其思想的缺失，尤其是其多批判少建设；胡适也不再是被人批判的反面形象，很多学者挖掘其自由主义的价值，重视其在学术、思想和政治方面的贡献。这代表了两种思路，更代表了两种价值理念。究竟是走胡适之路，还是走鲁迅之路，这是一个关乎中国未来的大问题。

　　胡适倡导启蒙，一直坚持启蒙。启蒙本身就是目的，从来不是手段。坚守个人主义的理想信念，身体力行地启迪民智，他已经成为一面自由主义的旗帜。排斥革命、反感革命、否定革命，是他的一贯信念，至死未曾改变。虽然他的学问略显粗疏，终其一生，未曾留下一本真正意义上的经典之作，但其引入的常识是过去、现在、未来中国所缺失的。承认胡适的价值，在一定程度上承认了启蒙的重要性以及启蒙的未尽之路。

三、现代化进行时

启蒙未曾完成，启蒙的方式本身就有很多可议之处，这两点让中国的现代化之路无比艰难。中国的核心是处理中西古今的关系问题，即中国如何在保持自己民族文化的同时，接纳西方文化，再创新的文明。启蒙被革命斩断，本身也有先天缺失，即采取全盘西方的主张。无论是胡适的自由主义，还是陈、李等人的马克思主义，均认同并坚持全盘西方。鲁迅的不读中国书，钱玄同的废除汉字更是激烈的反传统、反儒家的主张。这些主张在当时获得一部分人的喝彩，在现代也有一定的支持者。

极端的批判是否能解决问题？全盘移植西方是否就会万事大吉？答案是否定的。中国有别于西方，中国古代典籍也有别于西方经典，传统的思维模式、思想方法、情感态度已经渗入中国人的文化心理。黄皮肤、黑眼睛的中国人毕竟不是高鼻梁、蓝眼睛的西方人。两类人群有不同的历史积淀，浸染不同的文明观念，必然有不同的需求和渴望。

中外古今的关系问题，关系到现代化之路的核心，这是困扰中国的大问题。中国人不可能完全抹去传统，直接接受现代的西方文明。西方文明移植到中国，还有一个本土化过程。我们并不否定人类文明的共同价值主要源自西方，拓展到全世界是迟早的事情。即使是中国特色的马克思主义，它的源头依然不是本土，而是一个地地道道的舶来品。这些舶来品如何移植到中国，需要一个过程，需要一些磨合，需要一定反复。必须充分考虑中国的历史和现实，不可一味地引入和嫁接，所谓的中国特色即是这个意思。

中国最广大的人群没有读过四书五经，甚至有些人连孔子之名都没有听说，但这不影响孔子倡导的那套伦理价值不发生作用。从长幼尊卑到天地君亲师，从选贤任能到宗法制度，早已经融入普通人的生活方式和风俗习惯。太多中国人没有读过佛道经典，但这并不妨碍他们认同因果轮回和阴阳八卦。传统依然在现在发挥重要作用，亦可说传统是活的现实存在，不可能因为几句响亮口号、几种外国思潮就会荡涤清除。

中国传统固然不适合现代文明，但传统的思维模式在现代文明中依然发挥作用。传统的好与坏、优与劣、得与失是绕不开的历史问题，更是躲不掉的现实问题。传统中的糟粕和污秽随时以一种亮丽的口号，披上一层现代文明的外衣主导社会的发展。单纯地进行批判无法为现代文明提供理论依据，只有实现转换性创造才是根本之路。摆脱全盘西化的二元思维模式，才可以让中国的传统与现代西方文明对接，实现中国新文明的创造。

中国必须毫不犹豫地接受西方文明，但是要结合中国的特色和现实。首先要利用西方的先进文明，发展经济，改变中国的经济现状。虽然并不一定像康有为一样明确地提出物质救国论,但经济基础的基础作用不可忽视。这一点在新文化同仁那里并没有得到切实的体现,或者说他们忽略了经济的基础作用。李大钊在宣传马克思主义过程中,虽然承认经济基础的重要作用,却还是倾向通过改变生产关系、进行社会革命的方式来实现。这究竟是一种对现实的妥协,还是对理论的背叛,都需要深入探讨。

没有长期有效的经济发展,西方任何文明理念和思潮都嫁接不到中国,即使被引进中国,也会成为传统糟粕的假面招牌。以经济发展为中心,暂时搁置不必要的争议和讨论,这不但是中华人民共和国前三十年经验教训的总结,也是对百余年中国社会改造和革命的反思。

另外,西方式的民主有一定的思想基础和理想传统,到了中国产生了太多的异变。中国自由主义基本上是一种原子式的自由主义,好像可以不考虑中国的宗法体制和小农社会就可以直接嫁接过来。过分地否定传统、倡导革命会让自由主义在中国无法生根,因为任何自由主义都是在一定的体制内产生。哪怕是经济基础都已经具备,也有一定的体制和秩序。

新文化运动初期,一些知识分子倡导的自由主义总是采取极端反传统的方式,来完成自由主义,这非但没有解决问题,反而给了极权和专制再次成为社会主流的可能。因为否定过去、倡导未来之间还有一个现在,过去毁弃和未来生成之间如果出现断裂,人们将是没有秩序的原子个体,从而再次忽略极强的组织性和纪律性。这便是百年中国的悲剧所在。

中国知识分子应该摒弃完全否定过去、倡导巨变的错误思路，因为这会给专制、独裁、极权和民粹提供可乘之机。我们任何时候都需要坚持一种渐进式的体制内改革，借由量变的积累达到质的飞跃，不可越次而行、躐等而进。以前那种一劳永逸、一抓就灵、一用就有效的观念需要彻底得到转变。历史的惨痛教训已经太多太多，五四新文化运动中同样存在这种倾向，尤其以陈、李为代表，这种倾向更为严重。

以现代生产生活方式为基础，提倡公平竞争和契约精神，讲究效率、协商和调节。在这基础上，我们再重视挖掘中国特色的情感伦理，以理御情，而不是以情否理。凡事既要讲情，又要讲理，不是冷冰冰的理性，也不是毫无章法的人情。不要刻意拔高思潮的作用，究竟是人创造社会，还是社会创造人，马克思已经有太多清晰的阐释。历史上同样的错误随时可能再次发生，一定要对历史存在敬畏和反思。

总之，任何事情都必须考虑中国的现实，重视阶段和步骤，而不是一味地否定传统和倡导革命。哪怕是部分现代学人对革命的反思，依然采取的是革命的思维，即全盘否定某一段革命历程，这些都不利于中国的未来，不利于中国现代化之路的创造，更不利于五四新文化运动的反思。中国需要的还是以经济发展为中心和体制内渐进式改革。

参考文献

一、全书参考文献

(一)报刊资料

《新青年》《每周评论》《东方杂志》《新潮》《国故》《学灯》《学衡》《甲寅》《孔教会杂志》、《晨报》副刊、《京报》副刊。

(二)著作汇编、资料集、论文集及研究专著

1. 鲁迅:《鲁迅全集》,人民文学出版社1981年版。
2. 顾颉刚等编:《古史辨》(影印本),上海古籍出版社1982年版。
3. 三联书店编辑:《陈独秀文章选编》,生活·读书·新知三联书店1984年版。
4. 王栻主编:《严复集》,中华书局1986年版。
5. 近藤邦康著,丁晓强等译:《救亡与传统:五四思想形成之内在逻辑》,山西人民出版社1988年版。
6. 丁晓强、徐梓编:《五四与现代中国:五四新论》,山西人民出版社1989年版。
7. 林毓生:《五四:多元的反思》,香港三联书店1989年版。
8. 申小龙:《人文精神,还是科学主义?——20世纪中国

语言学思辨录》，学林出版社1989年版。

9. 施瓦支著，李国英等译:《中国的启蒙运动：知识分子与五四遗产》，山西人民出版社1989年版。

10. 王跃、高力克选编:《五四：文化的阐释与评价——西方学者论五四》，山西人民出版社1989年版。

11. 余英时、张灏等:《五四新论》，台湾联经出版事业公司1989年版。

12. 中国社会科学院科研局、中国社会科学杂志社编:《五四运动与中国文化建设：五四运动七十周年学术讨论会论文选》，社会科学文献出版社1989年版。

13. 陈独秀著，胡明编选:《陈独秀选集》，天津人民出版社1990年版。

14. 胡逢祥、张文建著:《中国近代史学思潮与流派》，华东师范大学出版社1991年版。

15. 桂遵义:《马克思主义史学在中国》，山东人民出版社1992年版。

16. 蒋俊:《中国史学近代化进程》，齐鲁书社1995年版。

17. 欧阳哲生编:《胡适文集》，北京大学出版社1998年版。

18. 高力克:《求索现代性》，浙江大学出版社1999年版。

19. 《李大钊全集》编委会编:《李大钊全集》，河北教育出版社1999年版。

20. 梁启超:《梁启超全集》，北京出版社1999年版。

21. 毛亚庆:《从两极到中介：科学主义教育和人本主义教育方法论研究》，北京师范大学出版社1999年版。

22. 许纪霖、田建业编:《一溪集：杜亚泉的生平与思想》，生活·读书·新知三联书店1999年版。

23. 张宝明:《忧患与风流:世纪先驱的百年心路》,东方出版中心1999年版。

24. 左玉河:《张东荪学术思想评传》,北京图书馆出版社1999年版。

25. 曹军:《中国共产党与共产国际关系史研究》,陕西人民出版社2001年版。

26. 陈以爱:《中国现代学术研究机构的兴起——以北大研究所国学门为中心的探讨》,江西教育出版社2002年版。

27. 李宁琪:《梁漱溟伦理思想研究》,湖南人民出版社2002年版。

28. 张宝明:《自由神话的终结:20世纪启蒙阙失探解》,上海三联书店2002年版。

29. 杜亚泉著,许纪霖、田建业编:《杜亚泉文存》,上海教育出版社2003年版。

30. 高力克:《五四的思想世界》,学林出版社2003年版。

31. 欧阳哲生:《自由主义之累:胡适思想之现代阐释》,江西教育出版社2003年版。

32. 韦政通:《中国的智慧》,岳麓书社2003年版。

33. 石毕凡:《近代中国自由主义宪政思潮研究》,山东人民出版社2004年版。

34. 温乐群、黄冬娅著:《二三十年代中国社会性质和社会史论战》,百花洲文艺出版社2004年版。

35. 余英时:《重寻胡适历程:胡适生平与思想再认识》,广西师范大学出版社2004年版。

36. 梁漱溟著，中国文化书院学术委员会编:《梁漱溟全集》，山东人民出版社 2005 年版。

37. 萧公权著，汪荣祖译:《康有为思想研究》，新星出版社 2005 年版。

38. 李茂民:《在激进与保守之间:梁启超五四时期的新文化思想》，社会科学文献出版社 2006 年版。

39. 姚金果:《陈独秀与莫斯科的恩恩怨怨》，福建人民出版社 2006 年版。

40. 余英时:《中国思想传统的现代诠释》，江苏人民出版社 2006 年版。

41. 姜继为编:《哲学盛宴:罗素在华十大讲演》，安徽教育出版社 2007 年版。

42. 李毅:《中国马克思主义与现代新儒学》，天津教育出版社 2007 年版。

43. 张宝明:《转型的阵痛:20 世纪中国文学思想与文化启蒙论衡》，学林出版社 2007 年版。

44. 李泽厚:《李泽厚集》，生活·读书·新知三联书店 2008 年版。

45. 汪晖:《现代中国思想的兴起》，生活·读书·新知三联书店 2008 年版。

46. 张天行主编:《三大思潮鼎立格局的形成:五四后期的思想文化论战》，百花洲文艺出版社 2008 年版。

47. 丁耘主编:《五四运动与现代中国》，上海人民出版社 2009 年版。

48. 金观涛:《观念史研究:中国现代重要政治术语的形

成》,法律出版社 2009 年版。

49. 王东:《五四精神新论:思想精髓、发展轨迹、现代价值》,中国青年出版社 2009 年版。

50. 张宝明:《启蒙与革命:五四"激进派"的两难》,江西教育出版社 2009 年版。

51. 张源:《从"人文主义"到"保守主义":〈学衡〉中的白璧德》,生活·读书·新知三联书店 2009 年版。

52. 左玉河:《张东荪传》,红旗出版社 2009 年版。

53. 高志勇:《自由主义在近代中国的历史命运:〈独立评论〉时期胡适政治思想研究》,南开大学出版社 2010 年版。

54. 黄志高:《三民主义论战与马克思主义中国化》,安徽大学出版社 2010 年版。

55. 刘再复:《共鉴"五四"》,福建教育出版社 2010 年版。

56. 童世骏主编:《西学在中国:五四运动 90 周年的思考》,生活·读书·新知三联书店 2010 年版。

57. 余英时著,何俊编:《余英时学术思想文选》,上海古籍出版社 2010 年版。

58. 张恒编:《杜威五大讲演》,金城出版社 2010 年版。

59. 左玉河:《中国近代文明通论》,福建教育出版社 2010 年版。

60. 顾潮编著:《顾颉刚年谱》,中华书局 2011 年版。

61. 郭齐勇:《熊十力哲学研究》,人民出版社 2011 年版。

62. 许纪霖、宋宏编:《现代中国思想的核心观念》,上海人民出版社 2011 年版。

63. 耿云志编:《纪念胡适先生诞辰 120 周年国际学术研讨

会专辑》,社会科学文献出版社2012年版。

64. 黄克武:《惟适之安:严复与近代中国的文化转型》,社会科学文献出版社2012年版。

65. 章清:《学术与社会:近代中国"社会重心"的转移与读书人新的角色》,上海人民出版社2012年版。

66. 中国社会科学院近代史研究所编:《纪念五四运动九十周年国际学术研讨会论文集》,社会科学文献出版社2012年版。

67. 李帆主编:《民国思想文丛》,长春出版社2013年版。

68. 唐宝林:《陈独秀全传》,社会科学文献出版社2013年版。

69. 夏燕月:《毛泽东在五四前后》,河北人民出版社2013年版。

70. 杨鹏:《中国近代史学兴起发展中的日本影响因素研究》,中国文史出版社2013年版。

71. 郭若平:《塑造与被塑造:"五四"阐释与革命意识形态建构》,社会科学文献出版社2014年版。

72. 罗志田:《道出于二:过渡时代的新旧之争》,北京师范大学出版社2014年版。

73. 程文标:《新传媒与近代史学的转型——以二十世纪二三十年代史学期刊为例》,南开大学出版社2015年版。

74. 付建舟、黄念然、刘再华著:《近现代中国文论的转型》,上海古籍出版社2015年版。

75. 刘梦溪:《现代学人的信仰》,商务印书馆2015年版。

76. 马勇:《盗火者:严复传》,东方出版社2015年版。

77. 马勇:《赶潮的人:蒋梦麟传》,东方出版社 2015 年版。

78. 马勇:《中国圣雄:梁漱溟传》,东方出版社 2015 年版。

79. 沈卫威:《"学衡派"谱系:历史与叙事》,南京大学出版社 2015 年版。

80. 赵凌河:《历史转型与中国现代文学思想理论的建构》,辽宁大学出版社 2015 年版。

81. 朱洪:《陈独秀研究文集》,华文出版社 2015 年版。

82. 周策纵著,陈永明、张静等译:《五四运动史:现代中国的知识革命》,世界图书出版公司 2016 年版。

83. 朱发建:《20 世纪上半叶中国史学"科学化"问题研究》,湖南师范大学出版社 2016 年版。

84. 郭萍:《自由儒学的先声:张君劢自由观研究》,齐鲁书社 2017 年版。

85. 沈国威:《严复与科学》,凤凰出版社 2017 年版。

86. 陈平原:《作为一种思想操练的五四》,北京大学出版社 2018 年版。

87. 陈万雄:《五四新文化的源流》,生活·读书·新知三联书店 2018 年版。

88. 胡晓明:《后五四时代中国思想学术之路》,华东师范大学出版社 2018 年版。

89. 王富仁:《鲁迅与顾颉刚》,商务印书馆 2018 年版。

90. 王玉春:《"五四"报刊通信栏与多重对话研究》,人民出版社 2018 年版。

二、各章参考文献

(一)科学主义思潮

1. 杨国荣:《科学的形上之维:中国近代科学主义的形成与衍化》,上海人民出版社1999年版。

2. 李自强:《现代中国科学主义思潮》,郑州大学出版社2001年版。

3. 杨寿堪等著:《20世纪西方哲学科学主义与人本主义》,北京师范大学出版社2003年版。

4. 耿红卫:《革故与鼎新:科学主义视野下的中国近现代语文教育改革研究》,山东教育出版社2008年版。

5. 曾欢:《西方科学主义思潮的历史轨迹——以科学统一为研究视角》,世界知识出版社2009年版。

6. 江晓原、刘兵:《温柔地清算科学主义》,北京大学出版社2010年版。

7. 张秀丽:《反科学主义思潮下中国现代史学的人文指向——以"东南学派"为中心》,光明日报出版社2011年版。

8. 李丽:《科学主义在中国》,人民出版社2012年版。

（二）自由主义思潮

1. 胡伟希等著：《十字街头与塔：中国近代自由主义思潮研究》，上海人民出版社1991年版。

2. 李世涛主编：《自由主义之争与中国思想界的分化》，时代文艺出版社2000年版。

3. 张连国：《在理想与现实之间：中国自由主义知识分子的历史命运（1917—1937）》，红旗出版社2005年版。

4. 闫润鱼：《自由主义与近代中国》，新星出版社2007年版。

5. 郑大华、邹小站主编：《中国近代史上的自由主义》，社会科学文献出版社2008年版。

6. 孔祥宇：《现代评论派与1920年代的中国自由主义》，中国政法大学出版社2012年版。

7. 章清：《"胡适派学人群"与现代中国自由主义》，上海三联书店2015年版。

8. 高力克：《自由与国家：现代中国政治思想史论》，浙江大学出版社2016年版。

9. 李建军：《容忍即自由：胡适的政治思想历程》，广西师范大学出版社2016年版。

（三）社会主义思潮

1. 姜义华编：《社会主义学说在中国的初期传播》，复旦大学出版社1984年版。

2. 蔡国裕：《1920年代初期中国社会主义论战》，台湾商务印书馆1988年版。

3. 董四代:《民生主义与中国特色社会主义》,中央编译出版社 2011 年版。

4. 于幼军:《社会主义在中国(1919—1965)》,广东教育出版社 2011 年版。

5. 郑大华、邹小站主编:《中国近代史上的社会主义》,社会科学文献出版社 2011 年版。

6. 陈桂香:《早期中国共产党人马克思主义研究》,山东大学出版社 2012 年版。

7. 吴黎平:《社会主义史》,生活·读书·新知三联书店 2012 年版。

8. 鲁法芹:《〈东方杂志〉与社会主义思潮在中国的传播》,山东人民出版社 2014 年版。

9. 姜锐、鲁法芹著:《社会主义思潮与中国文化的相遇》,山东人民出版社 2016 年版。

(四)无政府主义思潮

1. 瞿任侠:《无政府主义研究》,中山书店 1929 年版。

2. 林森木、田夫编著:《无政府主义史话》,广东人民出版社 1981 年版。

3. 周积泉:《无政府主义思想批判》,福建人民出版社 1984 年版。

4. 徐善广、柳剑平著:《中国无政府主义史》,湖北人民出版社 1989 年版。

5. 路哲:《中国无政府主义史稿》,福建人民出版社 1990 年版。

6. 胡庆云:《中国无政府主义思想史》,国防大学出版社 1994 年版。

7. 李怡:《近代中国无政府主义思潮与中国传统文化》,华中师范大学出版社 2001 年版。

8. 孟庆澍:《无政府主义与五四新文化——围绕〈新青年〉同人所作的考察》,河南大学出版社 2006 年版。

9. 李存光编:《无政府主义批判:克鲁泡特金在中国》,江西高校出版社 2009 年版。

10. 汤庭芬:《无政府主义思潮史话》,社会科学文献出版社 2011 年版。

(五)整理国故思潮

1. 王汎森:《古史辨运动的兴起》,允晨文化实业股份有限公司 1987 年版。

2. 徐雁平:《胡适与整理国故考论——以中国文学史研究为中心》,安徽教育出版社 2003 年版。

3. 张牛:《"五四"运动与中国近现代历史哲学》,重庆出版社 2006 年版。

4. 余英时:《未尽的才情:从〈日记〉看顾颉刚的内心世界》,联经出版公司 2007 年版。

5. 卢毅:《"整理国故"运动与中国现代学术转型》,中共中央党校出版社 2008 年版。

6. 王存奎:《再造与复古的辩难:二十世纪二十年代"整理国故"论争的历史考察》,黄山书社 2010 年版。

（六）文化保守思潮

1. 郑大华：《梁漱溟与胡适：文化保守主义与西化思潮的比较》，中华书局1994年版。

2. 高力克：《调适的智慧：杜亚泉思想研究》，浙江人民出版社1998年版。

3. 胡逢祥：《社会变革与文化传统：中国近代文化保守主义思潮研究》，上海人民出版社2000年版。

4. 何晓明：《返本与开新：近代中国文化保守主义新论》，商务印书馆2006年版。

5. 赵连昌：《论梁启超后期思想的文化保守主义倾向》，上海大学出版社2010年版。

6. 李洪文：《人文理性与政治秩序：20世纪中国文化保守主义的思维特质探析》，上海古籍出版社2016年版。

7. 朱庆跃：《近现代中国化马克思主义与文化保守主义的思想论战研究》，上海三联书店2016年版。

（七）文学改良思潮

1. 俞兆平：《写实与浪漫：科学主义视野中的"五四"文学思潮》，上海三联书店2001年版。

2. 俞兆平：《现代性与五四文学思潮》，厦门大学出版社2002年版。

3. 丁晓原《"五四"散文的现代性阐释》，苏州大学出版社2003年版。

4. 黄健：《五四小说与人的文学》，中国矿业大学出版社2004年版。

5. 曹而云:《白话文体与现代性——以胡适的白话文理论为个案》,上海三联书店2006年版。

6. 岳凯华:《五四文学的生成与可能》,巴蜀书社2009年版。

7. 魏继洲:《形式意识的觉醒:五四白话文研究》,民族出版社2011年版。

8. 林朝霞:《现代性与中国启蒙主义文学思潮》,厦门大学出版社2015年版。

9. 王永祥:《民初的政治文化生态与新文学的空间场域》,山东文艺出版社2015年版。

10. 李春阳:《白话文运动的危机》,生活·读书·新知三联书店2017年版。

(八)联省自治思潮

1. 何文辉:《历史拐点处的记忆:1920年代湖南的立宪自治运动》,湖南人民出版社2008年版。

2. 谢从高:《联省自治思潮研究》,中国社会科学出版社2009年版。

3. 王德志:《民国宪政思潮研究》,中国政法大学出版社2010年版。

4. 丁德昌:《民初湖南省宪自治研究》,上海人民出版社2011年版。

5. 胡春惠:《民初的地方主义与联省自治》,中国社会科学出版社2011年版。

6. 李铁明编:《湖南自治运动史料选编》,湖南师范大学出版社 2012 年版。

（九）妇女解放思潮

1. 韩贺南：《平等与差异的双重建构：五四妇女解放思潮研究》，吉林大学出版社 2005 年版。

2. 张莲波：《中国近代妇女解放思想历程（1840—1921）》，河南大学出版社 2006 年版。

3. 付红梅：《天伦之变：中国婚姻伦理的历史变迁和未来走向》，中国人口出版社 2008 年版。

4. 张文灿：《解放的限界：中国共产党的妇女运动》，中国政法大学出版社 2013 年版。

5. 张文娟：《五四文学中的女子问题叙事研究——以同期女性思潮和史实为参照》，山东人民出版社 2013 年版。

6. 刘长林主编：《自由的限度与解放的底线：民国初期关于"妇女解放"的社会舆论》，上海大学出版社 2014 年版。

7. 张念：《性别政治与国家：论中国妇女解放》，商务印书馆 2014 年版。

8. 耿化敏：《中国共产党妇女工作史（1921—1949）》，社会科学文献出版社 2015 年版。

9. 宋剑华：《"娜拉现象"的中国言说》，人民文学出版社 2016 年版。

10. 王定全：《马克思主义视域下的妇女解放思想及其当代价值》，光明日报出版社 2017 年版。

后　记

中国的现代化是现在进行时，而非过去完成时，这是最大的国情。中国人在现代化之路上前行，始终在努力，承受现代化的代价，而非完全享受现代化的成果。只要没有走完这个历史的必然进程，中国学人就无法轻松地面对历史和现实。这一点与已经实现现代化的日本有根本不同。从明治维新的文明开化，到二战之后的飞速转变，日本中间经历了一个断崖式的沉沦，却没有阻挡其现代化的步伐。日本学者不会为如何实现现代化而苦恼，只是在现有的社会结构中尽善尽美。

冷酷的现实在一定程度上决定了学人对历史的态度，从历史中寻找未来之路，以现实搭建起历史与未来的桥梁。历史太长也许并不是一件好事，历史太悲催同样不是一件好事，中国学人带着无法释怀的沉重感，好像沉甸甸的历史总是压在心头。几代中国学人都是如此，当今学人依然如此。我们不可能轻松地面对中国近现代史，因为那段历史的评价还未形成共识，当今学界的分歧甚至比当年的对立还严重。

我认为中国学术必须回归人类文明和学术主流，不要再自说自话、自娱自乐，甚至随时发出一些违背人类常识的盲论。古希腊神话、近代哲学、民主宪政等西方学术的主要内容和新文化运动、中国革命、现代知识人的命运等中国近现代学术的重要内容同等重要，应该成为每一个学者涉猎的对象。

无论你是什么专业，也无论你是什么年龄，均是如此。可以没有专门研究，但要对核心理念和基本史实有所了解。学术的现状并不容乐观，学术常识是学界最缺乏的要素之一。如果大部分中国学人仅仅为了衣食之安，对中国近现代的重要节点了解有限，只见树叶不见森林，即使在博士群体也是如此，那么不能不说是中国学术甚至整个中国人文发展的悲哀。

五四新文化运动高举民主与科学的大旗，寄托着中国人的梦想、追求与愿景。现代化横亘在那里，却好像总是绕不开、躲不掉、完不成。我们已经错过太多机会，偶然中隐藏着某种必然，带着点点忧伤。这是历史问题，也是现实问题，更是一个关涉未来的问题。作为中国学人，我们要为现代化提供一种态度、一种思考、一种假说。浓厚的家国情怀也必然要求中国学人在专业领域贡献自己的真知，这是我们的责任所在，也是我们的价值所在。

感谢万卷出版社刘一秀社长策划这套五四新文化运动百年反思的图书，感谢张雪娇主任的统筹和责任编辑的勤劳付出。也感谢乔克博士、孙贝博士、闫娜博士、李佳佳博士在我写作过程中的鼎力协助。作为后学，能与导师左玉河教授、马勇教授和河南大学的张宝明教授列名一处，与有荣焉。

　　本书是套书的其中一本，有着固定的模式和规矩，并不完全以问题意识为中心，所以看上去更像一本有学术积淀的畅销书。与其每页有一两条注释，在学术专著和畅销书之间徘徊，不如删去所有注释，以便更好地行文。同时我也不认为每页加上一两条注释就是一本专著。要么是适合大众阅读的畅销书，要么是严格意义上的现代学术论文或专著，二者只能选择其一。

　　本书是阅读原始史料和二手研究成果的读书心得，表达了我个人对历史的思考和解读，请不要以考证史学的标准来评判。如果用现在通行的话语，这是一种非虚构性写作，只是侧重思潮的阐释、辨析和批判，与学术专著是两回事。除了目录中所列的九种思潮，还有包括民族主义、民粹主义、极权主义、反孔非圣四种思潮需要撰写。只是因为动手较晚，时间紧张，暂时先搁置。如果以后有再版的机会，会把这四种思潮补齐。

　　历史的沉重无法用轻松的笔调写出，还请读者见谅。我本人也不是一个很快乐的人，所以本书的语言尽可能适应大众，却无法以幽默风趣的面貌呈现。如果这本有学术积淀的畅销书能够带给读者一定的省思，对五四新文化运动时期的几种主要思潮有些许的认识，那就不枉费作者的一番心血。

刘大胜
2018 年 12 月 10 日